· 科学与工程精品课程资源丛书 · 丛书主编　光善慧

边玩边学的科学

精品课例教学指导

幼儿园小班

◎ 光善慧　江云　著

助你成为
幼儿科学教育
高手

机械工业出版社
CHINA MACHINE PRESS

本书分为小班、中班和大班3册，以《3-6岁儿童学习与发展指南》中科学领域的要求为编写指导，致力提升幼儿园教师的科学教学设计能力，通过以科学为核心的跨学科学习，让幼儿玩中学、做中学，提高幼儿科学素养。本分册为小班分册，包括理论解读和课例教学指导两部分。理论解读部分重点解读了《3-6岁儿童学习与发展指南》中科学领域的要求；课例教学指导部分有"生活智慧，我创造""区角游戏，我来玩"和"自然之谜，我探索"3章，共15个精品课例教学指导，它们均是来自一线教师实践过的优秀课例。这些课例教学指导一方面注重培养幼儿的科学核心技能，落实五大领域素养；另一方面，实现了教学评一体化，侧重于幼儿高阶思维的培养。本分册兼具理论高度和实操课例，用丰富的课例教学指导开阔教师视野，内容系统丰富，可读性和指导性强。

本分册可作为幼儿园小班教师开展科学教育和跨学科教学的参考资料，为其开展科学教育提供脚手架。

图书在版编目（CIP）数据

边玩边学的科学：精品课例教学指导. 幼儿园小班 /

光善慧, 江云著. -- 北京：机械工业出版社，2024.

12. -- ISBN 978-7-111-77212-5

Ⅰ. G613.3

中国国家版本馆CIP数据核字第20249AQ646号

机械工业出版社（北京市百万庄大街22号　邮政编码100037）

策划编辑：熊　铭　　　责任编辑：熊　铭　彭　婕

责任校对：潘　蕊　牟丽英　　责任印制：张　博

北京联兴盛业印刷股份有限公司印刷

2024年12月第1版第1次印刷

184mm × 260mm · 9.75印张 · 157千字

标准书号：ISBN 978-7-111-77212-5

定价：129.00元（共3册）

电话服务　　　　　　　　网络服务

客服电话：010-88361066　机 工 官 网：www.cmpbook.com

　　　　　010-88379833　机 工 官 博：weibo.com/cmp1952

　　　　　010-68326294　金 书 网：www.golden-book.com

封底无防伪标均为盗版　机工教育服务网：www.cmpedu.com

序 一

　　人工智能（AI）的发展对社会生产和教育产生了深远而广泛的影响，也对教育提出了新的挑战。教育的重要性日益凸显，它不仅是推动社会进步和经济增长的关键力量，也是帮助下一代适应未来挑战的基石。很多国家都把科学教育作为国家发展战略。我国也非常重视科学教育，将科学教育作为培养创新型、复合型人才的关键，提出以科学教育、数字教育为突破口，深入参与和有效引领全球教育改革。

　　在我国的教育体系中，幼儿教育是国民教育体系的重要基础，在幼儿教育中开展好科学与工程教育，对培养儿童好奇心，激发想象力、创造力具有极其重要的作用。安徽省合肥市瑶海区作为"中国STEM教育2029行动计划"协同创新中心，在区教育体育局的大力支持和光善慧老师的带领下，在幼儿科学教育方面做了很多积极的探索，也取得了非常好的成效。

　　善慧老师热爱科学与工程教育，对工作投入了极高的热情，也取得了很多成绩。她是"中国STEM教育2029行动计划"专家委员会委员、中国教育发展战略学会科学与工程教育专业委员会常务理事、安徽大学计算机科学与技术学院硕士生导师，是"STEM精品课程资源丛书"幼儿园系列的主编，2021年应邀参加第六届国际STEM学术大会并做主题发言，2022年获得安徽省基础教育教学成果一等奖，在科学和STEM教育领域也有很多研究成果。

　　这次善慧老师又推出了新的研究成果，一本贯通幼儿园的《边玩边学的科学　精品课例教学指导》，旨在通过小班、中班、大班三个阶段的科学教育活动，激发幼儿对科学与工程的兴趣，培养他们的科学与工程思维。

　　本书可以成为幼儿园老师开展科学项目式学习的好助手，书中的课例依据幼儿的年龄特点和认知规律设计，将3~6岁幼儿学习与发展所涉及的五大领域的内容真实、有效地融合在一个个生动有趣的科学课例里。这些课例也都是经过实践打磨过的，每个都重视启迪幼儿创新思维，注重培养幼儿的科学核心技能，落实科学核心素养；同时这些课例实现了教学评一体化，重视幼儿高阶思维的培养。我希望这本书能成为幼儿园教师开展科学与工程教育和跨学科学习的得力助手，让幼儿像科学家一样思考、像工程师一样解决问题。

中国教育科学研究院比较教育研究所原所长　王素

序二

　　捧读面前沉甸甸的《边玩边学的科学　精品课例教学指导》，内心涌动的是感动、欣喜和钦佩。从科学教学一线实践中获得丰富、灵动的素材，对课堂教学精心实践与提炼，对科学教育拥有独到的思考与见解，对科学教师专业成长的体验和感悟，这些都源自作者对科学教育事业的无比热爱，以及多年坚持不懈的勤于实践、精于研究、执着追求。

　　大脑是人体的指挥中心，新生婴儿就拥有他们一生的所有脑细胞（神经元），但真正使大脑工作的是这些细胞之间的连接，即突触。幼儿智力是幼儿在掌握知识的过程中逐渐发展的，智力的高低虽有一定的遗传因素，但主要受婴幼儿时期环境和教育的影响，广泛而浅显的各种科学知识的传授对幼儿智力的发展起着非常重要的作用。幼儿科学教育是融合在德、智、体、美、劳五育之中的，其教育成效也反映在幼儿身心和谐发展上，旨在使幼儿顺利地实现由生物人向社会人的转化，为以后的全面发展打下良好的基础。

　　目前幼儿园科学教育存在的问题集中在以下几点：一是科学课程不成体系。教师只能依据《3-6岁儿童学习与发展指南》中的科学领域要求，自己编写教学主题，通过零散的科学集体活动来开展科学教育。课程质量难以保障，幼儿缺乏科学原理探究的深入性以及延展性。二是多数幼儿园科学探究材料欠缺，难以满足每个幼儿科学探究的需求，幼儿亲身体验的机会不足，停留在听了、看了的科学现象阶段。高阶思维的培养流于形式，幼儿的思辨能力、创新意识和综合素养得不到充分锻炼与发展。三是教与学形式单一，课堂主体依然是教师，没有很好地调动幼儿主观能动性，校外资源很少有机会进入幼儿的成长过程中去。针对以上问题，本书根据幼儿思维和心理特点，通过项目式学习方式，依据《3-6岁儿童学习与发展指南》中科学领域的要求，开发了小班、中班、大班全套课程资源，解决了课程资源缺乏的核心问题。同时，科学项目化学习模式，为幼儿高阶思维培养提供了很多课堂支架，能够循序渐进地培养幼儿的创新思维能力。另外，本书通过解读《3-6岁儿童学习与发展指南》科学领域的要求，给幼儿园科学老师的教和学生的学提供了很好的理论指导。

　　光老师团队编著的这本书，有理论引领，有优秀课例教学指导，既是一个个优秀的科学教师教学成果的高度浓缩，也是她们站好三尺讲台、践行"雁过留声"的成长见证，为科学教师的专业成长提供了很好的学习模式。

华东师范大学博士生导师、教授　　吴永和

前言

　　未来，国际竞争的焦点将越来越多地集中在科技领域。面对当前国际、国内形势，唯有发展科技，在产业链上不断创新，弥补不足，才能实现突围。2020 年 9 月 11 日，习近平在科学家座谈会上的讲话中指出，好奇心是人的天性，对科学兴趣的引导和培养要从娃娃抓起，使他们更多了解科学知识，掌握科学方法，形成一大批具备科学家潜质的青少年群体。2023 年 5 月 17 日，教育部等十八部门印发了《关于加强新时代中小学科学教育工作的意见》，该文件提出，着力在教育"双减"中做好科学教育加法。2024 年 1 月 19 日，中国教育科学研究院在"国际基础教育创新趋势论坛"上正式发布《国际基础教育创新趋势报告 2024》，总结了全球基础教育创新的八大趋势，其中第三大趋势是积极构建 STEM 教育生态体系。拥有良好科学素养、具备创新能力并掌握实践技能的高素质人才是应对未来社会挑战、参与全球科技竞争的关键要素，也是各国培养大批创新人才和高水平技能人才的共同选择。2023 年 11 月，联合国教科文组织第 42 届大会通过了国际 STEM 教育研究所落户我国上海的决议，这说明发展科学教育已成为新科技革命下的全球性趋势。因此，目前推进科学教育高质量发展已成为中国社会创新发展的必然要求。

　　我带领研究团队第一次走进科学及创客课堂，是 2016 年在江苏省常州市虹景小学。孩子们对答如流的创客术语、熟练的编程操作、流畅的作品制作，让我看到未来小工程师在成长，看到创新思维在勃发。我当时感慨：我的孩子将来一定要在这样的课堂上课。

　　瑶海区 2016 年成立创客教育俱乐部，2022 年更名为"STEM 教育研究中心"。我们团队由于长期在一线从事科学与工程教育工作，积累了丰富的研究经验和大量的科学实践课例。经过甄选，本书收集了 39 个优秀科学课例，形成了理论与实践相结合的《边玩边学的科学　精品课例教学指导》——幼儿园小班、中班、大班系列科学课程资源。

　　这本《边玩边学的科学　精品课例教学指导》特色鲜明，理论基础扎实，可读性强。一是坚持"四一原则"。每个课例教学指导坚持开展一个科学小实验，懂得一个科学原理，制作一个作品，每课有一个可视化的科学学习成果。非常符合当前科学教育的要求，既普及了科学知识，又培养了幼儿的创新能力和科学思维，难能可贵。二是每个分册都是根据儿童思维成长特点，逐层递进开展思维训练的，如小班基于游戏化思维，中班基于设计思维，大班基于工程思维等，循序渐进培养幼儿的思维能力。三是先重点解读了《3-6 岁儿童学习与发展指南》中科学领域的要求，为教师自己开发课程提供坚实的理论基础，它能有效指导教师的教和学生的学。四是提炼了科学探究"四养六步"教学模式，明确了科学项目式学习的教学方法，旨在使幼儿的高阶思维在层层递进的教学环节中得到充分发展，提升幼儿的核心素养。五是课例教学指导基于实践，每个步骤都很清晰，可借鉴，可复制，即使是新手"小白"，拿到课例教学指导也能一学就会，有利于科学教育的普及与推广。对科学兴趣的引导和培养要从娃娃抓起，当前幼儿园科学教育势在必行，但是依然存在很多困难，其中最大的困难是缺少科学教育课程资源，缺乏评价体系。这本书的出版，可以适当弥补这些不足，有效缓解幼儿园科学课程资源不足的问题。

《边玩边学的科学　精品课例教学指导（幼儿园小班）》内容依据小班幼儿思维特点，基于游戏化思维开发，经过"理论—实践—理论"的反复研磨，课例教学指导成熟可靠，落地性强。本分册包含了"生活""区角""自然"三大方面，系统全面地实践了小班幼儿开展科学教育的方式方法，具有一定的典型性和可推广性。

《边玩边学的科学　精品课例教学指导（幼儿园中班）》内容依据中班幼儿思维特点，基于设计思维开发，在幼儿的真实问题中，从幼儿的视角出发，围绕"建筑""科学""自然"三大方面，在深入探索的同时进一步发展幼儿的创造力、问题解决能力，通过真实课例教学指导的介绍让读者更好地感知一线教师如何在日常活动中开展科学活动。

《边玩边学的科学　精品课例教学指导（幼儿园大班）》内容依据大班幼儿思维特点，基于工程思维开发，通过"生活""工程""科学"三大方面，开展有效的科学教育活动。幼儿在实践中解决现实问题、进行创新设计，在不断地提出问题、分析问题、解决问题、验证问题的过程中，激发科学探究欲望，培养自己良好的生活和学习习惯，不断培养和提升创新素养。

感动于专家的引领、指导、支持与鼓励。中国教育科学研究院比较教育研究所原所长、研究员王素日理万机，经常深夜抽空指导我们研究团队什么是科学与工程教育、科学与工程评价等核心问题，中国教育科学研究院科学研究中心副主任罗夫运针对我们研究团队遇到的科学与工程课程研究难点不厌其烦地进行指导，中央电教馆原馆长王珠珠研究员、北京师范大学董艳教授、华东师范大学吴永和教授、北京教育学院于晓雅教授、中国教育科学研究院吕峰副主任等专家也给我们研究团队提供了必要的技术和理论支持。

写此书，同时也是为了感恩一直关心、爱护、指导、引领我专业成长的领导、专家，以及帮助、支持我的教研员和身边的老师，还有我最爱的学生。本书依托"光善慧STEM教育名师工作室"三个优秀基地园，小班、中班、大班三个班课例教学指导分别在合肥市琥珀名城和园幼儿园、合肥市合铁家园幼儿园、合肥市春晖里幼儿园经过反复实践完善。其中我撰写了理论解读部分和18个课例教学指导，其余21个课例教学指导为江云、李黎和夏伟老师撰写，在此特别鸣谢三所幼儿园和三位老师的大力支持。

由于本人水平有限，有些观点仅代表个人思想，书稿有缺点与错误在所难免，希望广大读者不吝赐教，您的建议和意见，将是我们一起研与思的珍贵资料。

光善慧

目 录

第 1 章

理论解读

◎《3-6 岁儿童学习与发展指南》科学领域内容解读

◎ 课例教学指导编写依据及体例

1.1 《3-6岁儿童学习与发展指南》科学领域内容解读

　　学前阶段是每个人重要的启蒙时期，快乐而有意义的学前教育对个人的终生发展意义重大。2012 年，教育部颁布了《3-6 岁儿童学习与发展指南》（以下简称《指南》），目的旨在帮助幼儿教师理解、关注每位幼儿的生理和心理特点，促进每位幼儿富有个性化的成长。虽然《指南》提出了科学领域各年龄段幼儿学习与发展的目标和相应的教育建议，但在实际操作中，教师如何选择科学领域内容、选择哪些内容，为幼儿提供哪些科学领域支持，如何在具体活动中落实科学领域目标，教师在这些方面都还存在不同程度的困难。因为《指南》中只有建议，没有具体的课程，要想真正贯彻《指南》，落实各年龄段的学习与发展目标，还需要在环境创设、内容选择、教师支持策略等方面做进一步的细化要求。针对教师实施过程中存在的问题和困惑，结合我们团队研发的幼儿园小班、中班和大班的科学精品课例，对《指南》中涉及科学领域的内容做如下解读。

1.1.1 《指南》中科学领域的引言部分解读 ▲

　　《指南》中科学领域的引言部分，主要阐述了幼儿科学学习的含义、核心及学习的方式。

　　第一段：幼儿的科学学习是在探究具体事物和解决实际问题中，尝试发现事物间的异同和联系的过程。幼儿在对自然事物的探究和运用数学解决实际生活问题的过程中，不仅获得丰富的感性经验，充分发展形象思维，而且初步尝试归类、排序、判断、推理，逐步发展逻辑思维能力，为其他领域的深入学习奠定基础。

　　解读：第一句就说明了幼儿科学学习的含义，即科学学习是在探究具体事物和解决实际问题中，尝试发现事物间的异同和联系的过程。探究学习是在幼儿主动参与的前提下，根据自己的猜想或假设，在科学理论指导下，运用科学的方法对问题进行研究，在研究过程中获得创新实践能力、获得思维发展，自主构建知识体系的一种学习方式。它是幼儿在学习情境中通过观察、调查、合作、动手等发现问题、获得答案、交流验证的过程，是一种积极主动的学习过程。科学学习对幼儿发展的价值在于为其他领域的深入学习奠定基础。

这段话同时让幼儿园教师明白，在日常的活动组织时，多为幼儿提供探究问题的机会，才能促进科学学习的发展。

第二段：幼儿科学学习的核心是激发探究兴趣，体验探究过程，发展初步的探究能力。成人要善于发现和保护幼儿的好奇心，充分利用自然和实际生活机会，引导幼儿通过观察、比较、操作、实验等方法，学习发现问题、分析问题和解决问题；帮助幼儿不断积累经验，并运用于新的学习活动，形成受益终身的学习态度和能力。

解读：幼儿科学学习的核心是激发探究兴趣，体验探究过程，发展初步的探究能力，这是一个层层递进的关系，幼儿的好奇心和想象力就是在这个过程中得到充分培育的。所以幼儿园教师要善于利用活动激发幼儿的好奇心，保护、发展幼儿的创造力，培养幼儿的终身学习态度和能力。

第三段：幼儿的思维特点是以具体形象思维为主，应注重引导幼儿通过直接感知、亲身体验和实际操作进行科学学习，不应为追求知识和技能的掌握，对幼儿进行灌输和强化训练。

解读：这是幼儿科学学习的方式，我们提倡做中学、玩中学。所以研发本书就是为了让幼儿更好地通过直接感知、亲身体验和实际操作来学科学、用科学。

1.1.2 《指南》的科学领域中"科学探究"部分解读▲

《指南》中科学领域内容包含两部分：科学探究和数学认知。每个部分的目标、各年龄段的典型表现及教育建议的总体情况见表1-1。

表　1-1

（一）科学探究		（二）数学认知	
目标 1	亲近自然，喜欢探究	目标 1	初步感知生活中数学的有用和有趣
表现	各年龄段 2~3 个方面的典型表现	表现	各年龄段 2 个方面的典型表现
建议	2 个方面的教育建议	建议	4 个方面的教育建议
目标 2	具有初步的探究能力	目标 2	感知和理解数、量及数量关系
表现	各年龄段 2~5 个方面的典型表现	表现	各年龄段 4 个方面的典型表现。
建议	4 个方面的教育建议	建议	4 个方面的教育建议
目标 3	在探究中认识周围事物和现象	目标 3	感知形状与空间关系
表现	各年龄段 4~5 个方面的典型表现	表现	各年龄段 2~3 个方面的典型表现
建议	3 个方面的教育建议	建议	2 个方面的教育建议

一、"常识"与"科学"的根本区别

以前，五大领域中的"科学"叫"常识"，后来才改为"科学"，二者区别见表1-2。

表　1-2

比较项目	常识	科学
教育内容	向幼儿传授最基本的、最常见的知识。注重"传授"	在探究具体事物和解决实际问题中，发现事物间的异同和联系的过程。注重"探究"和自我"发现"
教育目标	科学常识与经验的获得。注重"获得知识"	亲近自然，喜欢探究、具有初步的探究能力。注重"探究能力"的培养
教育过程	注重教师的"教"，注重学习的结果	注重幼儿的"学"，在探究中认识周围事物和现象，注重幼儿的成长
教育方法	注重"是什么"	让幼儿懂得"为什么，怎么做"，注重幼儿的学习过程

通过表 1-2 可以看出：从"常识"到"科学"，实际上反映的是教育理念的根本变化。传授常识追求的是幼儿掌握科学常识的数量，科学教育更加重视幼儿科学素养的养成，即科学兴趣、科学精神、科学知识、科学方法等方面的培养，其核心便是探究，在探究中解决问题，并尝试发现新知，形成负责的学习态度，既勇于探究新知又能够实事求是，既敢于质疑、独立思考又乐于互助合作。

二、理解《指南》中科学领域的"科学探究"内容的目标

目标是体现《指南》导向性最主要的方式，是教育价值与理念的指引，《指南》凸显了科学领域"探究"这一核心价值。好奇心和探究兴趣是幼儿学习的强大动力，保护与发展幼儿的好奇心与创造力，是科学领域的重中之重。

（一）"科学探究"的"目标 1　亲近自然，喜欢探究"的具体内容见表 1-3。

表　1-3

年龄段	3～4岁	4～5岁	5～6岁
典型表现	●喜欢接触大自然，对周围的很多事物和现象感兴趣。 ●经常问各种问题，或好奇地摆弄物品	●喜欢接触新事物，经常问一些与新事物有关的问题 ●常常动手动脑探索物体和材料，并乐在其中	●对自己感兴趣的问题总是刨根问底 ●能经常动手动脑寻找问题的答案 ●探索中有所发现时感到兴奋和满足

★ 教育建议（原文）：

（1）经常带幼儿接触大自然，激发其好奇心与探究欲望。如：

●为幼儿提供一些有趣的探究工具，用自己的好奇心和探究积极性感染和带动幼儿。

●和幼儿一起发现并分享周围新奇、有趣的事物或现象，一起寻找问题的答案。

●通过拍照和画图等方式保留和积累有趣的探索与发现。

（2）真诚地接纳、多方面支持和鼓励幼儿的探索行为。如：

●认真对待幼儿的问题，引导他们猜一猜、想一想，有条件时和幼儿一起做一些简易的调查或有趣的小实验。

●容忍幼儿因探究而弄脏、弄乱、甚至破坏物品的行为，引导他们活动后做好收拾整理。

●多为幼儿选择一些能操作、多变化、多功能的玩具材料或废旧材料，在保证安全的前提下，鼓励幼儿拆装或动手自制玩具。

解读：这一核心目标突出了"好奇、好问、好探究"三个关键词，是对幼儿好奇心和探究兴趣的高度重视。好奇心和探究兴趣是科学素养的集中体现，因此，科学学习就应该以幼儿身边的、自然的、熟悉的、生活中的事物为切入点，这样才能更好地激活幼儿的好奇心与探究兴趣。

课例：例如小班课例"春天花会开"。

在散步时，幼儿惊奇地发现：玉兰花开了，海棠花开了，还有一些不认识的小花也在园中开了。幼儿置身于春天的自然环境中，感受到了大自然的变化，同时也激起了他们探究花的兴趣：春天会有什么花能开呢？于是老师通过安排一系列的活动，让幼儿走进春天的小花园，观察、发现和探索春天能开的花，感受春天带来的美好，从而引发幼儿留住春天的愿望。

这一过程激发了幼儿的探究欲，引发了幼儿提出一系列的疑问：怎么保留住鲜花的样子呢？摘下来插在花瓶里面吗？可是会枯萎呀？带着自己的问题，幼儿在科学活动室里，利用符合科学探索活动需要的一切废旧、安全、环保的材料，做保留鲜花的实验，开始自己的探究游戏。通过观察、提取花汁及制作干花小实验等一系列科学探索之旅，孩子们明白了其中的科学原理。

设计原则：我们在设计本书的课例时，遵循以下原则。

科学性。科学课程紧紧围绕幼儿身边发现的问题开展研究，应用科学思维和方法创新解决实际问题，是基于设计和工程的思维设计。鼓励幼儿在老师的支持下，通过"在真实情境中发现问题，提出问题""调查原因，探究问题""厘清思路，设计方案""创意制作，测试验证""评价分享，得出结论""迭代更新，不断创新"等过程，在批判与质疑中，培养幼儿学会思考和判断、尊重事实和证据、多角度辩证地分析问题，形成严谨求知的学习品质，有效达成培养目标。

实践性。科学课程设计是以实践过程为主要环节，充分鼓励幼儿通过动手动脑和亲身体验进行实践创新。以验证、探究、制作、创造等活动作为幼儿学习的重要方式，了解科学探究与工程设计的具体方法和技能，理解基本的科学知识，发现和提出实际生活中的问题，并尝试用多学科知识、科学与工程领域的方法予以解决，在实践中体验和积累认知与改造世界的经验，培养幼儿像科学家一样思考问题、像工程师一样解决问题，最终成为适应未来社会的创新性人才。

融合性。理解自然现象和解决实际问题必然要综合运用不同领域的不同知识和方法。幼儿园科学课程融合了科学、语言、健康、艺术与社会五大领域，综合多学科知识，注重幼儿多领域融合思维能力的培养，发挥不同领域的教育功能和思维培养价值，着力提升幼儿的工程思维、设计思维和动手动脑能力、社会实践能力等，促进幼儿的全面发展。

协同性。协作与分享是科学精神的重要体现。科学课程在收集资料、设计方案、分析项目、创意制作、展示成果等环节，都离不开团队合作。幼儿在彼此相互配合的行动中，逐步培养团队合作能力；在合作分享中找到成就感、获得感和幸福感。同时鼓励家、园、社等多方支持，积极参与，协同创新。

创新性。科学课程强调幼儿自主学习、勇于探究、敢于创新。在科学课程的各个环节，要鼓励幼儿大胆发挥好奇心和想象力。为解决问题，要鼓励幼儿不畏困难，例如前期的资料收集，中期的方案设计和后期的制作测试等环节，幼儿都会遇到很多难以预测的难题。要激励幼儿坚持不懈，大胆创新，积极寻求问题解决的有效途径，潜移默化中培养幼儿的创新意识和能力。

趣味性。趣味性是指活动内容及其表现方法充满吸引幼儿的兴趣和好奇心的特质。《指南》提出，要珍视游戏和生活的独特价值，创设丰富的教育环境，合理安排一日生活，最大限度地支持和满足幼儿通过直接感知、实际操作和亲身体验的需要。让幼儿在学中玩，在玩中学，通过丰富科学探究活动形式和设置有趣的内容，充分激发幼儿的想象力，在动手动脑中，激活幼儿的探究欲和求知欲。

挑战性。依据苏联教育家维果茨基提出的儿童教育发展观"最近发展区"理论，在科学教育活动设计时，我们的教学应着眼于幼儿的最近发展区，为幼儿提供略有难度、跳一跳够得着的学习内容，发挥其潜能，使其超越最近发展区而达到下一发展阶段的水平。通过引导幼儿完成项目，培养幼儿的高阶思维。

（二）"科学探究"的"目标2　具有初步的探究能力"的具体内容见表1-4。

表　1-4

年龄段	3～4岁	4～5岁	5～6岁
典型表现	●对感兴趣的事物能仔细观察，发现其明显特征 ●能用多种感官或动作去探索物体，关注动作所产生的结果	●能对事物或现象进行观察比较，发现其相同与不同 ●能根据观察结果提出问题，并大胆猜测答案 ●能通过简单的调查收集信息 ●能用图画或其他符号进行记录	●能通过观察、比较与分析，发现并描述不同种类物体的特征或某个事物前后的变化 ●能用一定的方法验证自己的猜测 ●在成人的帮助下能制订简单的调查计划并执行 ●能用数字、图画、图表或其他符号记录 ●探究中能与他人合作与交流

★ 教育建议（原文）：

（1）有意识地引导幼儿观察周围事物，学习观察的基本方法，培养观察与分类能力。如：

●支持幼儿自发的观察活动，对其发现表示赞赏。

●通过提问等方式引导幼儿思考并对事物进行比较观察和连续观察。

●引导幼儿在观察和探索的基础上，尝试进行简单的分类、概括。如：根据运动方式给动物分类，根据生长环境给植物分类，根据外部特征给物体分类，等等。

（2）支持和鼓励幼儿在探究的过程中积极动手动脑寻找答案或解决问题。如：

•鼓励幼儿根据观察或发现提出值得继续探究的问题，或成人提出有探究意义且能激发幼儿兴趣的问题。如：皮球、轮胎、竹筒等物体滚动时都走直线吗？怎样让橡皮泥球浮在水面上？

•支持和鼓励幼儿大胆联想、猜测问题的答案，并设法验证。如：玩风车时，鼓励幼儿猜测风车转动方向及速度快慢的原因和条件，并实际去验证。

•支持、引导幼儿学习用适宜的方法探究和解决问题，或为自己的想法收集证据。如：想知道院子里有多少种植物，可以进行实地调查；想知道球在平地上还是在斜坡上滚得快，可以动手试一试；想证明影子的方向与太阳的位置有关，可以做个小实验进行验证等。

（3）鼓励和引导幼儿学习做简单的计划和记录，并与他人交流分享。如：

•和幼儿共同制订调查计划，讨论调查对象、步骤和方法等，也可以和幼儿一起设法用图画、箭头等标识呈现计划。

•鼓励幼儿用绘画、照相、做标本等办法记录观察和探究的过程与结果，注意要让记录有意义，通过记录帮助幼儿丰富观察经验、建立事物之间的联系和分享发现。

•支持幼儿与同伴合作探究与分享交流，引导他们在交流中尝试整理、概括自己探究的成果，体验合作探究和发现的乐趣。如一起讨论和分享自己的问题与发现，一起想办法收集资料和验证猜测。

（4）帮助幼儿回顾自己的探究过程，讨论自己做了什么，怎么做的，结果与计划目标是否一致，分析一下原因以及下一步要怎样做等。

解读：获得探究能力是幼儿进行科学探究的关键目标。从探究过程来看，包含提出问题、收集信息、调查验证、设计方案、创意制作、合作交流、评价与分享、迭代更新等基本环节（不同年龄段的流程和深度略有不同）。从探究方法来看，观察法、实验法、调查法、测量法、验证法等是基本方法。探究、比较，分类、概括、分析，实验、验证、设计、调查和记录等也是科学教育常用的方法。幼儿正是运用不同的探究方法获得探究能力，从而培养了分析问题、解决问题的能力。每个年龄段的典型表现不是孤立的、割裂的，而是相辅相成，互促成长的。

课例：例如中班课例"'坡'为有趣"。

近期，户外下雨，孩子们和老师一起将一些玩具器械搬进室内。其中，篮球车、小推车等有轮子的玩具在搬进室内时需要经过一段楼梯，而楼梯成了我们进入室内的障碍。"这个楼梯走的时候要很小心。""楼梯走起来太费力了！""是呀，轮子根本没法走呀！""这要是能像滑梯一样有个斜坡就好了！"斜坡能否帮助我们更轻松地运送东西呢？是走楼梯快还是走斜坡快呢？带着这些疑问，我们开始了斜坡的科学探究之旅。

孩子们通过观察、调查、搭建斜坡、斜坡测试等探究活动，了解什么是斜坡以及斜坡的作用，结合斜坡在生活中的各种用途，思考、设计、建造有用的斜坡，解决生活中的难题。这一课例旨在培养幼儿运用科学思维解决问题的能力；幼儿能根据斜坡的结构特点，综合使用垒高、架空、延长、连接、转弯等建构技能搭建出稳定的斜坡，从而培养幼儿的搭建技能；幼儿能结合具体情况，综合使用各类材料，设计、建造符合特定场景需要的安全的斜坡；幼儿能认知斜坡的空间结构，测量所需斜坡长度，对使用材料的数量、形状等进行目测、比较，搭建出完整的斜坡。

　　设计的基本理念：本书的课例设计体现了以下基本理念。

　　以人为本，为幼儿的终身发展奠定基础。科学课程对于培养幼儿的科学素养、实践能力和创新精神具有重要的价值。在科学活动分组中，要充分运用多元智能理论，根据幼儿的个体差异，合理分工，让所有的幼儿都能在活动中有所为，并能有获得感和成就感；为全体幼儿提供合适的、公平的学习和发展机会，力图让每个幼儿受益。科学课程应该是普惠教育而不是精英教育，这是课程的基础。

　　项目式学习，突出幼儿的主体地位。在幼儿教育五大领域的课程活动中，如果缺乏"任务驱动——解决问题"的激情，就会遏制教育的生机！而科学课程则倡导动态学习，以幼儿为中心，基于真实情境，解决实际问题。幼儿学习方式的改变必将促进教师教学行为的转变，从而更好地改进活动实施的效果，这也是科学课程能否落地实施的关键。

　　积极实践，引导幼儿形成正确的价值观。幼儿科学项目的设置应该体现积极的情绪价值。一方面，要尽量展示积极阳光的社会价值，如为小动物找家，倡导保护动物；另一方面，项目难免也会遇到不太阳光的话题，容易对幼儿的心理造成不适感。所以，项目设置时，人文关怀要体现在充满童趣的活动中，价值观引导要蕴含在鲜活的主题中。潜移默化的熏陶，探究合作的思考，必然有利于幼儿正确价值观的形成和创新思维能力的健康发展，这是本课程的基本原则。

　　整合资源，实现跨学科有效融合。在科学课程教学中，幼儿自主提出问题，确定探究任务，教师引导幼儿联系已有的知识和经验，充分利用家、园、社等各种资源，创设良好的学习环境，引起幼儿的认知冲突。幼儿通过主动探究，启发思维，逐步懂得在丰富的资源中进行选择，学会合作学习，实现学科学习的跨领域融合。

　　（三）"科学探究"的"目标 3　在探究中认识周围事物和现象"的具体内容见表 1-5。

表　1-5

年龄段	3～4岁	4～5岁	5～6岁
典型表现	● 认识常见的动植物，能注意并发现周围的动植物是多种多样的 ● 能感知和发现物体和材料的软硬、光滑和粗糙等特性 ● 能感知和体验天气对自己生活和活动的影响 ● 初步了解和体会动植物和人们生活的关系	● 能感知和发现动植物的生长变化及其基本条件 ● 能感知和发现常见材料的溶解、传热等性质或用途 ● 能感知和发现简单物理现象，如物体形态或位置变化等 ● 能感知和发现不同季节的特点，体验季节对动植物和人的影响 ● 初步感知常用科技产品与自己生活的关系，知道科技产品有利也有弊	● 能察觉到动植物的外形特征、习性与生存环境的适应关系 ● 能发现常见物体的结构与功能之间的关系 ● 能探索并发现常见的物理现象产生的条件或影响因素，如影子、沉浮等 ● 感知并了解季节变化的周期性，知道变化的顺序 ● 初步了解人们的生活与自然环境的密切关系，知道尊重和珍惜生命，保护环境

★ **教育建议（原文）：**

（1）支持幼儿在接触自然、生活事物和现象中积累有益的直接经验和感性认识。如：

● 和幼儿一起通过户外活动、参观考察、种植和饲养活动，感知生物的多样性和独特性，以及生长发育、繁殖和死亡的过程。

● 给幼儿提供丰富的材料和适宜的工具，支持幼儿在游戏过程中探索并感知常见物质、材料的特性和物体的结构特点。

（2）引导幼儿在探究中思考，尝试进行简单的推理和分析，发现事物之间明显的关联。如：

● 引导5岁以上幼儿关注和思考动植物的外部特征、习性与生活环境对动植物生存的意义。如兔子的长耳朵具有自我保护的作用；植物种子的形状有助于其传播等。

● 引导幼儿根据常见物质、材料的特性和物体的结构特点，推测和证实它们的用途。如：带轮子的物体方便移动；不同用途的车辆有不同的结构；等等。

（3）引导幼儿关注和了解自然、科技产品与人们生活的密切关系，逐渐懂得热爱、尊重、保护自然。如：

● 结合幼儿的生活需要，引导他们体会人与自然、动植物的依赖关系。如：动植物、季节变化与人们生活的关系、常见灾害性天气给人们生产和生活带来的影响等。

● 和幼儿一起讨论常见科技产品的用途和弊端。如：汽车等交通工具给生活带来的方便和对环境的污染等。

解读：《指南》科学探究中的"目标3　在探究中认识周围事物和现象"是探究的结果性表现，凸显了"从喜欢探究到有了一定的探究能力再到认识了周围的事物和现象"的过程，这是一个科学素养逐渐增长的过程。三个年龄段的目标每个方面的典型表现所反映的幼儿对事物和现象的认识，都是在幼儿感知、体验、探究和发现的过程中获得的，是幼儿探究过程的必然结果，幼儿乐于探究的态度和探究解决问题的能力更为重要。

总之，三个年龄段的目标是一个探究过程的不同方面，不能分别学习或单独训练，它们的相互关联、逐层递进的一个整体。特别是"目标3　在探究中认识周围事物和现象"一定是在有意义的情境或解决问题的过程中发现的。"目标1　亲近自然，喜欢探究"是首要的前提性目标；"目标2　具有初步的探究能力"是重要的关键性目标；"目标3　在探究中认识周围事物和现象"则是载体、是产物性目标。

课例：例如大班课例"香香的茶香包"。

周一的早上，李安然一进教室就开始跟好朋友分享她从老家带回来的茶叶。孩子们围着李安然，纷纷讨论："叶子也能吃吗？""叶子是毛毛虫吃的吧？我们不能吃的。""不对不对，这是茶叶，能泡茶喝的，用热水泡开叶子会变大。""我在家喝过茶，好苦的。""我也喝过，我觉得香香的。"大多数孩子都对茶叶十分感兴趣，中国是茶文化的发源地，茶叶除了用来泡水喝，还可以做什么？关于茶叶的探索、创造便开始了……

孩子们通过探究，了解植物和香料散发香气的原理，探讨香包中使用的香料是如何释放香气的；探索香料的特性、布料的吸附性能及香料的挥发性等；探索不同的设计方案，比较它们的留香效果和实用性；能通过观察、比较与分析，发现并描述茶叶的特征和浸泡前后的变化；在设计和制作香包的过程中，培养幼儿的创造力和解决问题的能力；计算香料的用量，学习测量和比较的概念；理解比例关系，在制作香包时保持香料的平衡性和稳定性。

课例设计思路：本书的课例设计遵循国家幼儿教育纲领性文件，充分考虑幼儿的年龄特点与认知规律，并兼顾学前教育的实际情况。

依据幼儿的心理及思维发展特点设置课例难度。3~4 岁的幼儿，具象思维特征明显，活动特点主要是模仿和简单再现；4~6 岁幼儿，对具体形象的依赖性会越来越小，创造力和想象力开始发展起来，他们的思维发展从以具象思维为主逐步向以抽象逻辑思维为主过渡。因此，我们在课例内容的设置上采取由易到难，螺旋上升的方式，且每分册每章的课例所涉及的知识深度层层递进，思维难度逐步递增，以适合不同年龄段幼儿的知识水平、认知能力和行为特质。

依据五大领域的要求和科学教育的性质设置知识板块。结合科学教育的性质和特点，参考《3-6 岁儿童学习与发展指南》和《幼儿园保育教育质量评估指南》文件精神及幼儿心理思维发展特征，我们将科学项目内容融入幼儿的一日活动中，如区角游戏（美工区、建构区、益智区等），集体活动（开展五大领域的活动），户外活动（劳动、养殖、运动等），将五大领域有效融合，注重培养幼儿对科学的兴趣以及严谨的思维和良好的习惯。

依据幼儿认知规律和教学目标设置课例类型。根据不同年龄段幼儿的认知规律，科学课程把实现教学目标的类型分为：基于游戏化思维的科学项目、基于设计思维的科学项目和基于工程思维的科学项目。同时它们又不是孤立存在的，而是根据项目性质和幼儿年龄特点互相联系、相辅相成。课例整体内容连续，由简单到复杂，由基础到提高，根据难易程度螺旋式设计，以满足不同年龄段幼儿的思维和心理发育水平培养的需求。

1.1.3 《指南》的科学领域中"数学认知"部分的理解与实践解读 ▲

数学认知是幼儿将头脑中的数学知识按照自己理解的深度、广度，结合自己的感觉、知觉、记忆、思维、想象等认知特点，组成一个具有内部规律的整体数学结构。数学认知结构就是幼儿通过探究在头脑中获得的数学知识结构。

《指南》的"科学探究"中的数学认知目标有三个：目标 1 "初步感知生活中数学的有用和有趣"；目标 2 "感知和理解数、量及数量关系"；目标 3 "感知形状与空间关系"。这三个目标的共同点在哪里？目标 1 是学习态度、情感体验；目标 2 和 3 重点突出感知与理解，是从认知发展的角度提出的。目标 1 体现了数学的有用、有趣、生动、好玩的价值取向；目标 2 和 3 的学习是在目标 1 这样的价值取向的引领指导下进行的。

一、幼儿数学学习的思维特点

幼儿的数学认知学习是一个思考和建构的过程，其学习主要以具体形象思维为主。成人要把握 3~6 岁时，幼儿以具体形象思维为主这一特点，注重幼儿数学思维的发展，引导幼儿通过直接感知、亲身体验和实际操作进行科学学习是非常重要的。不同幼儿的学习方式和发展速度是不同的，因此，成人不能用统一标准来衡量幼儿和评价幼儿的学习与发展。

二、《指南》的科学领域中"数学认知"子领域的运用

在幼儿的生活中，蕴含着许许多多可对幼儿产生数学影响的情境和事例，而且这些情境和事例经常地、反复地发生，因而对幼儿的数学认知学习产生了潜移默化、日积月累的作用和影响。教师要熟悉《指南》的科学领域中数学认知对不同年龄段儿童的发展期望，学会运用《指南》的科学领域中数学认知的目标、各年龄段的典型表现来观察和分析幼儿的行为表现。教师要引导幼儿关注日常生活中的数学，使其初步感知生活中数学的有用和有趣。注重幼儿对数学学习的兴趣和积极的情感体验，在快乐、轻松的游戏中，在日常生活中使幼儿发现和解决问题的能力得到发展。

（一）"数学认知"的"目标 1　初步感知生活中数学的有用和有趣"的具体内容见表 1-6。

表　1-6

年龄段	3 ~ 4 岁	4 ~ 5 岁	5 ~ 6 岁
典型表现	●感知和发现周围物体的形状是多种多样的，对不同的形状感兴趣 ●体验和发现生活中很多地方都用到数	●在指导下，感知和体会有些事物可以用形状来描述 ●在指导下，感知和体会有些事物可以用数来描述，对环境中各种数字的含义有进一步探究的兴趣	●能发现事物简单的排列规律，并尝试创造新的排列规律 ●能发现生活中许多问题都可以用数学的方法来解决，体验解决问题的乐趣

★ 教育建议（原文）：

（1）引导幼儿注意事物的形状特征，尝试用表示形状的词来描述事物，体会描述的生动形象性和趣味性。如：

●参观游览后，和幼儿一起谈论所看到的事物的形状，鼓励幼儿产生联想，并用自己的语言进行描述。如：熊猫的身体圆圆的，全身好像是一个个的圆形组成的。

●和幼儿交谈或读书、讲故事时，适当地运用一些有关形状的词汇来描述事物，如看图片时，和幼儿讨论奥运会场馆的形状，体会为什么有的场馆叫"水立方"，有的叫"鸟巢"。

（2）引导幼儿感知和体会生活中很多地方都用到数，关注周围与自己生活密切相关的数的信息，体会数可以代表不同的意义。如：

●和幼儿一起寻找发现生活中用数字做标识的事物，如电话号码、时钟、日历和商品

的价签等。

•引导幼儿了解和感受数用在不同的地方，表示的意义是不一样的。如天气预报中表示气温的数代表冷热状况；钟表上的数表明时间的早晚等。

•鼓励幼儿尝试使用数的信息进行一些简单的推理。如知道今天是星期五，能推断明天是星期六，爸爸妈妈休息。

（3）引导幼儿观察发现按照一定规律排列的事物，体会其中的排列特点与规律，并尝试自己创造出新的排列规律。如：

•和幼儿一起发现和体会按一定顺序排列的队形整齐有序。

•提供具有重复性旋律和词语的音乐、儿歌和故事，或利用环境中有序排列的图案（如按颜色间隔排列的瓷砖、按形状间隔排列的珠帘等），鼓励幼儿发现和感受其中的规律。

•鼓励幼儿尝试自己设计有规律的花边图案，创编有一定规律的动作，或者按某种规律进行搭建活动。

•引导幼儿体会生活中很多事情都是有一定顺序和规律的，如一周七天的顺序是从周一到周日，一年四季按照春夏秋冬轮回等。

（4）鼓励和支持幼儿发现、尝试解决日常生活中需要用到数学的问题，体会数学的用处。如：

•拍球、跳绳、跳远或投沙包时，可通过数数、测量的方法确定名次。

•讨论春游去哪里玩时，让幼儿商量想去哪里玩？每个想去的地方有多少人？根据统计结果做出决定。

•滑滑梯时，按照"先来先玩"的规则有序地排队玩。

解读：这个目标要求我们在实际生活和真实情境中，通过引导幼儿发现和解决问题进行科学探究和数学学习，让幼儿感到科学和数学的有用和有趣。我们还要认识到幼儿的科学探究和数学认知常常相互关联、相互融合、相互助益。幼儿的数学学习是一个不断建构的过程，是通过对具体事物和事物之间关系的不断抽象概括来实现的。我们要善于结合蕴含生活经验的数学活动，认识到幼儿的探究经验和数学认知存在着个体差异，不同的幼儿有自己的认知结构和水平，用自己的方法解决问题；每一个活动后幼儿所获得的发展不同，需要因材施教，促进每个幼儿的个性发展。

课例：例如大班课例"自制座位牌"。

在开展皮影区域活动时孩子们经常会争抢座位，有孩子提议把座位编上号，像看电影那样，凭票坐就不会乱了，于是孩子们对座位牌展开热烈的讨论……

借此契机开启对座位牌的探索、创作，引导幼儿感知和体会与自己生活密切相关的数的信息，一起寻找、发现生活中用数字做标识的事物，体会数学的有趣。幼儿通过调查、设计、制作等探究活动，运用课件、视频、亲子调查等途径，通过观察、交流、讨论、比较等形式了解座位牌的由来及制作结构。幼儿制作时掌握剪刀、胶枪、刻刀等工具的使用，学习根据二维的坐标找到合适的位置，小组合作解决技术问题，运用多种材料制作出美观、实用的座位牌。在座位牌设计过程中运用各种几何图形，会用工具测量材料之间的比例及长短等。制作的座位牌能体现"×排×座"。幼儿开始学会关注与自己生活密切相关的数的信息，体会数可以代表不同的意义。

科学探究活动设计要注意的问题：①重视探究活动的各个要素。科学探究包括提出问题、做出假设、制订与实施研究方案、收集和分析数据、得出结论、表达交流、反思与评价等要素。每个要素都会涉及多个学科思维方法，只有让幼儿有机会充分练习这些思维方法，跨学科整合思维才能逐渐形成。要避免程式化、表面化的科学探究。②精心设计探究问题。探究问题的来源有三个：幼儿在身边发现的问题，项目学习中必须探究的难题，日常活动中生成的问题。无论问题来自何方，都必须与幼儿探究能力的水平相符。控制好课堂探究的时间、问题的结构、效果及结论，这对于启迪幼儿思维、促进创新意识有非常重要的价值。③处理好科学学习中幼儿和教师的角色。科学探究式教学强调要以幼儿为主体，但这并不意味着教师要放弃指导。教师角色：一是引导者，引导幼儿积极参与，启发幼儿创意灵感；二是参与者，幼儿边动手，教师边指导，培养幼儿创新思维；三是倡导者，评价幼儿成果，激发幼儿创新兴趣和欲望。幼儿角色：一是发起人，幼儿在教师引导下自主探索、发现问题、提出问题；二是创造者，幼儿将自己的想法和创意制作成作品，变为现实；三是自学习者，幼儿是学习的主体，幼儿自己做主，通过阅读、听讲、研究、观察、实践等手段使个体可以得到持续变化。教师的指导要富有启发性，所有过程都应该是生成式学习。

（二）"数学认知"的"目标2　感知和理解数、量及数量关系"的具体内容见表1-7。

表　1-7

年龄段	3～4岁	4～5岁	5～6岁
典型表现	●能感知和区分物体的大小、多少、高矮长短等量方面的特点，并能用相应的词表示 ●能通过一一对应的方法比较两组物体的多少 ●能手口一致地点数5个以内的物体，并能说出总数。能按数取物 ●能用数词描述事物或动作。如我有4本图书	●能感知和区分物体的粗细、厚薄、轻重等量方面的特点，并能用相应的词语描述 ●能通过数数比较两组物体的多少 ●能通过实际操作理解数与数之间的关系，如5比4多1，2和3合在一起是5 ●会用数词描述事物的排列顺序和位置	●初步理解量的相对性 ●借助实际情境和操作（如合并或拿取）理解"加"和"减"的实际意义 ●能通过实物操作或其他方法进行10以内的加减运算 ●能用简单的记录表、统计图等表示简单的数量关系

★ 教育建议（原文）：

（1）引导幼儿感知和理解事物"量"的特征。如：

●感知常见事物的大小、多少、高矮、粗细等量的特征，学习使用相应的词汇描述这些特征。

· 结合具体事物让幼儿通过多次比较逐渐理解"量"是相对的。如小亮比小明高，但比小强矮。

· 收拾物品时，根据情况，鼓励幼儿按照物体量的特征分类整理。如整理图书时按照大小摆放。

（2）结合日常生活，指导幼儿学习通过对应或数数的方式比较物体的多少。如：

· 鼓励幼儿在一对一配对的过程中发现两组物体的多少。如，在给桌子上的每个碗配上勺子时，发现碗和勺多少的不同。

· 鼓励幼儿通过数数比较两样东西的多少。如数一数有多少个苹果，多少个梨，判断苹果和梨哪个多，哪个少。

（3）利用生活和游戏中的实际情境，引导幼儿理解数概念。如：

· 结合生活需要，和幼儿一起手口一致地点数物体，得出物体的总数。

· 通过点数的方式让幼儿体会物体的数量不会因排列形式、空间位置的不同而发生变化。如鼓励幼儿将一定数量的扣子以不同的形式摆放，体会扣子的数量是不变的。

· 结合日常生活，为幼儿提供"按数取物"的机会。如游戏时，请幼儿按要求拿出几个球。

（4）通过实物操作引导幼儿理解数与数之间的关系，并用"加"或"减"的办法来解决问题。如：

· 游戏中遇到让4个小动物住进两间房子的问题，或生活中遇到将5块饼干分给两个小朋友的问题时，让幼儿尝试不同的分法。

· 鼓励幼儿尝试自己解决生活中的数学问题。如家里来了5位客人，桌子上只有3个杯子，还需要几个杯子等。

· 购少量物品时，有意识地鼓励幼儿参与计算和付款的过程等。

解读：感知和理解数、量及数量关系，需要我们关注日常生活中的与数学相关的事件和活动，通过项目设计，在有趣的活动中潜移默化地理解数学知识，感知数学的有用和价值。因为数学认知领域目标的价值取向是：强调幼儿对数学学习的兴趣和积极的情感体验，强调幼儿在真实情境中感知、理解和应用数学的能力的发展，强调幼儿在日常生活中发现和解决问题能力的发展。让幼儿在掌握基本的数学概念和技能的同时，注重培养幼儿的学习品质，让幼儿的学习倾向、学习态度、行为习惯、学习方法、活动方式等与学习相关的基本素质得到更好的培养。

课例：例如中班课例"时间都去哪儿了"。

中班的孩子们已经开始练习跳绳，于是班级举行了一场1分钟的跳绳大比拼。在这场活动中，老师出示的沙漏引起了孩子们极大的兴趣。"这是什么？""为什么沙子流完了就是一分钟呢？""沙漏为什么无论倒着放还是正着放，沙子流完都是 1 分钟呢？"小小的沙漏引发了孩子们无数的疑问，于是，探究沙漏的秘密成了这次项目活动的主题。

孩子们通过调查、设计制作自己喜欢的沙漏，以及测试作品等探究活动，知道沙漏的工作原理，能仔细观察、比较，探究发现容器口的大小、直径与沙、谷粒等流速之间的关系。孩子们发现不同的物质的流速不同，时限为 1 分钟时，沙漏中不同物质所需量不同。这个项目活动培养了幼儿的探究欲望与比较观察能力。幼儿了解沙漏的上下对称结构后，制作出能准确计时的沙漏，并能根据时间需求调整沙子等物质的多少，以保证沙漏的准确性，从而培养幼儿的实践操作能力。幼儿能根据绘制的设计方案寻找合适的材料制作沙漏，能使用剪刀、胶带、水瓶等材料保证沙漏组合成功且不漏。制作的沙漏造型美观，有创意，培养了幼儿的工程思维。幼儿在制作过程中会运用目测、比较等方法发现不同沙漏的流速不同，能将不同沙漏的实验结果进行记录。通过有趣好玩的沙漏活动，培养幼儿的数学思维与观察记录能力。

教学建议：①**教学目标建议**。培养幼儿的高阶思维、促进国家创新型人才的培养，是科学课程的宗旨。幼儿园阶段的科学教学是为培养幼儿科学精神、创新素养，为培养未来的工程师打基础的。教师应将创新能力和高阶思维的培养作为教学设计与课程实施的最高准则，注重各方面目标的整合与平衡。高阶思维、科学素养的形成是长期的，只有通过连贯、进阶的科学学习与躬行实践才能达成。教师应整体把握课程目标、课例的设计思路，了解课程在科学能力培养上的纵向、横向脉络，以及与其他学科的横向关联，正确定位每个课例教学指导的教学目标。②**课例教学指导使用建议**。本书的课例教学指导是教师在实践探索中形成的成熟课例，为教师科学授课和课例开发提供了很好的示范和引领。教师要创造性地使用本书中的课例，根据本地区和自己幼儿园不同特点，兼顾幼儿个体存在的差异，灵活地使用课例，而不是照搬照抄，这是教师专业素养的体现，也是教师发挥创造力的机会。③**学习场所建议**。创客空间、科学教室均是科学学习的重要场所，除此之外，还有更广阔的科学学习天地，如校园、家庭、社区、公园、田野、科技馆、工厂、科普实践基地等，在这些场所学习，教师需要根据项目学习的需要，精心选题、精心策划。幼儿去这些场所学习，必须有家长陪同，教师应提前发放任务清单，观察什么、计算什么、怎么操作、思考什么都要罗列清晰，这样才能真正让这些场所成为科学教育的鲜活资源。 ④**科学教育材料应用建议**。幼儿通过一个个科学课例学习，学会如何综合运用科学、技术、工程、数学等方面的知识，解决真实世界中的问题，其中"创"是核心。幼儿园的课例材料主要来自以下几个方面：一是身边的废旧材料，如用过的各种罐子、盒子、水杯、布料、塑料、泡沫等，做到废物利用，培养幼儿节约意识；二是幼儿园自备的一些低结构材料，如建构积木、桌面益智玩具、橡皮泥等；三是少量的科技材料，大部分是在大班阶段，会有 3D 打印笔、图形化编程工具、电子积木模块等的使用。在发挥新技术优势的同时，教师不应忽视真实情境、直接经验对幼儿的重要作用。

（三）"数学认知"的"目标3　感知形状与空间关系"的具体内容见表1-8。

表　1-8

年龄段	3～4岁	4～5岁	5～6岁
典型表现	• 能注意物体较明显的形状特征，并能用自己的语言描述 • 能感知物体基本的空间位置与方位，理解上下、前后、里外等方位词	• 能感知物体的形体结构特征，画出或拼搭出该物体的造型 • 能感知和发现常见几何图形的基本特征，并能进行分类 • 能使用上下、前后、里外、中间、旁边等方位词描述物体的位置和运动方向	• 能用常见的几何形体有创意地拼搭和画出物体的造型 • 能按语言指示或根据简单示意图正确取放物品 • 能辨别自己的左右

★ **教育建议（原文）：**

（1）用多种方法帮助幼儿在物体与几何形体之间建立联系。如：

• 引导幼儿感受生活中各种物品的形状特征，并尝试识别和描述。如感受和识别盘子、桌子、车轮、地砖等物品的形状特征。

• 鼓励和支持幼儿用积木、纸盒、拼板等各种形状材料进行建构游戏或制作活动。如用长方形的纸盒加两个圆形瓶盖制作"汽车"。

• 收拾整理积木时，引导幼儿体验图形之间的转换。如两个三角形可组合成一个正方形，两个正方形可组合成一个长方形。

• 引导幼儿注意观察生活物品的图形特征，鼓励他们按形状分类整理物品。

（2）丰富幼儿空间方位识别的经验，引导幼儿运用空间方位经验解决问题。如：

• 请幼儿取放物体时，使用他们能够理解的方位词，如把桌子下面的东西放到窗台上，把花盆放在大树旁边等。

• 和幼儿一起识别熟悉场所的位置。如超市在家的旁边，邮局在幼儿园的前面。

• 在体育、音乐和舞蹈活动中，引导幼儿感受空间方位和运动方向。

• 和幼儿玩按指令找宝的游戏。对年龄小的幼儿要求他们按语言指令寻找，对年龄大些的幼儿可要求按照简单的示意图寻找。

解读：感知形状与空间关系，需要通过观察、测量、统计等方法来求证。观察的要点是尽可能提供实物、实景；利用观察对象的显著特征激发幼儿的观察兴趣；巧用启发式提问来激发幼儿的思考；鼓励并指导幼儿运用各种方式表达和记录观察的结果。测量要根据幼儿的年龄特点选择合适的方法；重点是培养幼儿的测量意识；引导幼儿运用恰当的词汇描述物体的量；在游戏活动中认识物体的量；帮助幼儿通过感官感知物体的量；教幼儿学习运用非正式量具进行测量的方法；指导幼儿认识并学习使用正式量具进行测量。统计时要指导幼儿运用统计的方法进行记录、表达和分析。让幼儿明白：生活中处处有数学，学会在生活中寻找数学，学习数学；在生活中运用数学解决生活中的实际问题等。

课例：例如大班课例"我们的城市"。

区域活动时，有幼儿向我反映："老师，建构区的积木都被其他小朋友用完了，我想搭个高楼，可是什么材料都没有了。"另一个孩子也趁机跑过来说："我们还想做马路和大树……"就这样，孩子们你一言我一语地向我描述着缺少的材料。于是我问他们："要这些材料，准备搭建什么呢？""我们想搭立交桥、停车场、公园……""搭一个城市出来。"就这样，"我们的城市"搭建主题诞生了。

教师运用课件、视频等多媒体资源让幼儿了解城市的相关知识，激发幼儿对所居住的城市的兴趣；在调查、设计等环节中，幼儿用图文的形式记录结果、进行讨论和改进，并感知和理解事物"量"的特征；幼儿综合运用围合、垒高、平铺、插接等技能，使用各种材料搭建城市；在实践过程中不断研究改进方法技术；幼儿大胆想象，设计城市图纸并按照设计图进行搭建，积累有关空间方位的概念。这一课例能增强幼儿对数量、图形的理解和认识。

评价建议：教学和评价是科学课例实施的两个重要环节，相辅相成。评价既对科学教学效果进行监测，也与教学过程相互交融，从而确保幼儿的高阶思维及创新能力发展目标的实现，确保课例实施的质量，促进幼儿核心素养的发展。

评价原则：①**过程性原则**。过程性评价，是对幼儿在科学教育实践及创作活动的每一个阶段，包括多学科知识应用、提出创意、引出思考、形成问题、收集信息、制定策略、协同创作、技能操作、反思与总结、表达与说明、分享与交流等全过程进行评价。通过评价数据，真实有效地记录幼儿在学习及动手实践过程中的情况，及时发现问题，及时反馈与纠正。要重视在评价中反映出幼儿在态度、价值观、方法、能力等方面的变化和进步，关注幼儿能否在问题的提出和解决过程中主动获取知识和知识应用的想法。②**目标性原则**。科学课例目标是否实现是课例设计成功与否的标志，从知识结构与运用、跨学科融合、效度和信度等几个维度，对问题的解决度或项目目标达成度进行测量和评价，从而更好地把握课例设计的方向和目标。③**多维度原则**。根据科学实践过程以及协作的需要，评价者有教师、幼儿、家长等。将幼儿的自评与互评相结合，教师评价与家长评价、社会评价相结合，使评价成为多方合作和交互活动的过程。通过收集证据、分析数据，强调评价的改进与激励功能。尊重和爱护幼儿的个体差异，发现和肯定幼儿所蕴藏的潜能。

评价标准：评价标准根据教学的调查、设计、制作、测试、分享、体验等过程和幼儿学习的情感体验等维度来制订，教与学相辅相成，互相促进。在每个项目学习任务完成以后，针对课例的学习任务，教师可以灵活设置评价量表，让幼儿进行评价，以检测本课例学习成果的达成度。通过评价，促进教师的教学改进，以中班课例教学指导"'坡'为有趣"为例，见表1-9。

表　1-9

教师对幼儿在调查、设计、制作、测试、分享、玩耍等过程中的表现情况进行表现性评价，并引导幼儿进行自评、互评。

评价内容	评价等级☺☺☺☺☺		
	教师评价	幼儿自评	幼儿互评
能通过多种方式调查发现日常生活中有哪些地方运用了斜坡，能收集斜坡的相关资料，并将调查内容进行整理			
能根据特定场景的需要设计不同的斜坡；小组成员能各自绘制设计方案，经小组商量确定本组设计方案			
制作斜坡时，能选择合适的材料，搭建出结构稳定的斜坡；能在搭建过程中积极探讨解决问题的方案			
测试环节能对斜坡稳定性、实用性进行测试，总结发现的问题			
在活动中，对斜坡省力的科学现象和科学原理有探究兴趣，具备初步的探究能力；能围绕斜坡进行大胆猜测并积极验证			
总评			

注："优"为 5 个☺，"良好"为 4 个☺，"合格"为 3 个☺，"一般"为 1~2 个☺。

总之，《指南》中科学领域的教学实施，能够让幼儿真正像科学家那样思考问题、像工程师一样学会解决问题，边玩边学，在活动与动手操作中，让科学素养不知不觉地增长，在快乐中学习，在快乐中成长。

1.1.4　课程设置及开发计划 ▲

1. 学段设计

幼儿园小班、中班、大班均设计课例集，每个学段 1 册。

2. 章与课时

每分册有 12 或 15 个课例，分三类；每类 4 或 5 个课例，每个课例含 2 或 4 课，每课 2~4 课时。每章课例分类设置，依据每个年龄段幼儿的思维特点，难度呈螺旋式上升设计。

1.2　课例教学指导编写依据及体例

1.2.1　幼儿园科学探究"四养六步"教学模式解读 ▲

一、教学模式解读

通过多年研究，我们以项目式学习为导向，总结提炼了幼儿园科学探究"四养六步"教学模式，如图 1-1 所示。

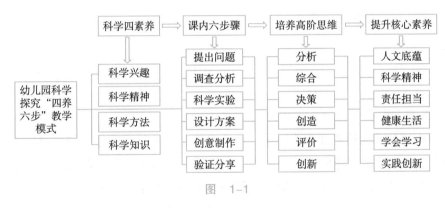

图　1-1

幼儿园科学探究"四养六步"教学模式紧紧围绕一个核心——提高幼儿的"科学素养"。科学探究的"四养"是指科学兴趣、科学精神、科学方法和科学知识。这些素养共同构成了一个人适应个人终身发展和社会发展需要的必备品格和关键能力。科学兴趣是科学素养中最基础也是最重要的因素之一；科学知识是科学素养的基石；科学方法是科学素养的核心；科学精神是科学素养的灵魂，能够激励人们积极探究科学世界。

科学探究的"六步"是指：第一步提出问题，通过真实情境中发现的难点提出问题，培养幼儿发现问题的意识；第二步调查分析，引导幼儿在家长、老师的指导下对提出的问题进行社会调查，并对调查到的信息进行分析提炼，找到问题的核心，培养幼儿的系统思维；第三步科学实验，幼儿通过科学小实验，探究出每个课例涉及的科学知识和科学原理；第四步设计方案，幼儿根据前面的探究，设计解决问题的方案和思路，培养幼儿的科学思维；第五步创意制作，幼儿根据设计方案，应用适宜材料进行创意搭建，把自己的想法变成现实，培养幼儿的工程思维；第六步验证分享，幼儿通过科学测试，验证功能是否实现，并大胆分享，培养幼儿的科学探究能力和批判精神。通过"六步"的学习，促进幼儿分析、综合、决策、创造、评价、创新等高阶思维的发展，提升幼儿的核心素养，如人文底蕴、科学精神、责任担当、健康生活、学会学习和实践创新等能力。

二、关键环节的设置

每个课例教学指导的前面设置了"情境导入""学习要求"和"教学流程"。"情境导入"主要呈现本课例教学指导在什么样的真实情境中产生，幼儿提出了什么样的科学问题，同时提出设计本课例教学指导的理论依据，这是课例教学指导来源的重要依据；"学习要求"主要阐述本课例教学指导要解决什么科学问题，培养幼儿什么科学能力，达成什么科学目标，它是课例教学指导的灵魂，也是完成课例教学指导学习的风向标。

每一课前面设置了"探究目标"和"课时安排"。"探究目标"是指本课要完成的探究任务及内容，做到有章可循。

在每个课例教学指导结尾设置了"科学成果"和"学习评价"，"学习评价"指标对应了前面的学习目标，便于对课例教学指导的学习目标完成度进行监测，同时明确本课例的科学成果，实现了教学评一体化。

1.2.2 幼儿园小班课例教学指导编写依据及体例解读 ▲

一、课例教学指导设计的理论依据

1. 考虑小班幼儿生理发展水平。小班幼儿身体与手的基本动作已经比较自如，随着骨骼肌肉的发展，大脑调节能力也有所增强，小班幼儿已经能掌握所有大动作和小部分精细动作，但受年龄特点影响，基本动作整体仍处在比较低的水平，能用笔涂涂画画、能用剪刀沿直线裁剪。因此小班科学活动要注意在项目活动难度方面做适当调整，选择幼儿现有肢体发展水平可操作的材料和内容开展活动，让幼儿在实践中探索，在探索中获得新经验。

2. 重视小班幼儿心理发展特点。好奇、好问、好探索是小班幼儿的年龄特点。小班幼儿对感兴趣的事物能仔细观察，能经常围绕具体事物提出各种问题；能感知和发现物体和材料的软硬、光滑和粗糙等特质；能感知区分物体的大小、多少和形状。此时幼儿的心理发展规律表现为仍停留在对事物易产生兴趣和浅感知的层面上，因此要重视科学教育在小班幼儿中的启蒙性和体验性，驱动性问题尽量来源于小班幼儿实际生活经验和他们提出的真实问题。针对这一年龄段的幼儿特点，活动内容在具有整合性的同时，侧重于感知材料，体验探究的过程，重点解决身边的实际问题，特别是发生在幼儿园班级环境里或者是生活中、游戏情境里需要解决的问题，借此启发幼儿的科学意识。

3. 关注小班幼儿思维发展水平。小班幼儿思维发展水平较低，处于直觉行动思维向具体形象思维转变的过程中。幼儿在思考问题时，主要依赖于自己看到的具体形象，而不是抽象的概念，因此科学活动应以幼儿的直观感受和体验为主。在设计科学活动时，要尽可能地将抽象的概念转化为具体的形象，帮助幼儿更容易理解。教师在引导幼儿解决问题时，需要多支持，注重培养他们的独立思考能力和创造力，鼓励他们尝试多种方法，直到找到一个感觉正确的答案。小班幼儿天真烂漫又充满好奇，游戏是他们活动的主要方式。因此科学活动适合应用游戏化思维，主要以基于问题的验证式学习为主。通过设计各类充满童趣的游戏闯关活动，激发幼儿参与活动的热情，保护幼儿的好奇心和求知欲。在游戏化项目式活动中，注重启发幼儿提出问题、发现问题的问题意识，通过分享，培养幼儿语言表达能力。

4. 注重幼儿个体发展差异与需求。 对于幼儿而言，每一个孩子都是独立的个体，同一年龄段的幼儿，各自的思维逻辑、性格、心理特点均有较大差异。出现这些差异的原因是多种多样的，由遗传、生理、环境、教育以及幼儿自身的心理等多重因素决定。因此开展科学活动时，要充分考虑幼儿之间的个体差异，根据每个幼儿的特点做好分工，为每个幼儿搭建不同类型的学习支架，让每个幼儿都能在同一个科学项目活动中获得不同的成长，以满足不同水平幼儿的学习与实践需求。

二、关于游戏化思维的概述

鉴于以上所述小班幼儿的思维特点和认知规律，科学项目设计时适合用游戏化方式，通过一个个的闯关游戏，激发幼儿的好奇心和创造力。

1. 游戏化思维的概念。 游戏化思维是指为了提升受众的自主参与度和积极性，用游戏机制和游戏元素来设计和进行非游戏类事务的思维方式。游戏机制设计元素包括：角色、等级、任务、奖励等，游戏元素可以根据具体需求来分解。例如，在课例"人偶大造型"中，人物、材料、情境等都可以作为游戏元素。在国外，游戏化思维已经在教育界和商界进行了许多成功的尝试。一些学校利用 RPG（角色扮演游戏）的形式来建立课程体系、设置教学内容，通过让学生接"任务"这种寓教于乐的方式吸引他们的注意力，大幅提升了学生参与的积极性和学习效率，而且获得了不错的成效，创造乐趣是游戏化思维的核心。

2. 游戏化思维课程的意义。 游戏化思维课程以寓教于乐的游戏方式，锻炼幼儿的问题意识和创造力，培养解决问题的能力，促进其思维灵活性和合作精神的形成。幼儿期是培养这些能力的黄金时期，通过课程游戏化，幼儿能够以主动参与、积极探索、尝试创造的方式学习。

首先，教师在科学游戏化课程（活动）中创设问题情境，提供丰富多样的游戏环境，幼儿可以在游戏中自由发挥，尝试自己动手，实验自己的想法，培养创新思维和表达能力。

其次，在科学游戏化课程（活动）中，教师以闯关游戏的形式不断提出挑战性任务，鼓励幼儿通过游戏规则完成挑战，从而解决问题。幼儿需要不断思考、分析和找到解决问题的方法，培养逻辑思维和解决实际问题的能力，在解决问题的过程中幼儿会不断地试错，找到更好的解决办法，幼儿在这一游戏过程中思维也会越来越灵活。

最后，在科学游戏课程（活动）中幼儿与其他孩子一起参与游戏，需要与其他孩子进行合作、分工和交流，学会了倾听和表达自己的观点，从而提升幼儿合作意识与能力。

三、基于游戏化思维的课例教学指导的设计体例

小班课例聚焦游戏活动，根据 3~4 岁幼儿的思维特点和认知规律，课例难度小，活动难度较低，每个课例一般分为两课，以闯关游戏的方式设计。依据幼儿园科学探究"四养六步"教学模式，幼儿园小班的精品课例教学指导体例如图 1-2 所示。

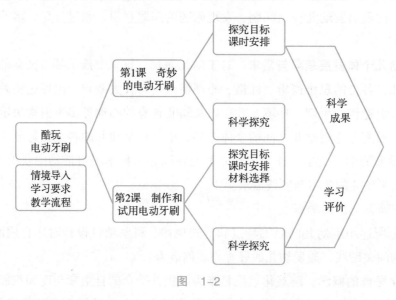

图　1-2

1. **第 1 课的活动内容及流程**。科学探究，即闯关游戏包含提出问题、科学实验、设计方案、分享方案、家园共育几个环节。需要特别说明的是：提出的问题必须源自真实情境，且是幼儿自己提出来的；科学实验环节，主要是根据小班幼儿的特点，通过引导、观察、触摸等方式，幼儿用多种感官或动作认识常见的物体，感知和发现物体和材料的软硬、光滑和粗糙等特性，在实验中了解相关的科学知识，在游戏中学科学，做中学，培养幼儿的高阶思维和科学素养。在设计方案、分享方案、家园共育环节，由于小班幼儿年龄小，难以自己做调查、设计，需要在老师和家长的指导下开展材料收集、调查及游戏方案设计，但是教师和家长要把握好度，可以先教给幼儿方法，再放手让他们去做，不可全放手，更不可包办代替，让幼儿在教师和家长的引导支持下逐步学会做调查和设计，学会分析问题，学会在错综复杂的信息中探究问题的核心，幼儿的问题意识、创新思维才能在不断的锻炼中培养起来。游戏方案的设计需要成人启发幼儿，说出自己的想法，并告诉他们，做出自己的作品，幼儿还要学会怎么玩，激发幼儿玩的兴趣。

2. **第 2 课的活动内容及流程**。科学探究，即闯关游戏包含创意制作、解决问题、验证分享、迭代更新几个环节。第 2 课重在制作和游戏，制作环节需要教师巡回指导，提醒幼儿注意安全，指导幼儿作品制作，有的甚至要"扶上一把"，让幼儿像工程师一样去做事。

教师要启发幼儿，作品完成后，在测试作品之前，幼儿需要明确是否解决了之前提出的问题，发现问题后要学会怎么解决，怎么迭代更新。作品制作成功后，还要学会怎么玩，与其他小组比，谁玩得更合理，谁的更好玩。在玩中学，玩中展示自己的风采，在玩中培养与他人的合作意识，在玩中学会评价，培养批判思维，敢于质疑和挑战，培养科学素养。

四、小班课例教学指导章的设置

小班课例教学指导共 15 个课例，根据课例类型，分三章，章的设置如图 1-3 所示。

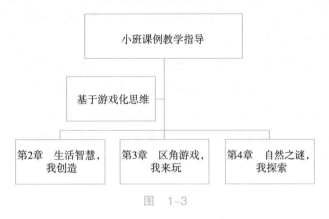

图　1-3

1. **第 2 章：生活智慧，我创造，聚焦日常生活、发现美、创造美等**。聚焦日常生活，在科学探究中，让幼儿领悟科学探究的魅力，培养其观察和实践能力，在创新创造中，他们将发挥想象力和创造力，通过动手实践将各种材料和工具变成独具特色的作品，在探索新知识过程中培养幼儿观察、想象、实践、验证、创新等能力，从而使其发现美、创造美。桌面玩具是幼儿可以在桌面进行操作的玩教具，可以是简单的积木、拼图、拼装玩具、益智游戏等；也可以是更为复杂的机械类玩具、电子类玩具等；还可以是根据活动内容教师提供或幼儿自行寻找的操作材料。这些玩具在幼儿园中发挥着重要的作用，能充分调动幼儿参与科学活动的主动性，积极性，使幼儿真正地成为科学活动的主体，更能激发出幼儿的创作欲望和创新能力，使幼儿学会反思，这些都有助于幼儿科学学习能力的提高。

2. **第 3 章：区角游戏，我来玩，聚焦区角游戏、角色扮演等**。角色扮演游戏是学前儿童以模仿和想象，通过扮演角色，创造性地反映现实生活的一种游戏。它通常都有一定的主题场景，如娃娃家、商店、医院等，所以又称为主题角色游戏。角色扮演游戏是幼儿期最典型、最有特色的一种游戏之一。它将科学学习游戏化，更容易激发幼儿科学学习兴趣，激发其科学探究的欲望。

3. **第 4 章：自然之谜，我探索，聚焦幼儿对大自然的好奇及浓厚的兴趣，探索自然等**。小班幼儿对身边的自然现象有浓厚的兴趣，果子熟了想摘下来尝尝，小鸟生蛋了也要保护一下，看到小蚂蚁也要去追踪，总想问个为什么。本章聚焦探秘大自然，让幼儿在探索中了解动植物的生长规律，从而培养幼儿亲近自然、热爱自然，引导幼儿探究并发现自然科学。

1.2.3 幼儿园中班课例教学指导编写依据及体例解读 ▲

一、课例教学指导设计的理论依据

1. **基于中班幼儿生理发展水平**。中班幼儿的神经中枢发育较快，相较于小班幼儿，其身体动作的稳定性与灵活性更强，手部动作更加灵巧，能剪出简单的图形并且边线吻合，精细动作质量明显提高，能够灵活操作并坚持较长时间。因此中班科学活动应注重操作和探究，选择适宜幼儿的材料和项目内容开展活动，这有利于促进他们动作细节的改进，提升动作的协调性，增强小肌肉群的锻炼。

2. **注重中班幼儿心理发展特点**。喜欢玩并且会玩是这个年龄段幼儿最大的特点，他们已能计划游戏的内容和情节。相较于小班幼儿，中班幼儿特别活泼好动，视野也更开阔，科学活动的积极性更高了。中班幼儿心理发展随着年龄的增长比小班时更成熟，对任务的理解和认知水平明显提高，需要更为丰富的活动空间。因此中班科学活动要关注幼儿的心理需求，教师不仅要善于引导幼儿积极探索材料，观察比较不同的事物或现象，在比较中发现、总结其特征，还要让幼儿能够开心、快乐、积极地参与其中，这样既能锻炼身体，科学探究能力也能得到增强。

3. **重视中班幼儿思维发展阶段**。中班幼儿思维最明显的特征是具体形象性与表象联想性。他们常常不依靠实际的常识性的表象来解决简单的问题，而是需要依靠实物的形象。因此事物的形象会影响中班幼儿的思维以及对问题的理解。这个时期，幼儿更关注周边生命活动和自然现象，他们的抽象思维刚萌芽，语言表达力发展迅速；有好奇心，认知能力也快速提高；幼儿的自主性与主动性、同伴交往需求与能力，以及幼儿的持久性都在不断提升，行为会有一定的目的性；他们愿意在集体生活中遵守一定的规则，执行简单的任务。因此这个阶段是锻炼幼儿设计思维的最佳时期。

4. **尊重幼儿个体发展差异与需求**。由于每个幼儿都有不同的家庭环境，不同的教育背景，再加上遗传等多方面的原因，所以他们之间具有差异性是正常现象，我们要尊重幼儿个体差异，并努力根据幼儿的个体差异，科学合理地展开幼儿科学教育。中班科学活动要更多关注幼儿自身思维的发展，师幼互动是关注幼儿个体差异的重要路径，教师要能够在细节中发现每个幼儿的特点和长处，实现尊重幼儿个体差异的目标。

根据中班幼儿的思维特点和认知规律，科学项目的设计要以培养设计思维为主线，注重培养幼儿系统的科学思维和科学解决问题的能力。

二、关于设计思维的概述

1. **设计思维的含义**。设计是设计师为解决实际问题而进行的技术性创作和呈现。在设计实践中，人们慢慢总结出一套以人为中心，鼓励人们积极探索和发现，并能解决实际问题的创新型方法框架——设计思维。

2. **设计思维的路径**。我们只有充分理解设计思维后，才能够运用设计思维的方法，解决发生在我们生活中的复杂问题。美国斯坦福大学 Hasso–Plattner 设计学院提出了分五阶段的设计思维模型，即同理心（共情）、定义问题、构思、原型制作和测试。

同理心（共情）：通过观察、访谈、调研等方式，深入了解用户的需求和痛点，建立同理心，站在用户的角度思考问题。

定义问题：将收集到的用户需求和洞察结果进行整理，明确问题的本质，用精简的语言定义问题，并设定项目的目标。

构思：通过头脑风暴、角色扮演等方式，激发创意，提出多种解决方案。这个阶段鼓励团队成员积极思考，不受限制地提出各种想法。

原型制作：将构思的解决方案转化为可视化的形式，如草图、模型或原型产品，以便进行测试和验证。原型制作过程中，团队可以不断发现问题并改进。

测试：通过用户测试、专家评审等方式，收集反馈，评估解决方案的效果，并根据反馈进行迭代优化。测试是确保最终产品满足用户需求的关键步骤。

设计思维模型强调以人为本、创意和迭代，通过这五个步骤，团队可以系统地解决问题，并创造出满足用户需求的产品或服务。

注意：这五个步骤没有严格的时间和逻辑顺序，它们不是线性的迭代。很多情况下，后面阶段提供的信息，可以帮助退回到前面的阶段进行改进。设计者不断地重新理解用户的信息和用户的问题，并重新定义用户真正的问题和需求。

三、基于设计思维的课例教学指导的设计体例

中班课例聚焦设计思维培养，根据 4~5 岁幼儿的思维特点和认知规律，课例难度、活动难度均略有提高，每个课例一般分为四课，以闯关游戏的方式设计。依据幼儿园科学探究"四养六步"教学模式，幼儿园中班的课例教学指导体例如图 1-4 所示。

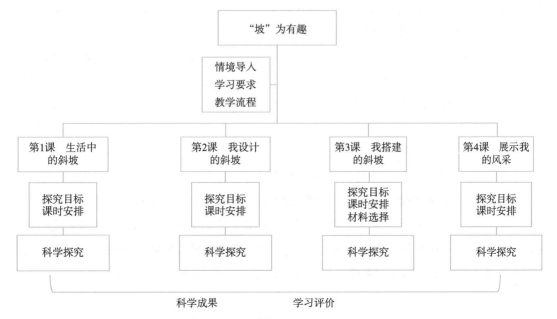

图　1-4

1. **第 1 课的活动内容及流程**。第 1 课既是同理心（共情）阶段，也是定义问题阶段，了解实际需要解决的问题，并对用户的问题和需求进行深层次的提炼，含提出问题、调查分析、信息分享几个环节。问题的提出必须源自真实情境，且是幼儿自己提出来的；与小班相比，中班幼儿的动手和调查能力略有提高，虽然离不开老师和家长的引导，但是调查分析环节，大人要更多放手让他们自己去完成，不可以包办代替，让幼儿在大人的引导支持下逐步学会做调查，学会在错综复杂的信息中找到问题的核心，确定需要解决的问题；信息分享环节重在培养幼儿的合作意识和分享意识，培养幼儿的表达能力，锻炼胆量，教师应尽可能让每个幼儿都有发言的机会。

2. **第 2 课的活动内容及流程**。第 2 课是构思阶段，含科学实验、设计方案、分享方案环节。在科学实验环节，教师要做好引导，提供足够的材料，让幼儿在不断的试错中掌握相关的科学原理，对问题进一步进行提炼。做到做中学，培养孩子的高阶思维和科学素养。设计方案环节重在设计解决问题的方案，做好分工，决策者、管理者、设计者和建造者，角色不同，分工也不同，从而培养幼儿的工程思维。这一环节需要教师巡回指导，根据幼儿的创意，考察幼儿设计的合理性和实用性，让幼儿像科学家一样去思考问题。在分享方案环节中，幼儿在展示介绍创意的功能、作用及设计意图的同时，培养合作能力、语言表达能力，幼儿在相互评价中发现问题，完善设计方案，培养批判思维，敢于质疑和挑战。

3. **第 3 课的活动内容及流程**。第 3 课是原型制作阶段，含选择材料、创意制作和解决问题环节。选择材料环节，是指依据幼儿的设计方案，选择制作所需的材料。如 "'坡' 为有趣" 中的这个环节，先分组讨论问题，根据本组的设计方案，确定所需的材料和工具；再将同质性想法归类，分为楼梯斜坡组、滚筒斜坡组、红砖斜坡组三个组。创意制作环节，是依据设计图，用所选材料搭建作品。做完后需要有测试验证，像工程师一样检验产品质量，并在测试过程中发现问题，讨论并解决问题。

4. **第 4 课的活动内容及流程**。第 4 课是测试阶段，将制作的原型变为实际的可以交互的产品。含验证分享、应用成果和迭代更新几个环节。在验证分享环节中，幼儿上台介绍自己的作品，并演示作品，同时请教师和其他组幼儿进行评价。应用成果环节能发现不足，再迭代更新，形成 2.0 产品。幼儿在这样的情境中，创造、分析、评价、综合等高阶思维就培养起来了。

四、中班课例教学指导章的设置

中班课例教学指导共 12 个课例，根据课例类型，分为三章，章的设置如图 1-5 所示。

1. **第 1 章：建筑大师，我体验，聚焦建构游戏，关注身边的人和事，关注生活**。这一章含 "坡" 为有趣、"篷" 里趣事、探秘龙、时间都去哪儿了 4 个课例。建构游戏是指幼儿利用各种建筑与结构材料，进行搭建和构造，并反映改进现实生活现状的游戏活动。通过建构游戏可以发展幼儿的设计思维与科学探究的能力，培养幼儿的社会责任感。

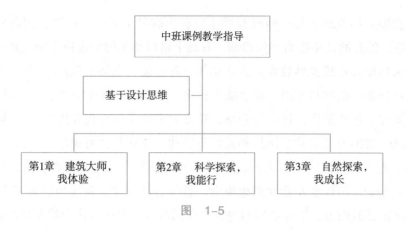

图　1-5

2. **第 2 章：科学探索，我能行，聚焦身边的科学现象，通过科学探究，认识世界。**
这一章含安全着陆、弹力运动会、污水变干净啦和风筝奇遇记 4 个课例。科学课程中，科学探究是核心方法，引导幼儿发现问题，进行科学实验和实践探索，从而得出推论，这与科学研究的过程非常相似。在幼儿已有知识经验的基础上，教师提供有价值的操作材料，让幼儿进一步探究和学习，从而达到科学探究的目的。幼儿选择和使用材料时，教师可以提出问题，启发幼儿，进一步拓宽幼儿的科学探究范围，提高幼儿的思维能力，从而激发幼儿更深入地思考。

3. **第 3 章：自然探索，我成长，聚焦动物饲养和植物的生长，关心动植物的生存环境。**
这一章含小葱温暖计划、蛋宝宝大变身、与"艾"同行和"柿柿"如意 4 个课例。本章课例利用丰富的自然资源，结合生活经验，让幼儿通过实际的体验和探索，从广阔的自然界中获取更多的知识和经验。以幼儿园、社区、大自然为媒介，幼儿与人、物和自然主动互动，聚焦种植区、养殖区的动植物生长，关心动植物生长环境；在享受大自然带来的馈赠的同时，懂得人与自然要和谐相处、共生共荣的道理。

1.2.4 幼儿园大班课例教学指导编写依据及体例解读

一、课例教学指导设计的理论依据

1. **遵循大班幼儿生理发展水平**。大班幼儿正处于生理发展的关键期，身体协调能力进一步提高。他们的自我评价能力逐步发展，情感的稳定性和有意性增长，自理能力和劳动能力明显提高，在幼儿园里能完成一些力所能及的种植、喂养、值日生等劳动任务，在劳动中表现出一定的责任感。在科学活动中，幼儿需要动手进行各种实验、制作和操作，这有助于锻炼他们的手眼协调能力、手指灵活性和身体协调性。例如，在科学探索中，幼儿需要准确地取用实验材料，按照步骤进行操作；在技术活动中，幼儿需要掌握使用各种工具的技巧，如正确使用剪刀、胶水、热熔胶枪等；在工程和数学活动中，幼儿需要动手操作，如搭建模型、绘制图表等。通过开展小组合作的科学活动，幼儿在团队中分工合作、共同解决问题，幼儿的社交能力得到锻炼，有助于培养幼儿的沟通协作能力和团队精神。

2. 重视大班幼儿心理发展特点。大班幼儿好奇心强、求知欲强，对周围的世界充满好奇，他们喜欢探索、提问和发现，动手能力也进一步提高。这个学段的科学活动强调自主学习、合作探究、创意制作，评价与分享，符合大班幼儿的心理发展需求，满足他们的好奇心和探究欲。教师通过实验、制作和操作等活动，让幼儿在有趣的动手活动中学习，培养他们的动手能力和实践能力。大班幼儿有丰富的想象力，他们喜欢创造、想象和表达。科学活动提倡创新，可以激发幼儿的想象力，教师通过设计、制作和展示等活动，让幼儿在活动中发挥自己的创意，培养他们的想象力和创造力，并在合作中培养其团队合作精神。因此，教师在设计相关课程（活动）时应充分考虑幼儿的年龄特点，难度要比小班、中班略有提高，制订合适的教学计划和活动方案，为幼儿提供一个有趣、安全、有益的学习环境。

3. 关注大班幼儿思维发展阶段。大班幼儿的思维发展从具体形象思维向抽象逻辑思维过渡，不再局限于具体的事物和现象，从自我中心向客观的思维转变，能够认识到自己和他人、集体和个人的区别，逐渐能从他人的角度考虑问题，并逐渐发展出符号思维、逻辑思维，有了想象力和创造力，但感知事物仍依赖于实际操作。例如，在解决问题时，他们可能会尝试各种可能的方法，而不是通过思考找到最有效的解决方案。随着经验的积累和语言的发展，他们的思维从直觉思维向辩证思维发展，认识到事物之间存在着联系和变化，能从多方面考虑问题，能够根据事物的形象和表象进行思考，通过比较和归纳等方法解决问题。例如，在认识几何图形时，他们可以通过观察实物或图片，将形状分类为圆形、三角形、正方形等。他们能够使用语言和符号进行思考、表达和交流，开始能够理解逻辑关系和因果关系，进行一定的推理和判断。例如，在科学实验中，他们可以通过观察现象，从而推断出实验条件的变化对结果的影响。因此，从此年龄段开始，教师要关注他们工程思维的培养。

4. 注重幼儿个体发展差异与需求。随着年龄的增长，幼儿个性化差异更加明显。科学活动设计要注重层次性发展，应用多元智能理论，根据每个孩子的发展需求和兴趣特长，设计适宜他们的学习项目和活动，满足大班幼儿的个性化发展需求，促进他们在不同领域的发展。因此，大班的科学课程（活动）可以通过探究式、项目式和情境式教学，激发幼儿的学习兴趣，提高他们的动手能力、创新能力和解决问题的能力。

二、关于工程思维的概述

工程思维是人们在工程实践过程中形成的一种独特的思维方式。美国国家工程院在《K-12教育中的工程：理解现状和改进未来》报告中对工程思维的定义为：是工程的思维习惯，具体包括系统思维、创造力、乐观主义、合作、沟通交流和伦理考虑等。《普通高中通用技术课程标准（2017版2020年修订）》对工程思维的定义为：以系统分析和比较权衡为核心的一种筹划性思维。工程思维是以价值为导向的建构性造物思维，以求效率来创造价值，它追求的是创新，创造出新的存在物。

工程思维的成果主要是设计的图纸、规划的蓝图等，也包括操作的方案、实施的路径等，最终落实为最直接、现实的物质产品。

工程思维具有以下几个显著特点：

（1）系统性：工程思维注重整体性思考，将问题看作一个复杂的系统，综合考虑各个因素之间的相互关系和影响，以实现整体目标的最优化。

（2）综合性：工程思维要求综合运用多学科的知识和技能，包括科学技术、经济、环境、社会和法律等方面的知识，以确保解决方案的全面性和可行性。

（3）创新性：工程思维鼓励创新和新的思考方式，不满足于常规的解决方案，而是寻求更好的解决办法，通过不断地改进和创新来提高效率和性能。

（4）实践性：工程思维强调将理论知识应用到实际问题中，并通过实际操作来验证解决方案的可行性和有效性。

（5）风险意识：工程思维还具备强烈的风险管理意识，通过分析可能的风险和不确定性，制定相应的应对策略，以减少风险并提高项目的成功率。

工程思维的流程主要包括以下几个步骤：

（1）明确问题：清晰地定义工程项目的目标，理解问题的本质和约束条件。

（2）调研讨论：进行资料收集，了解背景知识和相关技术，并通过讨论和交流来深入理解问题。

（3）确定标准：为了评估项目的可行性和优劣程度，需要制定明确的评价标准。

（4）制订计划：制订详细的工程计划，包括时间安排、资源分配、人员分工等，确保项目有序进行。

（5）设计方案：提出具体的工程设计方案，包括技术方案、组织方案和管理方案等，为项目实施提供指导。

（6）实施计划：按照计划逐步实施工程项目，确保工程进度和质量符合预期。

（7）测试和评估：对项目进行测试和评估，验证项目是否符合要求和标准，发现潜在问题并进行改进。

（8）改进完善：根据测试和评估结果，对项目进行必要的改进和完善，以提高项目的质量和效益。

（9）发布成果：将工程项目的成果进行整理和发布，包括技术文档、报告、演示等，供相关人员参考和使用。

这个流程是一个系统性的、有计划的过程，它能够帮助工程师更有效地解决问题，实现工程项目的目标。大班儿童心理、生理发展比中班更成熟，在同一个项目的团队小组中，每个孩子根据自己的能力，扮演不同的角色，领取不同的任务，相互协作，共同完成一个复杂的项目，像工程师一样思考和解决问题。在设计科学课程时，应明确将工程思维作为重要的教学目标之一，这包括培养幼儿的问题解决能力、创新思维、实践能力和团队合作精神等，这些能力或精神都是工程思维的重要组成部分。

三、基于工程思维的课例教学指导的设计体例

大班课例聚焦工程思维培养，根据幼儿的思维特点和认知规律，课例难度、活动难度均高于小班、中班，每个课例分为四课，以闯关游戏的方式设计。依据幼儿园科学探究"四养六步"教学模式，幼儿园大班的课例教学指导体例如图 1-6 所示。

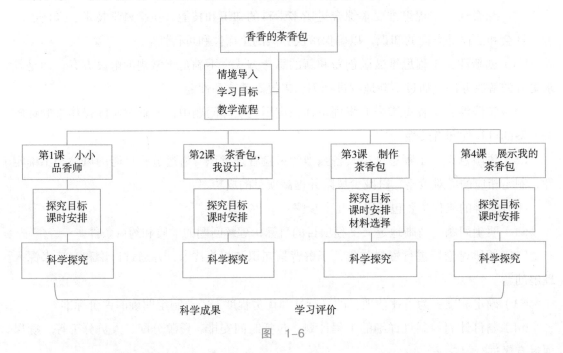

图 1-6

1. **第 1 课活动内容及流程**。第 1 课的科学探究，即闯关游戏含提出问题、调查分析、信息分享环节。提出问题必须源自真实情境，且是幼儿自己提出来的；与小班、中班相比，大班幼儿的动手和调查能力进一步提高，调查分析环节可以大部分放手让幼儿自己去完成，但是依然离不开家长的协助。信息分享环节注重训练幼儿在调查的复杂信息中，确定本课例的科学立意是什么，主要解决什么科学问题。

2. **第 2 课的活动内容及流程**。第 2 课的科学探究，即闯关游戏含科学实验、设计方案、分享方案环节。在科学实验环节，教师要提供足够的实验材料，让幼儿在不断的试错中掌握相关的科学原理，对问题进一步进行提炼；设计方案环节重在设计解决问题的方案，做好分工，决策者、管理者、设计者和制作者，角色不同，分工也不同，从而培养幼儿的工程思维，让幼儿像工程师一样去解决问题；分享方案环节，幼儿在展示介绍创意的功能、作用及设计意图的同时，培养合作能力、语言表达能力，幼儿在相互评价中发现问题，完善设计方案，培养批判思维，敢于质疑和挑战。

3. **第 3 课的活动内容及流程**。第 3 课的科学探究，即闯关游戏含选择材料、创意制作和解决问题环节。选择材料环节是指幼儿依据设计方案，选择所需的制作材料，为下一步的创意制作奠定基础；创意制作环节是依据设计图，用所选材料做茶香包，做完后需要有测试验证，如制作的茶香包是否符合设计图，是否适用等，让幼儿像工程师一样检验产品质量；解决问题环节，在测试中不断解决发现的问题，从而培养幼儿解决问题的能力。

4. **第 4 课的活动内容及流程**。第 4 课的科学探究，即闯关游戏是将创意落实为最直接、现实的物质产品，含验证分享和迭代更新环节。在验证分享环节，幼儿上台介绍自己的茶香包作品，演示作品，同时请其他组幼儿进行评价，发现不足。在迭代更新环节，幼儿根据验证分享环节中发现的不足进行迭代更新，形成 2.0 产品。幼儿在这样的情境中，创造、分析、评价、综合等高阶思维就培养起来了。

四、大班课例教学指导章的设置

大班课例教学指导共 12 个课例，根据课例类型，分为三章，章的设置如图 1-7 所示。

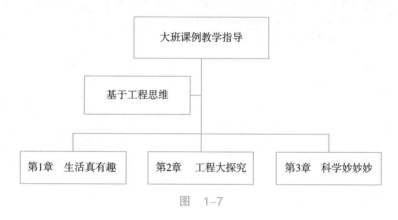

图　1-7

1. **第 1 章：生活真有趣，聚焦如何利用技术**。解决生活中发现的问题，让自己的生活更舒适、更便捷，创新创造，美化自己的生活。让幼儿感受科学的力量，激发幼儿学科学、用科学的兴趣，促进幼儿创新思维的发展。

2. **第 2 章：工程大探究，聚焦大型玩具建构，聚焦劳动**。教师通过引导幼儿参与幼儿园建设，关注城市发展等，用科学项目化学习的形式，使幼儿初步认识劳动的意义，掌握简单的劳动技能，懂得珍惜劳动成果，提高劳动兴趣，养成劳动习惯。教师选择的劳动项目、内容、时间、难易程度和劳动量要适合幼儿的身心发展，重视幼儿在劳动中的情感体验和劳动成果的分享。

3. **第 3 章：科学妙妙妙，聚焦科学原理的探索与应用**。教师引导幼儿关注身边的科学，关注地球、宇宙及其与人类的关系，感受神奇的影子、天气等自然现象，懂得科技改变生活、创新引领未来的道理，培养幼儿的社会责任感和爱国爱家的情怀。

第 **2** 章

生活智慧，我创造

2.1　课例1：酷玩电动牙刷

《指南》中指出，幼儿科学学习的核心是激发探究兴趣，体验探究过程，发展初步的探究能力。作为一名幼儿教育工作者，我们要注重给幼儿提供亲身体验、实际操作、直接感知的学习机会，注重幼儿的探究过程，关注幼儿在每项活动中学习的深度以及广度……激发幼儿的探究欲望，支持幼儿有意义的探究行为，看见幼儿的成长，要有发展幼儿科学素养的意识。

牙齿健康问题包含丰富的科学知识，是现在家长、老师共同关注的焦点，幼儿也都知道保护牙齿，一要少吃糖果，二要好好刷牙，但幼儿的牙齿口腔问题仍然存在。这天，班里的悦悦10点才来幼儿园，其他幼儿就关心起来："你怎么才来幼儿园？""我去看牙齿了，我有个黑牙""医生给你拔牙了吗？""没有，医生要我好好刷牙，但我每天都刷牙了呀"……幼儿跟着讨论起这个话题，"我知道，电动牙刷可以把牙齿刷干净！""电动牙刷？我也想有……"基于幼儿们的生活经验和需求，制作电动牙刷的科学探索活动开始啦！

学习要求

1.通过探究，能问各种问题或好奇地摆弄电动机等物品，知道电动牙刷的基本结构，了解旋转式与扫振式两大类电动牙刷，能够对电动牙刷的外形、结构、特征等进行有效的观察，能注意物体较明显的形状特征。

2.能仔细观察电动机两端的铁片与电线连接时的状态，观察到电动机具有让内部的转子振动并旋转运行的明显特征，初步了解其中的科学原理。

3.能感知和发现电动牙刷刷头材料的软硬、光滑和粗糙等特性，理解扫振式电动牙刷是一种刷头产生高频振动，深入清洁牙缝，并能按摩牙龈组织的牙刷；而旋转式电动牙刷是通过传动轴带动刷头做圆周转动，利用摩擦力清洁牙齿的牙刷。

"酷玩电动牙刷"教学流程如图 2-1 所示。

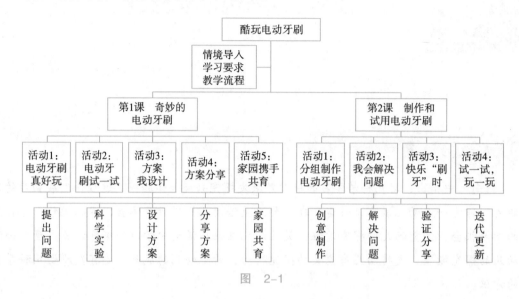

图　2-1

第 1 课　奇妙的电动牙刷

探究目标

1. 通过调查，幼儿了解旋转式与扫振式两大类电动牙刷，知道电动牙刷的基本结构、工作原理以及制作材料。

2. 具有一定的用户意识，幼儿根据不同人群需求和特点，在同伴互助下完成电动牙刷设计。

3. 本课的预期科学成果为幼儿在同伴互助下绘制的制作不同电动牙刷的设计方案。

课时安排

2 课时，40 分钟。

科学探究

活动 1：电动牙刷真好玩

幼儿将家里的电动牙刷带到幼儿园，教师支持幼儿在教室举办电动牙刷展览会，在轻柔的音乐声中，幼儿之间相互欣赏、尝试不同类型的电动牙刷，介绍自己带来的电动牙刷功能和使用方法，初步感知电动牙刷的工作原理。

活动 2：电动牙刷试一试

观察电动牙刷旋转和扫振两种状态，幼儿们议论纷纷，探究科学知识的欲望被有效地激发，他们提出了很多问题，如"为什么电动牙刷的造型是这样的？""电动牙刷刷牙时为什么要振动或者是旋转呢？""电动牙刷刷头为什么是这种材质的？"伴随着幼儿的疑问，他们就在活动室里寻找合适的材料，开始进行关于电动牙刷工作原理的探究游戏。

1. 幼儿从家带来各种不同材质、造型的电动牙刷，教师提供扭扭棒、调速器、电动机轴、电动机等。

2. 幼儿参照已有的电动牙刷自主选取自己想要的材料安装在电动机上，感知电动机的不同运行效果，发现旋转和扫振两种状态相结合下，刷头使用硅胶材质，清洁牙齿的效果更好。

3. 每个小组根据尝试的结果，选择了自己小组制作电动牙刷的最佳材料。

活动 3：方案我设计

1. 幼儿共享自己的发现，最终确定了各组的游戏主题和角色设定分别是：

第一组：成人世界，分配好扮演的角色：爷爷、奶奶、爸爸、妈妈、舅舅、舅妈。

第二组：快乐童年，分配好扮演的角色：男幼儿 1、男幼儿 2、男幼儿 3、女幼儿 1、女幼儿 2、女幼儿 3。

2. 幼儿商议不同角色使用什么样的电动牙刷。基于用户的需求，幼儿经过讨论，得出结论：每个人的需求不同，使用的电动牙刷也应该不同。如大人需要清洁力度强的，爷爷和爸爸喜欢造型简单的，奶奶和妈妈喜欢颜色亮丽的……幼儿需要温和、舒适一些的，男生幼儿喜欢动物造型的牙刷，女生幼儿喜欢公主、美人鱼造型的牙刷。

3. 基于调查，发现用户需求，幼儿开始进行设计，大家有序分工协作，开始设计方案的绘制。

幼儿根据已有的思考和发现，开始设计图纸，如图 2-2 所示。幼儿根据扮演的不同角色，各自绘制设计方案，教师巡回展开指导。

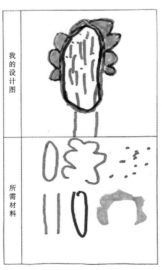

图　2-2

活动 4：方案分享

幼儿经过组内的分工协商，每组推选代表，上台对自己组的设计图纸进行介绍，小组成员可补充说明，表达清楚团队的想法和理念。

在设计的过程中，第一组想将电动机的扫振效果与旋转效果相结合，利用多功能硅胶洗碗刷制作出功能全面的电动牙刷，满足成人对于清洁力度的需求；第二组则计划利用电动机的扫振功能，安装调速器，造型要可爱易抓握，满足幼儿使用舒适、对造型感兴趣的需求。

活动 5：家园携手共育

为了更全面地了解电动牙刷，教师将设计图纸拍成照片发送给家长，鼓励家长和幼儿一起进行调查，做好经验和知识的铺垫，调查表见表 2-1。

表　2-1

酷玩电动牙刷

班级：　　　　　　　　姓名：

你见过的电动牙刷是什么样的	它的运行原理是怎样的？使用了什么材料

1. 鼓励幼儿放学回家后与家长一起探讨并完善设计方案，进一步收集有关解决这一问题的办法。

2. 家长利用自己的资源，如实地调查、上网查询等，和幼儿一起探寻制作电动牙刷的方法，体现家、园、社一体化育儿。

第 2 课　制作和试用电动牙刷

探究目标

1. 幼儿能够根据设计方案进行电动牙刷的制作，在项目实践中，提高辨析能力、动手能力以及手眼协调能力。

2. 幼儿在小组成员的共同努力下，能大方地介绍本组的作品，感受到因集体努力而成功的喜悦，介绍时具有一定的表现力。

3. 本课的预期科学成果为幼儿在协作中依据设计方案制作的电动牙刷。

课时安排

2 课时，40 分钟。

⭐ **材料选择**

本次活动分 2 组，材料和工具由 2 个小组自主选择。主要材料和工具有扭扭棒、调速器、电动机、5 号电池盒、导线、电动机轴、螺钉、多功能硅胶洗碗刷、水彩笔和卡纸等，另外还有宽胶带 2 卷（每组 1 卷）、安全剪刀 4 把（每组 2 把）、泡沫胶 4 个（每组 2 个）。部分材料和工具如图 2-3 所示。

图　2-3

⭐ **科学探究**

活动 1：分组制作电动牙刷

1. 根据分组，幼儿按照设计方案，进行材料的初步尝试，讨论制作材料怎么用、怎样摆放的问题。

2. 小组内幼儿有序分工合作，依据自己的角色安排，伴随着轻音乐，在轻松愉悦的氛围中体验创造的快乐，教师巡回指导，如图 2-4 所示。

图　2-4

活动 2：我会解决问题

在动手实践中，幼儿发现了很多的问题，教师支持幼儿寻找解决问题的策略，见表 2-2。

表 2-2

制作项目	发现的问题	解决策略
利用马达振动以及旋转功能制作的电动牙刷	在振动与旋转两种功能之下，硅胶牙刷刷头很难固定，存在易脱落的情况	在反复的尝试下，幼儿发现振动与旋转状态切换时，可以留有一点缝隙，在不相互碰撞的情况下，利用泡沫胶可以很好地固定硅胶牙刷刷头，而把手最好用宽胶带采用捆绑的方法，这样更不容易脱落，保证制作效果
	电动牙刷把手怎样固定更好拿的问题	
利用马达振动以及调速器制作的电动牙刷	怎样连接调速器会不影响电动牙刷的拿取和使用	幼儿经过测试发现，要将调速器捆绑在电动牙刷把手的底部，这样既可以解决调速器怎么装的问题，还能辅助进行卡通造型的设计
	卡通造型设计怎样体现出来	

活动3：快乐"刷牙"时

经过小组内讨论交流后，每组推荐1个幼儿代表，分别代表本组上台展示汇报。汇报时，组内成员可适当补充。

教师支持幼儿展示作品，请幼儿介绍自己团队作品的样式、选择的材料和工具、作品的功能及特点，见表2-3。

表 2-3

小组	电动牙刷作品	材料和工具	功能及特点
第一组	成人牙刷 	电动机、5号电池盒、螺钉、电动机轴、导线、泡沫胶、多功能硅胶洗碗刷、扭扭棒、安全剪刀、宽胶带等	振动与旋转两种功能结合，可以很好地满足成人对于电动牙刷清洁力度的需求，功能很全面
第二组	儿童牙刷 	电动机、调速器、5号电池盒、螺钉、电动机轴、导线、多功能硅胶洗碗刷、扭扭棒、宽胶带、水彩笔、卡纸、安全剪刀、泡沫胶等	在调速器的辅助下，幼儿可以很好地调节电动牙刷的力度，设计的卡通形象可以有效激发幼儿的刷牙兴趣

活动4：试一试，玩一玩

1. 科学小测试：小组幼儿分别进行电动牙刷效果的简单测试和操作演示。如幼儿将电动牙刷上涂上牙膏，刷牙齿模型上的灰尘来检测刷牙效果。进行科学小测试，能使幼儿更清晰地认识到电动牙刷的性能，知道电动机通电会有振动和旋转两种不同的功能，再结合调速器，这样制作的电动牙刷更能满足不同人群的需求等科学道理。

2. 玩一玩：游戏记录见表2-4。

表　2-4

游戏名称	第一组：我爱我的家人们 （爱是一种感情，会给我们向上的生长力）		第二组：快乐童年 （自己的所思所想被重视、被实施以及被认可，这就是最快乐的童年）	
游戏方式	牙刷变变变	快乐刷牙	美丽牙刷画	电动牙刷"机器人"
游戏功能	幼儿和"爸爸""妈妈"一起将牙刷排列成各种形状，可以数一数牙刷头的数量，感知数	幼儿和"家人"人手一个电动牙刷，比一比谁能最快将牙齿模型刷干净，锻炼幼儿的手眼协调性以及灵敏性	幼儿自主蘸取水粉颜料，利用电动牙刷不同的摆动效果在纸上作画，感知牙刷的纹理以及色彩美	将电动牙刷的刷毛面朝着桌子放好，打开牙刷开关，伴随着摆动，牙刷会在桌子上左右、前后移动
游戏图片				

科学成果

孩子们，本项目学习到此就接近尾声了，最后请把自己的科学收获贴在或写在这里吧！

我发现小小的电动机有着大大的能量，与导线连接后的电动机会让刷头振动或者旋转，太好玩啦！

我知道了电动牙刷有刷头、有机身、有开关……刷头原来可以有软软的或硬硬的……不一样。这么多的小细节，科学太有用啦！

学习评价

教师对幼儿在调查、设计、制作、测试、分享、玩耍等过程中的表现情况进行表现性评价，并引导幼儿进行自评、互评，见表2-5。

表　2-5

评价内容	评价等级 ☺☺☺☺☺		
	教师评价	幼儿自评	幼儿互评
初步掌握资料收集的科学方法，敢于在同伴面前表述自己的调查结果和想法			
能在老师引导下进行作品的方案设计，并能有参照设计图进行项目制作的意识			
根据分工，能找到合适的制作材料，有协作制作电动牙刷的意识和能力			
在测试环节有总结发现的能力，感知牙刷通电后能自动振动或旋转的科学原理，能进行作品的简单优化			
有丰富的想象力，有展示、表达的欲望，在游戏中感知电动牙刷的有用和有趣，了解关于电的简单科学知识			
总评			

注："优"为5个☺，"良好"为4个☺，"合格"为3个☺，"一般"为1~2个☺。

2.2　课例2：美丽的相框

　　《指南》中指出，幼儿的科学学习是在探究具体事物和解决实际问题中，尝试发现事物间的异同和联系的过程。幼儿最好的学习机会是在与真实物品的互动探索中产生的，他们通过眼睛的观察、大脑的构思，发现事物中所蕴含的科学原理，这一过程不仅可以发展幼儿的思维能力，还可以发挥其想象力，从而培养他们的创造能力。

　　在一次"说说我的家"活动中，幼儿们带着自己的全家福来园互相欣赏和介绍，活动后大家都想把照片留在幼儿园，将照片展示在教室，装饰自己的班级。由此产生驱动性问题：如何展示这些照片呢？大家提出可以用相框来展示照片。生活中的相框背后蕴含怎样的科学知识呢？幼儿带着好奇，开始了制作相框的旅程！

学习要求

　　1.了解相框的种类，能发现生活中不同种类相框的基本结构，喜欢进行相框制作。

　　2.感知和发现物体和材料的软硬、光滑和粗糙等特性，能仔细观察发现不同相框的明显特征，寻找适宜的材料制作相框，感知制作相框的基本科学原理。

　　3.能手口一致地点数 5 以内的相框个数，并能说出最终点数的总数。在游戏中体验按数取相框的快乐，感知和理解数、量及数量关系。

　　"美丽的相框"教学流程如图 2-5 所示。

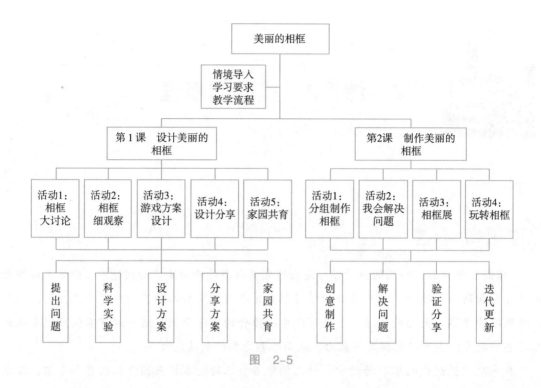

图　2-5

第1课　设计美丽的相框

探究目标

1.通过调查，幼儿了解相框的基本结构和制作相框的材料，知道用不同形式的相框展示效果不同。

2.根据不同人的喜好和需要，幼儿设计创意相框制作方案。

3.本课的预期科学成果为幼儿在小组协助下绘制的制作不同创意相框的设计方案。

课时安排

2课时，40分钟。

科学探究

活动1：相框大讨论

教师找出不同类型的相框，幼儿一起观察讨论相框，发现生活中不同相框的特点。

活动2：相框细观察

"怎么做相框"的话题激发了幼儿探究科学原理的兴趣，幼儿积极地表达了自己的想法："相框是什么样的，相框是怎么做的？""需要用哪些材料？"围绕"相框的特征""如何做相框"两个话题，表述了自己的意见……于是，幼儿利用教师提供的材料做相框，开始自己的探究游戏。

1. 教师提供各种不同材质的材料，如 KT 板、雪糕棒、固体胶、折纸、小绒球、毛根、超轻粘土、小木夹等。

2. 幼儿开始拿纸板、雪糕棒等，分别进行实验，关注探究所产生的结果，发现纸板可以做相框但是需要其他材料帮助相框立起来；雪糕棒做相框可以用毛根绑一下再进行悬挂。最后大家得出科学探究的结论：不同材质做出的相框质感不同，可以摆在桌面上也可以挂在墙面上，展示的方式也不同。

3. 每个小组根据测试结果，选择了自己小组做创意相框的最佳材料。

活动 3：游戏方案设计

设计创意相框制作方案，分享制作想法。

1. 幼儿自由讨论，发表自己的观点，自主画出制作创意相框方案。

2. 分组介绍小组方案，并初步介绍小组制作的计划。

3. 幼儿们分组讨论，最后确定各组的主题和角色设定：

第一组：让爱住我家。相框准备摆放在桌子、柜子等地方。分配好扮演的角色：爷爷、奶奶、爸爸、妈妈、大宝、二宝。

第二组：美丽幼儿园。相框准备挂在幼儿园娃娃家墙面上，既可以装饰墙面，又可以欣赏。分配好扮演的角色：老师 1、老师 2、幼儿 1、幼儿 2、幼儿 3、幼儿 4。

4. 学习观察总结的基本方法，讨论不同角色的相框如何设定。幼儿经过讨论，得出结论：每个人的角色不同，相框也应该不同。如爷爷、奶奶喜欢喜庆的颜色，觉得相框应该是大红色的；妈妈爱美，给她做五颜六色的相框；给幼儿做卡通形象的相框……

5. 开始设计，大家分工协作，设计最佳设计方案。

幼儿根据已有经验，分组设计图纸，如图 2-6 所示，教师巡回指导。

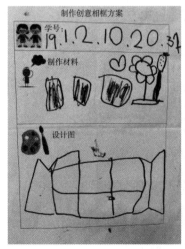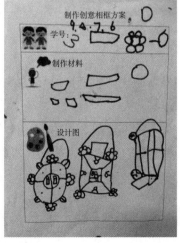

图　2-6

活动 4：设计分享

幼儿以小组为单位，上台对自己设计的图纸进行介绍，说一说自己的想法和理念。

在设计的过程中，第一组想用纸板等硬物体制作摆台相框，准备装饰家里；第二组用绳子等物品制作挂饰相框，准备装饰幼儿园墙面。

活动 5：家园共育

为了让幼儿了解相框的构造与立起来的科学原理等，鼓励家长带领幼儿做亲子调查，并与幼儿一起完善制作创意相框设计方案。调查表见表 2-6。

表　2-6

揭秘相框

班级：　　　　　　　　　　姓名：

你见过什么样的相框	它使用了什么材料

1. 幼儿将设计图纸带回家，与家长探讨并完善，同时继续收集有关解决这一问题的办法。

2. 家长可以利用相框实物、网上信息等资源，和幼儿一起探寻制作相框的材料和办法，体现家、园、社一体化育儿。

第 2 课　制作美丽的相框

探究目标

1. 幼儿能够根据制作创意相框设计方案初步制作相框，在科学探索中提高动手能力和手眼协调的能力。

2. 幼儿能手口一致地点数 5 以内的相框个数，说出最终点数的总数。在游戏中体验按数取相框的快乐，感知和理解数、量及数量关系，体验与他人合作分享的快乐。

3. 本课的预期科学成果为幼儿与同伴一起制作的创意相框。

课时安排

2 课时，40 分钟。

材料选择

本次活动分 2 组，KT 板、超轻粘土、折纸、小绒球、雪糕棒、毛根、绳子、吸管、小木夹、水彩笔、热熔胶枪等材料和工具由 2 个小组自主选择，此外还有固体胶（每组 2 个）、安全剪刀 4 把（每组 2 把）、泡沫胶 4 个（每组 2 个）。部分材料和工具如图 2-7 所示。

图　2-7

科学探究

活动 1：分组制作相框

1. 按照分组，根据制作创意相框设计方案，幼儿自主讨论相关制作材料摆放的位置及用途。

2. 小组分工制作，每个幼儿根据自己的角色安排，分工合作，在充满童趣的角色游戏里，体验创造的快乐，教师巡回指导，如图 2-8 所示。

图　2-8

3. 幼儿通过手口一致点数 5 以内个数并说出总数的方式，感知每组制作的相框个数，组员间相互按数取物，体验探索多个相框的乐趣。

活动 2：我会解决问题

针对制作过程中发现的问题，师幼共同努力，积极寻找解决策略，见表 2-7。

表　2-7

制作项目	发现的问题	解决策略
纸板制作相框	幼儿发现了吸管不够硬，固体胶和泡沫胶都不够粘，相框一拿手上就会散架	幼儿用超轻粘土、热熔胶枪来固定相框和支架支撑部位。支架脚要分开点，中间塞入一团超轻粘土
	考虑改用什么材料才能让支架粘贴在平面相框上	
雪糕棒制作相框	雪糕棒连接处不会系绳子、不会打结	用毛根代替绳子，毛根扭一扭固定，用小木夹夹住照片
	照片不知道怎么嵌入框内	

活动3：相框展

幼儿分小组展示作品：2个小组分别上台，展示汇报。

教师支持幼儿将作品展示，幼儿介绍自己作品的样式、选择的材料和工具、作品的功能及特点，见表2-8所示。

表　2-8

小组	相框作品	材料和工具	功能及特点
第一组	摆台相框 	KT板、超轻粘土、小绒球等	幼儿在发现问题、解决问题的过程中逐渐改进相框；作品美观，方便移动，可以摆在不同的位置
第二组	挂饰相框 	雪糕棒、毛根、绳子、小木夹等	幼儿结合生活经验从另一个角度挖掘相框的形式，使其挂起来不占空间，幼儿将不同数量的相框组合在一起，利于观察欣赏照片

活动4：玩转相框

1. 摆一摆：小组分别进行简单的操作和摆放演示。如第一组放在桌子上，装饰桌面；第二组挂在娃娃家墙面上，好看且温馨。摆一摆，让幼儿明白，不同类型的相框呈现出来的效果是不一样的，发现问题还可以及时迭代更新。

2. 玩一玩：游戏记录见表2-9。

表　2-9

游戏名称	第一组：让爱住我家 （家长参与幼儿的成长，拥有美好童年）		第二组：美丽幼儿园 （让每个幼儿都能发现美，创造美）	
游戏方式	相框摆放	相框故事	美丽娃娃家	我的相框多
游戏功能	和爸爸、妈妈一起，将摆台相框摆放在家里合适的位置	和爸爸、妈妈一起，说一说制作相框发生的故事	幼儿通过将挂饰相框装饰在娃娃家，增强对生活的美好向往	幼儿通过点数相框个数，划分出不同总数的相框，将相框组合在一起，感知不同数量的相框放在一起装饰的效果
游戏图片				

科学成果

孩子们，本项目学习到此就接近尾声了，最后请把自己的科学收获贴在或写在这里吧！

原来，挂在墙上的照片，不仅仅需要找一根绳子拴在相框的两边，更重要的是挂的时候要找到中心点，太有意思啦！

相框的支撑架"扶着"相框，不让它倒下去……这个支撑架要硬硬的，不能太长，也不能太短，我比了比，试了试，终于做成啦！

学习评价

教师对幼儿在调查、制作、测试、分享、玩耍等过程中的表现情况进行表现性评价，并引导幼儿进行自评、互评，见表2-10。

表　2-10

评价内容	评价等级 ☺☺☺☺☺		
	教师评价	幼儿自评	幼儿互评
全面收集材料，有寻找不同种类材料的意识			
能较清楚地表述自己的调查结果和设计理念。能与同伴协作绘制制作创意相框的设计方案			
会看设计图，有按照分工、积极协同制作相框的意识和能力。探究欲望强，能有效感知数与量之间的关系			
制作而成的相框能放入照片进行测试，能对自己组的作品进行改进			
制作的相框能够很好地展示照片，如能平稳立在桌面上、能挂在墙上。在不同的游戏中，能进一步感知制作相框的科学原理			
总评			

注："优"为5个☺，"良好"为4个☺，"合格"为3个☺，"一般"为1~2个☺。

2.3　课例3：神奇的柜子

◆ 情 境 导 入

《指南》中指出，支持幼儿在接触自然、生活事物和现象中积累有益的直接经验和感性认识。柜子在幼儿的生活中随处可见，是日常生活中的必需品，幼儿在对柜子有了丰富的感性认识后，怎样从科学的角度使幼儿认识到创造的智慧呢？作为教师，我们要善于发现教育契机，支持幼儿有意义的探究行为。

区角游戏时间总能听到幼儿的欢笑声，伴随着游戏的深入，教师支持幼儿开展有意义的探究活动。这天幼儿们就讨论起来："老师，你看这个高瓶子放在这个柜子里放不下。""老师，我家的衣服都是放在一个大柜子里的。"根据幼儿的需要，结合本班的实际情况，教师将以"柜子设计师"为主题，引导幼儿发现柜子制作的科学原理，设计出别样的区角柜子。

◆ 学 习 要 求

1. 了解柜子，知道柜子的基本构造特点，学会观察了解不同柜子的形状、结构等，发现其明显特征。

2. 初步知道一些常见柜子的用途，探索不同材料制作的柜子所能收纳的物品的特性，尝试进行简单的推理和分析，发现事物之间的基本关联。

3. 喜欢进行柜子制作方法的探索，对柜子的科学原理感兴趣。

◆ 教 学 流 程

"神奇的柜子"教学流程如图 2-9 所示。

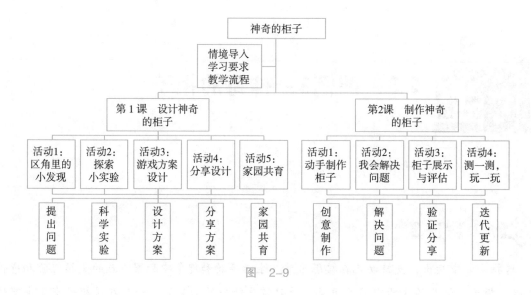

图 2-9

第1课 设计神奇的柜子

探究目标

1.通过调查，幼儿了解柜子构造的基本科学原理，能够观察并发现区角中柜子存在的问题，简单地提出建议。

2.幼儿能够根据同伴的需要，设计制作柜子方案。

3.本课的预期科学成果为幼儿在小组协助下绘制的制作不同柜子的设计方案。

课时安排

2课时，40分钟。

科学探究

活动1：区角里的小发现

幼儿轮流有序地整理娃娃家里的物品，如图2-10所示，讨论娃娃家里的物品用什么样的柜子来收纳。

图 2-10

活动 2：探索小实验

幼儿日常在娃娃家里进行物品分类整理时，发现有一些物品的整理方式和家里有所不同，这激发了幼儿的探究欲望，提出了一系列问题：我看妈妈收衣服的时候是用衣架挂起来放到柜子里的，和幼儿园不一样？这些小瓶子放在这里总是会一碰就倒，可不可以做一个储物柜来收纳它们？于是，幼儿针对做柜子的材料，开始自己的探究实验。

1. 教师提供各种不同大小的纸板、不同大小的 KT 板、碳化积木等。

2. 幼儿开始利用纸板、KT 板还有碳化积木进行实验，发现 KT 板搭起来比较轻，一碰就会碎；纸板还需要粘贴，可以用一个箱子来直接分割格子；碳化积木比较重，不容易固定。

3. 每个小组根据测试结果，选择了自己小组做柜子的最佳材料。

活动 3：游戏方案设计

根据之前的探究实验，每个小组都已经选择好了自己要用的材料和制作柜子的类型。为了满足进一步的探究需要，幼儿开始设计自己的方案。

1. 幼儿分组讨论，最后确定各组的游戏主题和角色设定分别是：

第一组：衣服我来收，分配好扮演的角色：爷爷、奶奶、爸爸、妈妈、宝宝。

第二组：我是好帮手，分配好扮演的角色：爷爷、奶奶、爸爸、妈妈、宝宝。

2. 讨论不同角色的需求。幼儿经过讨论，得出结论：每个人的角色不同，需要的柜子类型也不同。如妈妈、奶奶喜欢整理衣服，需要高一点可以用晾衣架的衣柜；爸爸、爷爷则喜欢有隔层的小柜子，摆放家里的物品；宝宝则喜欢一格一格的柜子，放自己的玩具。

3. 每个小组依据讨论结果开始设计自己的方案，并绘制出设计方案。教师可以提供一些可供参考的设计图纸和绘图工具，帮助幼儿更好地完成设计。

幼儿根据已有经验，分组设计图纸，如图 2-11 所示。幼儿根据不同角色分配任务，教师巡回指导。

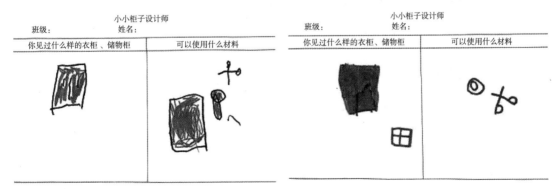

图 2-11

活动 4：分享设计

幼儿以小组为单位，上台对自己设计的方案进行介绍，教师鼓励幼儿有条理地说一说自己的想法和理念。

在设计的过程中，第一组想制作衣柜，准备让爸爸、妈妈提供一些大的纸箱和衣架；第二组计划制作适合娃娃家的储物柜，需要用一些纸板做小格子。

活动5：家园共育

为了让幼儿更全面地了解不同的柜子，鼓励家长带领幼儿做亲子调查，调查表见表2-11。

表　2-11

小小柜子设计师

班级：　　　　　　　　姓名：

你见过什么样的衣柜、储物柜	可以使用什么材料

1. 教师支持幼儿将设计图纸带回家，与家长探讨并完善，同时继续收集有关解决这一问题的办法。

2. 家长可以利用现有资源，带领幼儿观察自己家不同柜子的特点，和幼儿一起探寻制作柜子的办法，体现家、园、社一体化育儿。

第 2 课　制作神奇的柜子

探究目标

1. 幼儿能够根据设计图有效制作柜子，在项目制作中提高动手能力和手眼协调的控制能力。

2. 幼儿在项目活动中，敢于展示作品，体验与他人合作分享的乐趣，获得解决问题的成就感，培养表现力。

3. 本课的预期科学成果为幼儿根据设计方案分组合作制作的柜子。

课时安排

2 课时，40 分钟。

材料选择

本次活动分 2 组，不同大小的纸箱、纸板、棍子、颜料、卡纸等材料和工具由 2 个小

组自主选择，此外还有透明胶带 2 卷（每组 1 卷）、安全剪刀 4 把（每组 2 把）、泡沫胶 4
个（每组 2 个）。部分材料和工具如图 2–12 所示。

图　2–12

科学探究

活动 1：动手制作柜子

设计方案完成后，幼儿就开始动手制作自己的柜子了。

1.教师根据设计方案提供所需材料和工具，进行隐形支撑，并适当帮助幼儿进行材料
的选择和搭配。

2.每个小组开始制作自己的柜子，教师巡回指导，如图 2–13 所示。师幼共同努力解
决制作过程中的问题，教师鼓励幼儿尝试不同的制作方法和技巧。

图　2–13

活动 2：我会解决问题

反思制作过程中发现的问题，师幼共同探讨，寻找解决策略，见表 2–12。

表 2-12

制作项目	发现的问题	解决策略
用棍子制作衣柜的横梁	棍子左右的插入高度不一致	几番尝试后，幼儿决定选择长棍，对比做好标记，再进行安装
	棍子与箱子长度匹配的问题	
用箱子制作储物柜	储物柜隔层规划问题，怎样保证放置物品更合理	幼儿将大的物品放在隔层空间大的地方，隔层可以用纸板再次加固
	隔层挡板怎样固定的问题	

活动3：柜子展示与评估

制作完成后，每个小组都需要将自己的柜子进行展示，并接受其他小组的评估，见表2-13。

表 2-13

小组	柜子作品	材料和工具	功能及特点
第一组	衣柜	大纸箱、透明胶带、棍子、颜料、安全剪刀等	幼儿可以将娃娃家的衣物悬挂起来，使娃娃家变得整齐
第二组	储物柜	小纸箱、纸板、卡纸、透明胶带、安全剪刀等	幼儿可以将娃娃家里的物品按照大小、种类进行分隔收纳

1. 制作完成后，每个小组自发将自己的柜子展示出来，并介绍制作过程和柜子的功能及特点。

2. 其他小组对展示的柜子进行评估，提出建议和意见，帮助幼儿更好地完善自己的柜子设计。

3. 教师根据评估结果和幼儿的反馈，进行总结和反思，帮助幼儿更好地掌握柜子设计的基本知识和技能。

活动4：测一测，玩一玩

幼儿在"测一测，玩一玩"的游戏活动中，更深入地了解到了柜子的功能和特点。幼儿分别以柜子"设计师"和"测试员"的身份，对自己和其他小组制作的柜子进行测试和体验，从中发现问题并进行改进。

1.幼儿分成2组，每组轮流成为"测试员"和"设计师"。作为"设计师"的小组需要向"测试员"介绍自己柜子的设计理念和功能、特点，并解答对方的问题。

2."测试员"们则需要对柜子进行实际的测试和体验，包括打开和关闭柜子、挂放衣物等。在测试过程中，幼儿需要关注柜子的实用性、稳定性、舒适度、美观性等方面，并记录下自己的感受和建议。

3.测试完成后，"测试员"和"设计师"互换角色，继续进行下一轮测试和体验。在这个过程中，幼儿可以不断发现问题并进行改进，提高柜子的实用性和美观性，懂得柜子的横梁以及隔层支撑的基本原理。

4.教师组织幼儿进行总结和反思，分享测试过程中的感受和收获。通过这个游戏活动，幼儿不仅能够更深入地了解柜子的功能和特点，还能够培养自己的观察力和解决问题能力。

通过这一系列的游戏活动，幼儿不仅能够在实践中学习和掌握柜子设计的基本知识和技能，还能培养创造力、合作精神和解决问题的能力。同时，家长的参与和支持也为幼儿提供了更多的学习资源和学习机会，营造了家园共育的良好氛围。

5.玩一玩：游戏记录见表2-14。

表　2-14

游戏名称	第一组：衣服我来收 （自我管理，服务家庭，培养责任感）		第二组：我是好帮手 （游戏中验证，摆放中成长）	
游戏方式	大风吹	晾衣服	小兔躲猫猫	我来分一分
游戏功能	大风来了，幼儿和"爸爸""妈妈""爷爷""奶奶"一起整理衣物，培养自我管理和服务意识	和"爸爸""妈妈"一起晾晒衣物，培养幼儿手指灵活性，手眼协调能力	幼儿通过"小兔子躲猫猫"的游戏来测试柜子的实用性，从而提高认知能力，培养注意力和观察力	幼儿通过将物品按照大小、颜色、种类等分类，从而增强思维的灵活性
游戏图片				

科学成果

孩子们，本项目学习到此就接近尾声了，最后请把自己的科学收获贴在或写在这里吧！

储物柜有很多层，不同的层高可以放不同的东西，制作的时候，我每一层都用透明胶带加固了，一层一层分着做，真好玩！

衣柜里可以根据分层放入不同种类的衣服，妈妈的长裙子放在最高的一层……衣柜的柜门要方便开关，便于我们使用，科学就是这样，隐藏在制作的小细节里！

学习评价

教师对幼儿在调查、设计、制作、测试、分享、游戏等过程中的表现情况进行表现性评价，并引导幼儿进行自评、互评，见表2-15。

表　2-15

评价内容	评价等级 ☺☺☺☺☺		
	教师评价	幼儿自评	幼儿互评
能有条理地收集材料，敢于表达自己的调查结果和设计理念			
在讨论协商中，基于自己的思考，能够设计出别样的柜子			
能按照分工，有序协作地进行衣柜的制作			
能在测试环节认真总结、比较，发现柜子横梁、隔层架构的科学原理			
敢于大胆展示柜子的功能和特点，愿意听取他人意见，对自己的作品进行改进			
总评			

注："优"为5个☺，"良好"为4个☺，"合格"为3个☺，"一般"为1~2个☺。

2.4 课例4：扇之趣

情境导入

《指南》中强调，应注重引导幼儿通过直接感知、亲身体验和实际操作进行科学学习。教师应给幼儿提供更直观、更直接的学习体验。

《幼儿园教育指导纲要（试行）》中指出，幼儿园教育应尊重幼儿的人格和权利，尊重幼儿身心发展的规律和学习特点，以游戏为基本活动，保教并重，关注个别差异，促进每个幼儿富有个性的发展。扇子不仅是一种实用的纳凉工具，更是一种承载着丰富文化内涵的艺术品。通过引导小班幼儿了解和接触扇子文化，可以激发他们对传统文化的兴趣和热爱，同时也能在动手制作扇子的过程中，锻炼他们的手部精细动作和创造力，为他们的成长发展注入新的活力。

该项目来源于幼儿的户外活动，活动后幼儿满头大汗，非常希望能够赶紧凉快起来。他们你一言我一语地展开了讨论，产生了做扇子的想法。

幼儿A：好热啊！

幼儿B：要是有电风扇就好啦！

幼儿A：可是，操场上没有电，电风扇也扇不起来。

幼儿B：要是有纸，也可以扇扇风。

幼儿C：那还不如做个纸扇子呢！

幼儿在讨论中，想制作扇子的想法越来越强烈。他们在探究中发现扇子由扇面、扇骨等组成，大家积极收集材料制作扇子。由此，开启了扇子的探索之旅。

学习要求

1. 了解扇子的基本结构，学会观察了解不同扇子的形状、结构、特征等。
2. 理解扇子是摇动扇柄扇动风力的乘凉工具。
3. 学习扇子扇风的科学原理，理解扇子的扇面、扇骨与风力之间的影响和关系。

"扇之趣"教学流程如图 2-14 所示。

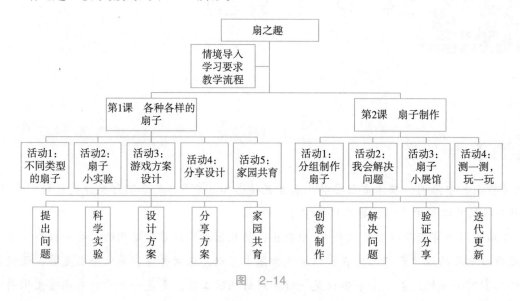

图 2-14

第 1 课　各种各样的扇子

 探究目标

1. 通过调查，幼儿了解扇子的基本结构和制作扇子的材料，知道用不同的扇子需要不同的材料。

2. 根据不同人的特点和需要，幼儿设计制作不同扇子的方案。

3. 本课的预期科学成果为幼儿在小组协助下绘制的制作不同扇子的设计方案。

课时安排

2 课时，40 分钟。

科学探究

活动 1：不同类型的扇子

教师按组分发不同类型的扇子，幼儿仔细观察扇子的外部特征，尝试扇风。

活动 2：扇子小实验

扇子扇动的响声激发了幼儿的好奇心，他们提出了一系列问题：为什么扇子要长成这个样子，还能做出其他的样子吗？为什么扇子的种类这么多？同样是扇风，为什么需要制作不同类型的扇子？于是，他们利用老师提供的做扇子的材料，开始了自己的科学原理探索之旅。

1. 教师提供各种不同材质、形状的纸，如卡纸、皱纹纸、雪梨纸、泡沫纸、瓦楞纸、彩纸、素描纸等。

2. 幼儿开始拿不同材料的纸张进行扇风实验，发现皱纹纸、泡沫纸和雪梨纸不能做扇子，因为太软不易抓握，不能立体成型来扇风；卡纸和瓦楞纸太硬，不易成型，但能直接扇风；彩纸和素描纸易做成扇形，扇风效果较好。最后大家得出结论：做扇子材质很重要，材质过硬或者过软，都不易折成扇形，软硬适中的材质易折成扇形来扇风。

3. 每个小组根据测试结果，选择了自己小组做扇子的最佳材料。

活动 3：游戏方案设计

1. 幼儿分组讨论，最后确定各组的游戏主题和角色设定分别是：

第一组：男生帮帮忙，分配好扮演的角色：爷爷、爸爸、大宝、二宝。

第二组：女生快乐团，分配好扮演的角色：奶奶、妈妈、幼儿 1、幼儿 2。

2. 幼儿讨论不同角色使用什么样的扇子。幼儿经过讨论，得出结论：

幼儿自发结伴，讨论不同角色对扇子的需求，得出结论：每个人扮演的角色不同，扇子也应该不同。如爸爸、爷爷喜欢外出，适合用折扇，因为它合起来体积较小，方便携带；奶奶、妈妈喜欢美的事物，适合用漂亮的团扇，因为团扇较为美观，用材轻便，风力较大……

3. 开始设计，大家分工协作，绘制最优设计方案。

幼儿根据已有经验，分组设计图纸，如图 2-15 所示。幼儿依据不同角色分配任务，教师巡回指导。

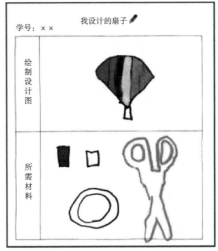

图　2-15

活动 4：分享设计

幼儿以小组为单位，每组推荐代表，上台对自己设计的图纸进行介绍，说一说小组的设计想法和理念。

在设计的过程中，第一组想用折叠纸张的方式制作折扇，方便携带；第二组喜爱风力大、美观的团扇，所以选择制作团扇。

活动 5：家园共育

为了让幼儿了解更多的扇子，鼓励家长带领幼儿做亲子调查，调查表见表 2-16。

表　2-16

扇子，我知道

班级：　　　　　　姓名：

你见过什么样的扇子	它使用了什么材料

1. 教师支持幼儿将设计图纸带回去，与家长探讨并完善，同时收集有关材料，解决制作中的难题。

2. 家长利用身边的资源，和幼儿一起探寻制作扇子的材料和步骤，体现家、园、社一体化育儿。

第 2 课　扇子制作

探究目标

1. 幼儿能够根据设计方案初步制作扇子，在项目制作中提高动手能力和手眼协调能力。

2. 幼儿能大胆展示扇子作品，感受与他人合作获得的乐趣，体验解决问题的成就感，培养表现力。

3. 本课的预期科学成果为幼儿根据设计方案分组合作制作的扇子。

课时安排

2 课时，40 分钟。

材料选择

本次活动分 2 组，卡纸、彩纸、塑料棍、铁丝、冰棒棍等材料和工具由 2 个小组自主选择，此外还有透明胶带 1 卷、吸管 1 个、水彩笔 2 盒（每组 1 盒）、双面胶 2 卷（每组 1 卷）、安全剪刀 4 把（每组 2 把）、泡沫胶 4 个（每组 2 个）。部分材料和工具如图 2-16 所示。

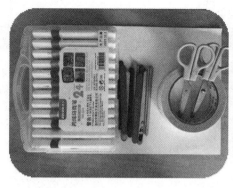

图　2-16

⭐ 科学探究

活动 1：分组制作扇子

1.按照分组，根据设计方案，讨论相关制作材料摆放的位置及用途。

2.小组分工制作，每个幼儿根据自己的角色安排，分工合作，在充满童趣的角色游戏里，体验制作扇子的快乐，教师巡回观察指导，如图 2-17 所示。

活动 2：我会解决问题

在制作过程中发现的问题，师幼共同寻找解决策略，见表 2-17。

图　2-17

表　2-17

制作项目	发现的问题	解决策略
制作折扇	冰棒棍不易粘连，不易固定	几番尝试后，幼儿决定用双面胶固定冰棒棍，请老师在冰棒棍一端打孔，几个冰棒棍一起组合固定
	冰棒棍组合时不好固定	
制作团扇	团扇的面积大小不好确定，扇柄不容易固定	经过商讨后，幼儿决定先寻找合适的冰棒棍，再把冰棒棍放在卡纸上画出合适的大小；扇柄粘上以后再裹一层透明胶带，确保牢固性，另外需要绕一圈铁丝固定扇面
	团扇边缘扇风时晃动严重	

活动 3：扇子小展馆

幼儿分小组展示作品：2 个小组分别上台，展示汇报。

教师支持幼儿把作品进行展示，请幼儿介绍自己作品的样式、选择的材料和工具、作品的功能及特点，见表 2-18。

表　2-18

小组	扇子作品	材料和工具	功能及特点
第一组	折扇 	卡纸、冰棒棍、安全剪刀、双面胶等	制作过程促进了幼儿想象力与协作能力的发展，幼儿设计出了与众不同的扇子，初步感知折扇的折叠方式，以及携带方便的特点
第二组	团扇 	卡纸、铁丝、冰棒棍、塑料棍等	团扇美观、扇风风力较强，能够满足用户的需要

活动4：测一测，玩一玩

1.科学小测试：小组分别进行简单的测试和操作演示，体会其中的科学道理。如：扇子的风力大小与扇面有关。扇面的面积越大，所产生的风力就越强；扇面材料的软硬度、扇骨等也会直接影响扇子的风力和牢固度；另外，粘贴、固定的工具也会影响扇子的牢固度等。

2.玩一玩：游戏记录见表2-19。

表　2-19

游戏名称	第一组：男生最帅气 （折扇方便了我们的生活，"扇"来我们的帅气）		第二组：母亲节的礼物 （团扇寓意团圆美满，吉祥如意，寄托对妈妈浓浓的爱）	
游戏方式	捻折扇	扇风实验	摇扇子	和扇子合影
游戏功能	幼儿通过打开和合上扇子，锻炼手部协调能力	幼儿和小朋友进行扇风实验，培养手指灵活性和手眼协调能力	幼儿通过手摇扇子，测试风力，从而提高认知能力，培养注意力和观察力	幼儿与扇子合影，学会欣赏不同的扇子
游戏图片				

科学成果

孩子们，本项目学习到此就接近尾声了，最后请把自己的科学收获贴在或写在这里吧！

我喜欢这种折叠的扇子，正面、反面一下一下地折，让我觉得科学探索真好玩！

这种圆形的扇子，扇面和扇柄之间连接一定要非常牢固，不仅要用透明胶带固定，还要注意冰棒棍和扇面接触得更多一点才行，科学太好玩啦！

学习评价

教师对幼儿在调查、设计、制作、测试、分享、玩耍等过程中的表现情况进行表现性评价，并引导幼儿进行自评、互评，见表 2-20。

表　2-20

评价内容	评价等级 ☺☺☺☺☺		
	教师评价	幼儿自评	幼儿互评
收集的信息全面，材料丰富，能够针对怎样制作扇子提出问题，较清晰地讲述调查表的内容			
能设计新颖的扇子，想象力丰富，能根据设计方案找制作材料			
按照分工，积极协同制作扇子，有分工协作的意识			
测试环节认真总结比较，懂得风力大小与扇面大小、材质、牢固度有关的科学原理			
能大胆展示，能听取他人有效建议，对自己的作品进行改进			
总评			

注："优"为 5 个☺，"良好"为 4 个☺，"合格"为 3 个☺，"一般"为 1~2 个☺。

2.5 课例5：帽子变变变

情境导入

《指南》中指出，幼儿的学习是以直接经验为基础，在游戏和日常生活中进行的。幼儿园应为幼儿提供健康、丰富的生活和活动环境，发现幼儿的兴趣点，为幼儿提供动手实践的机会以及直接感知的条件，满足他们多方面发展的需要，使他们在快乐的童年生活中获得有益于身心发展的经验。

一天，班级投放了新的绘本《米莉的帽子变变变》，在这个绘本中，米莉凭借着自己天马行空的想象力，拥有着能够变换各种尺寸、各种款式、各种颜色的帽子……绘本图画上帽子的生动形象，更是引发了幼儿对于帽子的无限遐想……幼儿们纷纷说着："我也想有一顶小兔子帽子。""我家里有太阳帽。""我有毛茸茸的帽子。"……为了有效顺应幼儿的探究兴趣，一场关于"帽子变变变"的科学探索活动开始啦！

学习要求

1. 了解帽子，认识帽子的结构特征，在摸一摸、看一看、戴一戴中感知帽子的不同材质、形状、作用等。

2. 知道帽檐的大小与遮光效果之间的关系，感知帽子结构特征中包含的科学原理。

3. 进行帽檐大小的反复调试，探索帽檐大小与遮阳、美观之间的关系，培养批判精神，对于科学探究活动产生兴趣。

教学流程

"帽子变变变"教学流程如图2-18所示。

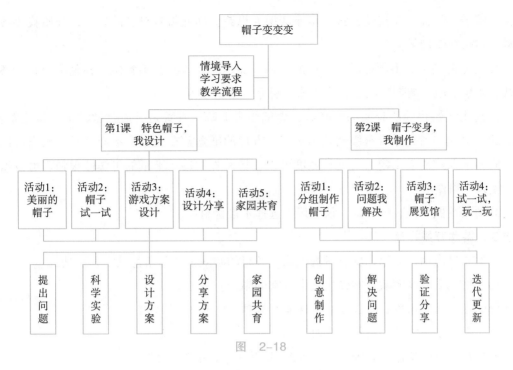

图　2-18

第 1 课　特色帽子，我设计

探究目标

1.通过调查，幼儿了解帽子的基本结构和制作帽子的可用材料，感知帽檐大小与遮阳之间的关系。

2.基于调查结果，幼儿根据不同用户的需求，设计制作不同帽子的方案。

3.本课预期科学成果为幼儿在小组协作下绘制的制作不同帽子的设计方案。

课时安排

2 课时，40 分钟。

科学探究

活动 1：美丽的帽子

师幼共同将自己从家里带来的帽子布置在班级之中，幼儿自由观看、欣赏、试戴不同的帽子，感知不同的帽子有不同的材质、不同的作用，了解虎头帽、圆顶礼帽、贝雷帽等帽子的不同造型以及多样的花纹等，欣赏美丽的帽子。

活动 2：帽子试一试

幼儿的探究兴趣愈发浓厚，小组内自由讨论起来：你想做一顶什么样的帽子？为什么有些帽子的帽檐不一样大？我们可以用什么材料来制作帽子？教师利用信息技术进一步展示各类帽子的特征，支持幼儿进一步厘清探究思路。幼儿带着自己的思考，开始找寻各类材料，初探制作帽子。

1. 教师提供各类不同材质、大小的材料，如纸盒、一次性塑料碗、各色不织布、各色卡纸、矿泉水瓶、绸带、绳子、毛绒球、羽毛、星星灯等。

2. 幼儿开始找寻所有偏深的容器，尝试往头上戴，看看是否适合做帽子，验证发现：圆形的一次性塑料碗适合班级幼儿的头围，方形的纸盒戴在头上有不舒适感；帽檐可以根据不同帽子款式需求来定，为延长宽度可以进行额外粘贴；卡纸的可塑性很强，可以做帽身、帽顶、帽檐等。

3. 幼儿在做一做、试一试、议一议中选择了最优材料。

活动3：游戏方案设计

1. 幼儿自由结伴讨论，反复研磨后确定各组的游戏主题和角色设定分别是：

第一组：幼儿园游戏，制作生活中日常的帽子。

分配好扮演的角色：园长妈妈、保安、教师、幼儿1、幼儿2。

第二组：走秀游戏，制作走秀时装帽。

分配好扮演的角色：教师1、教师2、幼儿1、幼儿2、幼儿3。

2. 分工进行调研，讨论不同的帽子如何设计制作。

第一组幼儿采访园长妈妈、保安、老师、幼儿，询问他们日常都喜欢戴怎样的帽子？

第二组幼儿面向全园发放问卷，调查老师、幼儿想要怎样的时装帽？

幼儿在调查分析中发现：园长妈妈生活中喜欢帽檐小、精致灵巧的帽子；保安喜欢鸭舌帽；幼儿喜欢带各种卡通造型的帽子；老师则喜欢帽檐大的、遮阳效果好的帽子。

3. 进行帽子设计，在分工协商中绘制出最佳设计方案。

幼儿带着自己的思考，进行头脑风暴，构思帽子的设计方案，如图2-19所示。幼儿间进行分工，协商可运用的材料，教师巡回指导。

图 2-19

活动4：设计分享

小组推荐代表上台分享设计的图纸，在团队的集体补充下，小组介绍清楚设计要点。

最终第一组计划用一次性塑料碗制作帽子轮廓，用较软的不织布包装，用塑料瓶盖、瓶底作为装饰物，保证舒适美观的同时，更保证牢固耐用，便于在日常生活中戴。第二组则计划用卡纸做帽身，再配合毛绒球、羽毛等作为装饰，可塑性强，可以制作出各种可爱、夸张的动物造型，点缀些许星星灯，最大程度体现时装帽的美观度。

活动 5：家园共育

为了使幼儿更深入地了解帽子，教师发放调查问卷，鼓励家长带领幼儿进行亲子调查，调查表见表 2–21。

表　2–21

帽子，我知道

班级：　　　　　　姓名：

你见过什么样的帽子	它是什么材质，有什么造型、功能特点

1. 教师将幼儿探讨设计图纸的过程拍摄成视频发送给家长，发挥家园合力，进行设计方案的进一步优化，支持幼儿对于帽子的科学原理有更清晰的认识，鼓励幼儿继续寻找更合适的问题解决方法。

2. 根据探究需要，家长和幼儿共同收集生活中的可用材料，梳理项目实施步骤，实现家、园共同育儿。

第 2 课　帽子变身，我制作

探究目标

1. 幼儿能根据设计方案初步制作帽子，在科学探究实践中幼儿的协作能力、动手能力有所提升。

2. 幼儿敢于展示自己的作品，能够在集体面前简单说清自己的创作经验，体验开动脑筋解决问题的成就感。

3. 本课的预期科学成果为幼儿根据前期计划安排，团结协作制作的帽子。

课时安排

2 课时，40 分钟。

材料选择

本次项目活动分成 2 组，第一组需要的个性化材料和工具为：1250mL 的一次性塑料碗若干，不织布各色 10 块，矿泉水瓶子若干，幼儿缝补针和绸带绳子若干；第二组需要的个性化材料和工具为：各色卡纸若干张，不同大小的纸盒若干个，大小不同的毛绒球若干个，羽毛和星星灯若干。此外还有透明胶带（每组 2 卷）、双面胶（每组 4 卷）、安全剪刀（每组 4 把）、热熔胶枪（教师辅助使用），部分材料和工具如图 2-20 所示。

图　2-20

科学探究

活动 1：分组制作帽子

1. 小组内根据前期设计需求，进一步进行材料的筛选和补充，友好协商分工，对制作的方法步骤进行梳理。

2. 幼儿动手实践，依据角色分工协作，聚焦"学习要求"展开探究，如图 2-21 所示。

图　2-21

活动 2：问题我解决

幼儿大胆尝试制作帽子的方法，教师巡回指导，支持幼儿有效学习，共同探讨解决策略，见表 2-22。

表　2-22

制作项目	发现的问题	解决策略
生活中日常的帽子	不织布包裹一次性塑料碗时，会占用很大空间，造成帽子变小，无法戴	解决方法：一是给男生戴的帽子可以选用更大的1750mL 的一次性塑料碗，增大空间，二是给女生戴的帽子可以帽子内部不包不织布，帽子后方可留有头发漏出来的洞，以此方便女生戴
	不织布过软，帽檐难以制作	帽檐可以选择用直径 24.9cm 的一次性塑料盖子，中间依据碗口挖出洞，以此保证与碗完美连接，并且牢固美观
走秀时装帽	卡纸做帽身支撑力不够，加装饰物时容易变形	利用纸盒进行帽子形状支撑，可以增强牢固性
	小组内针对时装帽上的动物造型呈现追求逼真，但小班幼儿绘画水平有限	拓宽项目资源，邀请大班哥哥、姐姐参与项目，有效支持项目顺利开展

活动 3：帽子展览馆

邀请大班哥哥、姐姐参与其中，幼儿集中进行作品展示汇报。

幼儿先组内进行模拟介绍，再依据角色分工，上台具体介绍自己作品的样式、选择的材料和工具、作品的功能及特点，见表 2-23。

表　2-23

小组	帽子作品	材料和工具	功能及特点
第一组	生活中日常的帽子 	1250mL 的一次性塑料碗、不织布、矿泉水瓶子、幼儿缝补针、绸带绳子、热熔胶枪等	幼儿制作的帽子实用性强、牢固且比较柔软舒适，帽檐也具有很好的遮光效果，适合日常活动中使用
第二组	走秀时装帽 	纸盒、卡纸、毛绒球、羽毛、星星灯、透明胶带、双面胶、安全剪刀等	帽子造型夸张有趣，很受大众喜爱，达到了走秀欣赏的目的，幼儿对于帽子有了更多的认识

活动 4：试一试，玩一玩

1.科学小测试：进一步测试和检验帽子制作情况。幼儿将帽子戴在头上跑动，尝试帽子是否会掉落、是否会散架等，检验帽子牢固性；第一组幼儿走在阳光下感受帽子是否遮阳，测试帽子的实用性；第二组幼儿戴着帽子走进班级，请同伴评价是否好看、喜欢等。

2. 玩一玩：游戏记录见表2-24。

表 2-24

游戏名称	第一组：爱生活爱自己（爱自己，生活哪里都可爱）		第二组：最闪亮的星（自信的人闪闪发光）	
游戏方式	帮我戴帽子	拯救帽子	帽子恰恰恰	酷炫走秀
游戏玩法	将帽子中央用绸带绳子拴上，用杆子制作成鱼竿；1个幼儿手持鱼竿，尝试将帽子戴在同伴头上	搭建"瑜伽球滚落轨道"，将帽子放于轨道中央，球和幼儿各站轨道两端，比赛看是否能拯救帽子，即幼儿能否赶在球将帽子撞落轨道之前取走帽子或采取其他方式避免帽子被球撞落	幼儿围坐，跟着音乐节奏拍手、拍肩、叉腰、拍腿各8下，然后把自己头上的帽子戴到右边小朋友的头上	铺设走秀舞台，1人或2人为一组，幼儿随音乐进行走秀
游戏图片				

科学成果

孩子们，本项目学习到此就接近尾声了，最后请把自己的科学收获贴在或写在这里吧！

我发现不同的帽檐有着不同的遮阳效果，像这样的鸭舌帽，我们制作时要考虑戴的人头的大小、帽檐怎样遮阳等，科学真有意思！

我喜欢这样的帽子，虽然大面积的帽檐会有一点点难固定，但是我发现只要选对材质——用硬一点的纸，就不难了，看看，我爱动脑筋吧！

学习评价

教师对幼儿在调查、设计、制作、测试、分享、玩耍等过程中的表现情况进行表现性评价，并引导幼儿进行自评、互评，见表 2-25。

表　2-25

评价内容	评价等级 😊😊😊😊😊		
	教师评价	幼儿自评	幼儿互评
资料收集全面细致、有条理，敢于表述自己的调查结果和设计想法			
能有序分工，有承担任务的意识，相互协作，敢于想象，设计不同的帽子造型			
能根据设计方案选择合适的材料，有积极主动参与团队制作的意识			
能总结反思作品，懂得制作帽子的正确方法			
能够大胆展示自己的帽了，能有效讲述自己帽子的特点，有迭代优化的意识			
总评			

注："优"为 5 个😊，"良好"为 4 个😊，"合格"为 3 个😊，"一般"为 1~2 个😊。

第 3 章

区角游戏，我来玩

3.1　课例6：新年树

　　《指南》中指出，3~4 岁幼儿能用多种感官或动作去探索物体，关注动作所产生的结果。作为教师，我们要发现教育契机，创设幼儿动手探究的机会，调动幼儿的主观能动性，使其在小组或集体的游戏活动中发现科学原理，培养幼儿具有初步的探究能力。

　　时值新年到来之际，教师在班级里挂上了红红的新年装饰品，小班的幼儿扑闪着大眼睛左看看右看看，开心极了，而且不由自主地讨论起来："我家有一棵新年树，我妈妈买的，上面是红色的梅花，可漂亮了。""我家也有，我妈妈买的是小橘子树，上面有小橘子，但是是假的不能吃。""我们班级怎么没有新年树呢？""我们一起来做新年树，放在班级吧！""我要做一个放在我家里。"……顺应着幼儿的兴趣点，带着节日喜庆，我们迎来了本次科学探索之旅，开展了关于新年树的深度学习活动。

　　1. 了解新年树的基本结构有哪些，能感知和发现物体和材料的软硬、光滑和粗糙等特性。

　　2. 理解新年树是一种春节期间用来烘托喜庆氛围的装饰物，通过做新年树、赏新年树、评新年树，进一步了解我国新年的传统习俗。

　　3. 制作过程中发现花朵错落装饰的科学原理，感知枝干数量与花朵数量之间的关系。

　　教 学 流 程

　　"新年树"教学流程如图 3-1 所示。

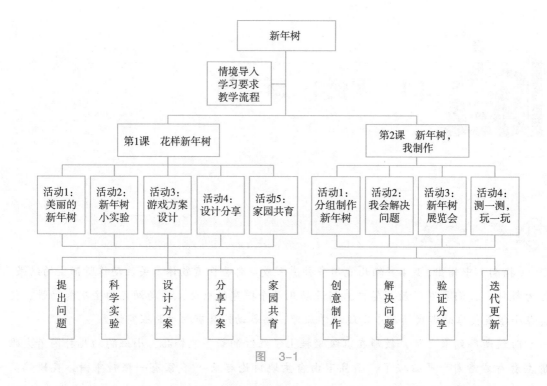

图 3-1

第1课 花样新年树

探究目标

1.通过调查，幼儿了解新年树的基本结构有哪些，能感知和发现物体和材料的软硬、光滑和粗糙等特性。

2.幼儿理解新年树是一种春节期间用来烘托喜庆氛围的装饰物，通过做新年树、赏新年树、评新年树，进一步了解我国新年的传统习俗。

3.本课的预期科学成果为幼儿在小组协助下绘制的制作不同新年树的设计方案。

课时安排

2课时，40分钟。

科学探究

活动1：美丽的新年树

教师在班级摆放新年树，布置新年场景，播放与新年相关音乐以及新年树的相关视频图片。幼儿随音乐进入场地，在愉快的氛围中，激发出观赏新年树的兴趣。教师和幼儿共同探讨新年树的种类（有橘子树、梅花树、柿子树等）、颜色以及花纹，幼儿集体探索、小组交流可以用什么材料制作新年树，你想制作一个什么类型的新年树。

活动 2：新年树小实验

幼儿看着教室里美丽的新年树，激发了好奇心，他们提出了一系列问题：为什么新年树都是不一样的？新年树还有其他的样子吗？为什么有的新年树是真的树，有的是假的树呢？于是，他们就寻找材料，尝试自己做一个新年树，由此开始了自己的科学探究游戏。

1. 教师提供玻璃瓶、奶粉罐以及超轻粘土、纽扣、毛绒球、皱纹纸、干树枝、丝带、纸管、固体胶等。

2. 幼儿开始将纽扣、干树枝、超轻粘土、毛绒球、皱纹纸，分别装进不同的玻璃瓶里进行实验，发现纽扣不能装饰新年树，因为纽扣不容易用胶粘；毛绒球和皱纹纸需要用固体胶进行固定装饰；超轻粘土和干树枝最容易制作新年树上的花朵装饰。最后大家得出结论：不同材质制作新年树的难度不同，并且做出来的效果也各不相同。

3. 每个小组根据测试结果，选择了自己小组制作新年树的最适宜的材料。

活动 3：游戏方案设计

1. 幼儿分组讨论，最后确定各组的游戏定位和角色设定分别是：

第一组：幼儿园元旦活动，分配好扮演的角色：老师 1、老师 2、幼儿 1、幼儿 2。

第二组：家庭新年装饰，分配好扮演的角色：爸爸、妈妈、大宝、二宝。

2. 讨论不同角色对新年树的喜好。幼儿经过讨论，得出结论：每个人扮演的角色不同，喜欢的新年树也应该不同。如妈妈的手工及动手能力较强，审美较好，喜欢做漂亮的新年树；小朋友的动手能力较弱，做超轻粘土花，用卡通形象装饰、颜色鲜艳就很好。

3. 开始设计，大家分工协作，设计出最佳设计方案。

幼儿根据已有经验，分组设计图纸，如图 3-2 所示。幼儿根据不同角色分配任务，教师巡回观察指导。

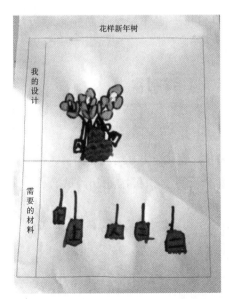 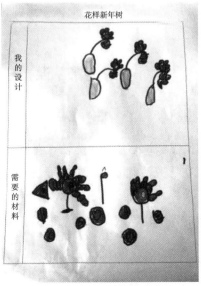

图　3-2

活动4：设计分享

小组以团队形式上台分享自己的设计图纸，分享自己根据小组主题，基于用户的调查所做的设计规划，说一说自己的想法和理念。

在设计的过程中，第一组打算用奶粉罐、干树枝制作新年树的外形，再用超轻粘土、丝带等进行装饰；第二组则打算用玻璃瓶、纸管等塑造不同造型的新年树，再用皱纹纸、毛绒球、颜料装饰。

活动5：家园共育

为了使幼儿了解新年树，鼓励家长带领幼儿做亲子调查，调查表见表3-1。

表 3-1

新年树，我知道

班级： 姓名：

你见过什么样的新年树	它使用了什么材料

1. 教师支持幼儿将设计图纸带回家，与家长探讨并完善整个设计方案，同时继续收集解决核心问题的办法。

2. 家长利用社区、媒体、手机等资源，和幼儿一起探寻制作新年树的方法，体现家、园、社一体化育儿。

第2课 新年树，我制作

探究目标

1. 幼儿反复尝试运用多种方法，对新年树进行美化，培养动手能力。

2. 幼儿在探究活动中，大胆展示作品，学会反思、积极沟通和团队合作，发展问题解决能力。

3. 本课的预期科学成果为幼儿根据各组的设计方案分组制作的新年树。

课时安排

2课时，40分钟。

材料选择

本次科学探究活动分成 2 组进行，第一组需要的个性化材料和工具为：奶粉罐、纽扣、干树枝、超轻粘土、毛绒球、颜料、挤塑板、彩纸、丝带、固体胶、小珠子等；第二组需要的个性化材料和工具为：玻璃瓶、纸管、皱纹纸、毛绒球、颜料、彩纸、固体胶等，此外还有透明胶带（每组 2 卷）、双面胶（每组 2 卷）、安全剪刀（每组 2 把）。部分材料和工具如图 3-3 所示。

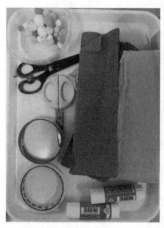

图　3-3

科学探究

活动 1：分组制作新年树

1. 按照分组，幼儿组内根据设计方案，讨论相关制作材料摆放的位置及用途，明确制作的方法步骤，进一步协商分工。

2. 小组分工制作，每个幼儿根据自己的角色安排，分工合作，伴随着迎新年相关音乐背景，幼儿愉快地进行沟通、交流，如图 3-4 所示。教师巡回观察指导。

图　3-4

活动 2：我会解决问题

在小组合作制作新年树的过程中，幼儿发现问题，教师支持幼儿探究问题，共同探讨解决策略，见表 3-2。

表　3-2

制作项目	发现的问题	解决策略
班级新年树	新年树放上奶粉罐后不易保持稳定，容易倒下	可在奶粉罐内部装上沙子或者水
	怎样保证摆放在班级的新年树显得喜庆	可刷上薄薄一层红色颜料，再用红色皱纹纸、毛绒球进行装饰
家庭新年树	玻璃瓶瓶口过小，只能插入少量的纸管，装饰性不够	用透明胶带将纸管连接在瓶口外
	玻璃瓶颜色不够喜庆	用颜料、彩纸、丝带等进行装饰

活动 3：新年树展览会

幼儿分小组展示作品：2 个小组带上作品分别上台，进行展示汇报。

幼儿根据分工情况介绍制作过程，共同分享制作经验。见表 3-3。

表　3-3

小组	新年树作品	材料和工具	功能及特点
第一组	班级新年树 	奶粉罐、干树枝、超轻粘土、颜料、挤塑板、丝带、安全剪刀、固体胶、小珠子、彩纸、毛绒球等	促进想象力与协作力；幼儿设计出装饰感、美感强的新年树，感知新年树枝条的错落美感
第二组	家庭新年树 	玻璃瓶、纸管、皱纹纸、毛绒球、颜料、彩纸、安全剪刀、双面胶等	材料容易找到，适合在家中制作并用于装饰家中环境，安全性高

活动 4：测一测，玩一玩

1.科学小测试：小组进行测试，进一步检验新年树制作情况。幼儿将新年树放在不同位置，检验新年树的稳定性，幼儿悬挂愿望卡在新年树上尝试晃动，检验新年树制作是否牢固；幼儿请同伴评价新年树制作的美观情况等。

2. 玩一玩：游戏记录见表 3-4。

表　3-4

游戏名称	第一组：班级摆放新年树 （新年树让我们的班级变得更美啦）		第二组：家庭新年树装饰 （让陪伴质量变得更高，我爱我家）	
游戏方式	送新年树	挂心愿卡	新年树祝福语	装饰我的家
游戏功能	师幼共同将新年树送给哥哥、姐姐，供哥哥、姐姐装饰班级，营造赏新年树氛围	师幼共同进行心愿卡的制作，写上心愿悬垂于新年树之下	在家长的帮助下，在新年树上写上祝福语	幼儿将新年树带回家，摆放在家中，营造家中新年的氛围
游戏图片				

科学成果

孩子们，本项目学习到此就接近尾声了，最后请把自己的科学收获贴在或写在这里吧！

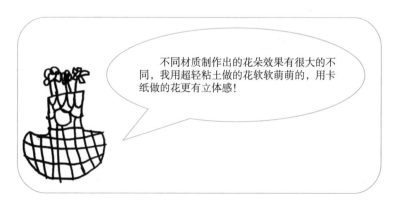

不同材质制作出的花朵效果有很大的不同，我用超轻粘土做的花软软萌萌的，用卡纸做的花更有立体感！

在寻找花瓶材料的时候，奶粉罐大大的，很合适，但是水彩笔在奶粉罐外层居然画不上去，科学真好玩！科学原理无处不在。

学习评价

教师对幼儿在调查、设计、制作、测试、分享、玩要等过程中的表现情况进行表现性评价，并引导幼儿进行自评、互评，见表3-5。

表 3-5

评价内容	评价等级 ☺☺☺☺☺		
	教师评价	幼儿自评	幼儿互评
资料收集全面且丰富，能发现生活中不同材料的用处，大胆表述自己的调查结果			
大胆想象，设计不同的新年树，愿意和同伴分享自己的创想以及设计理念			
懂得根据设计方案找适宜的制作材料，材料收集丰富。能按照分工，积极协同制作新年树			
测试环节认真总结、比较，对于装饰过程中使新年树得以立起的方式方法背后所涉及的科学原理进行验证			
能大胆展示，在游戏中体验新年树的美，进一步总结新年树制作的方法，对自己的作品进行改进			
总评			

注："优"为5个☺，"良好"为4个☺，"合格"为3个☺，"一般"为1~2个☺。

3.2 课例7：花样灯笼

《指南》中指出，引导幼儿在探究中思考，尝试进行简单的推理和分析，发现事物之间明显的关联。科学原理的探索以及运用，就在我们的生活之中，支持幼儿感知生活，发现生活中物体的存在价值以及存在的意义，去探究它，去创造它，最终在推理中，对于不同的科学现象有更全面的感知。

时值元宵佳节之际，在热闹的闹花灯节日中，我们迎来了新学期，在花灯闪烁中，小班的孩子们扑闪扑闪的大眼睛左看右看，说着："我见过这个兔子花灯。""我见过小鱼花灯。""我也想有一个自己的花灯。"……顺应孩子们的兴趣点，带着节日的喜庆，我们迎来了本次科学探究活动，开展了关于花样灯笼的深度学习活动。

1.了解灯笼，知道灯笼的基本结构，有效观察不同灯笼的形状、结构、特征等，感知灯笼悬垂稳定的基本原理。

2.尝试运用各种材料以及制作方法，对灯笼进行调试和迭代更新，培养质疑精神，学会分析问题。

3.在制作灯笼的过程中感知灯笼上下、里外的空间特点，发展空间视觉化能力，提升科学素养。

"花样灯笼"教学流程如图 3-5 所示。

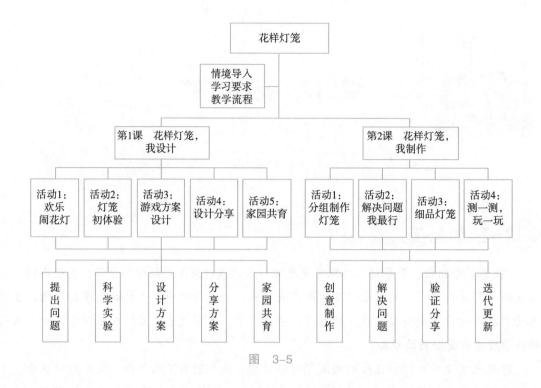

图 3-5

第1课 花样灯笼，我设计

🌟 探究目标

1.通过调查，幼儿了解灯笼的基本结构和制作方法，知道用不同材料制作的灯笼作用不同。

2.幼儿基于用户不同需求，设计制作不同灯笼的方案。

3.本课的预期科学成果为幼儿在小组合作中绘制的制作不同灯笼的设计方案。

🌟 课时安排

2课时，40分钟。

🌟 科学探究

活动1：欢乐闹花灯

教师在班级布置闹花灯场景，播放与闹花灯相关音乐。幼儿随音乐进入场地，在愉快的氛围中，激发出观赏花灯的兴趣。教师和幼儿共同探讨花灯的造型（有圆的、方的等）、颜色以及花纹。

活动2：灯笼初体验

幼儿集体探索、小组交流可以用什么材料制作灯笼，你想制作一个什么造型的灯笼。

在丰富的灯笼观察经验基础之上，教师提供各类积木、纸箱、瓶子、罐子、纸杯、餐盘等材料，支持幼儿进行灯笼制作的初次尝试，在动手实践中幼儿分组讨论制作灯笼的相关问题。

1. 幼儿在尝试中发现，做灯笼时，圆柱形的瓶子、罐子等更容易找到平衡点，更容易制作出悬垂稳定的灯笼，而方形的纸箱比较难稳定，且外观不够美观。

2. 每小组根据材料、质地、大小的不同，确定了制作灯笼的不同造型以及不同用途，选择了制作灯笼最适合的材料。

活动 3：游戏方案设计

1. 幼儿带着对灯笼制作的思考，自发地开始了分组，进行了游戏主题和角色的确定：

第一组：幼儿园装扮师，门口悬垂灯笼。

分配好扮演的角色：园长、老师 1、老师 2、保育老师、保安。

第二组：欢乐灯会，幼儿手持灯笼。

分配好扮演的角色：老师 1、老师 2、幼儿 1、幼儿 2、幼儿 3。

2. 通过调研、调查等方式，发现不同角色对灯笼的喜好：

第一组分工调研，包括小记者（2 人）、录音者（1 人）、记录人（2 人），采访园长、老师、家长、小朋友，询问他们喜欢幼儿园门口悬垂怎样的灯笼。

第二组发放问卷，调查幼儿园小朋友都喜欢怎样的手持灯笼。

幼儿分享自己的调查，小组内部头脑风暴，最终得出结论：不同角色的要求和喜好不同，想要的灯笼也各不相同。如园长喜欢大气、简洁的灯笼，老师喜欢精致、有特点的灯笼，保育老师喜欢鲜艳的灯笼，保安喜欢大的、喜庆的灯笼，小朋友喜欢小的、造型夸张的灯笼。

3. 进行灯笼制作方案的设计，大家相互协商，设计出最佳方案。

幼儿进行灯笼制作方案的设计，如图 3-6 所示。幼儿间进行分工，协商可运用的材料，教师巡回指导。

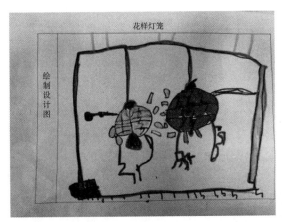
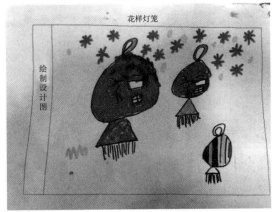

图 3-6

活动 4：设计分享

小组以团队形式上台分享自己的设计图纸，介绍自己根据小组主题、基于用户的调查所做的设计要点。

最终第一组打算用大的饮用水瓶子制作灯笼的外形，再用颜料、彩纸等进行装饰，第二组则打算用一次性纸杯、一次性餐盘、积木等制作不同造型的灯笼，再用透光纸、水彩笔、颜料装饰，绑上绳子，系上杆子制作成手持的灯笼。

活动 5：家园共育

为了更深层次地支持幼儿认识灯笼，教师发放灯笼问卷调查表，引导家长带领幼儿做亲子调查，调查表见表 3-6。

表　3-6

我认识的灯笼

班级：　　　　　　姓名：

你见过什么样的灯笼	它使用了什么材料

1. 教师将小组设计图纸拍成图片发送给家长，调动家长资源，进行设计方案的进一步优化，帮助幼儿再次巩固对于灯笼的科学认识。

2. 基于设计需要，鼓励家长和幼儿在家收集生活中的材料，明确制作步骤和环节，发挥家、园、社一体化育儿作用。

第 2 课　花样灯笼，我制作

探究目标

1. 幼儿能够根据设计方案制作灯笼，体验集体创作的乐趣，在动手实践中提升综合能力。

2. 幼儿有发表个人制作灯笼心得的意识，敢说敢做，愿意在集体面前分享，提升个人表现力。

3. 本课的预期科学成果为幼儿结合设计方案进行分组合作制作的灯笼。

课时安排

2 课时，40 分钟。

材料选择

本次科学探究活动分成 2 组进行，第一组需要的个性化材料和工具为 5L 的饮用水瓶子、彩色毛线若干、绸带绳子若干以及透光纸、超轻粘土、灯带、颜料、彩纸等。第二组需要的个性化材料和工具为一次性纸杯、一次性餐盘、积木、小灯、透光纸、吸管、水彩笔、颜料等，此外还有透明胶带（每组 2 卷）、双面胶（每组 4 卷）、安全剪刀（每组 4 把）。部分材料和工具如图 3-7 所示。

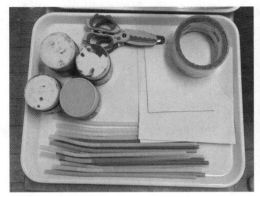

图　3-7

科学探究

活动 1：分组制作灯笼

1. 根据小组设计需要，幼儿进行材料的筛选尝试，明确制作的方法步骤，小组内进一步协商分工。

2. 幼儿分组进行科学创作，分工协作，伴随着与元宵灯节相关音乐背景，幼儿愉快地进行沟通、交流，教师巡回指导，如图 3-8 所示。

图　3-8

活动 2：解决问题我最行

在小组合作中，幼儿发现问题，教师支持幼儿探究问题，共同探讨解决策略，见表 3-7。

表 3-7

制作项目	发现的问题	解决策略
门口悬挂的灯笼	大的饮用水瓶较重，不易保持悬垂稳定	可用绸带绳子在饮用水瓶内部系上一个小棍子作为横梁，以此防止脱落
	怎样保证悬垂在门口的灯笼既红色喜庆，又有透光的作用	可在透光纸上薄薄刷一层红色颜料，再进行装饰
幼儿手持的灯笼	单个纸杯过小，不易装饰	将纸杯、餐盘、积木结合使用，多种材料制作花样灯笼
	怎样找到灯笼悬垂的中心，保证既美观又稳定	以纸杯或餐盘为制作的中心，确定中心之后进行灯笼的再创造，以此保证中心的悬垂稳定，外观的美观

活动 3：细品灯笼

幼儿分小组展示作品：2 个小组分别上台，进行展示汇报。

幼儿根据分工情况介绍制作过程，共同分享科学实践经验，围绕作品的样式、选择的材料和工具、作品的功能及特点等发表观点，见表 3-8。

表 3-8

小组	灯笼作品	材料和工具	功能及特点
第一组	门口悬挂的灯笼 	5L 的饮水瓶、彩色毛线、绸带绳子、透光纸、颜料、超轻粘土、灯带、彩纸、透明胶带等	造型大气，外部装饰可见幼儿有了对称的意识，整个灯笼通体发光；在确定悬垂连接点中，幼儿感受着中心以及重心的稳定
第二组	幼儿手持的灯笼 	一次性纸杯和餐盘、积木、吸管、透光纸、水彩笔、颜料、小灯、透明胶带等	颜色鲜艳，造型夸张，手持杆子的设计方便幼儿抓握；灯罩下方透光，便于幼儿感知光影现象

活动 4：测一测，玩一玩

1. 科学小测试：小组进行测试，进一步检验灯笼制作情况。幼儿将灯笼里放上灯带，将窗帘拉上，在黑暗的地方检验灯笼的透光性；幼儿手持灯笼跑动、悬挂灯笼时尝试晃动，检验灯笼制作是否牢固；幼儿请同伴评价灯笼制作的美观情况等，发现问题，及时更新迭代。

2. 玩一玩：游戏记录见表 3-9。

表　3-9

游戏名称	第一组：欢庆灯笼高高挂 （感知传统文化的魅力）		第二组：欢欢喜喜玩灯笼 （趣味玩灯笼，彰显幼儿童心）	
游戏方式	挂灯笼	猜灯谜	挑灯笼	灯笼影子
游戏玩法	师幼共同将灯笼悬挂在幼儿园的各个门口，营造赏灯笼氛围	师幼共同进行谜面的制作，悬垂于灯笼之下，开展猜灯谜活动	幼儿将手持灯笼拴在棍子两头，挑在肩上走过平衡木，锻炼幼儿的平衡力	跟随光的方向，追踪手持灯笼的影子，进行躲闪游戏
游戏图片				

科学成果

孩子们，本项目学习到此就接近尾声了，最后请把自己的科学收获贴在或写在这里吧！

我发现因为灯笼大大的，要悬垂稳定的话，绳子的承重能力很重要，所以我和同伴找了各种绳子进行尝试，真是太好玩啦，我喜欢科学探索！

> 手持的灯笼可以有多种多样的造型，灯笼两边对称才会稳定，我今天试了很多种对称的造型，这样做出来的灯笼很可爱！

学习评价

教师对幼儿在调查、设计、制作、测试、分享、玩耍等过程中的表现情况进行表现性评价，并引导幼儿进行自评、互评，见表 3-10。

表　3-10

评价内容	评价等级 😊😊😊😊😊		
	教师评价	幼儿自评	幼儿互评
能够调查出问题的关键原因，敢于在众人面前表达自己的调查发现			
敢于想象，愿意和同伴分享自己的设计要点，设计富有特色的灯笼。			
在小组内愿意听取他人意见，能根据设计方案收集丰富、合适的材料。按照分工，能积极发挥团队力量，制作灯笼			
测试环节总结到位，能发现制作灯笼的关键所在，知道保持灯笼悬垂稳定的科学方法			
能够在集体面前展示自己的作品，能很好地聆听他人意见，进行迭代优化			
总评			

注："优"为 5 个 😊，"良好"为 4 个 😊，"合格"为 3 个 😊，"一般"为 1~2 个 😊。

3.3　课例8：人偶大造型

情 境 导 入

　　《指南》中指出，鼓励幼儿根据观察或发现提出值得继续探究的问题，或成人提出有探究意义且能激发幼儿兴趣的问题。发现一个值得探究的问题也就是一场科学探究活动的开始，生活即教育，我们要善于发现幼儿的需要，尊重并回应幼儿的想法与问题，通过开放性提问、推测、讨论等方式，支持和拓展每一个幼儿的学习。

　　游戏时间，幼儿对于新学的故事《小兔乖乖》特别感兴趣，都想争着扮演故事里的角色。在表演故事时大家发现，有的幼儿总是忘记自己扮演的是谁。"怎么办呢？""我们来做个人偶吧！""把人偶拿在手里讲故事就不会忘记啦！""还可以做戴在头上的。"……那么"制作人偶蕴含着什么科学原理？它为什么可以戴在身上呢？""人偶怎样制作才能更富表现力呢？"幼儿的热情和创意让老师感到惊喜。于是，顺应幼儿的兴趣，一个全新的科学探究活动"人偶大造型"应运而生。

学 习 要 求

　　1. 了解人偶及头饰的结构造型，学会观察不同物质的形状、结构、特性等。
　　2. 感知不同材质的纸张，其支撑性也不同，了解制作人偶的基本科学原理。
　　3. 了解简单的对称概念，学会运用对称原理设计人偶和头饰。

教 学 流 程

　　"人偶大造型"教学流程如图 3-9 所示。

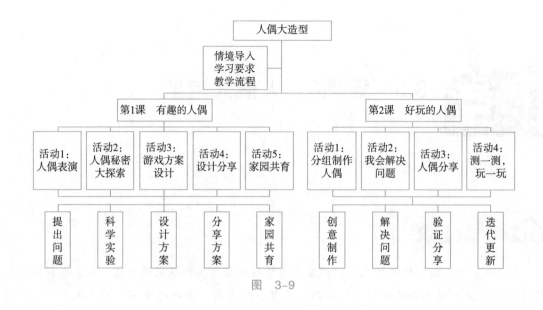

图　3-9

第 1 课　有趣的人偶

探究目标

1.通过调查，幼儿了解人偶的基本结构和制作人偶的材料，知道不同材质的纸张支撑力不同。

2.幼儿根据兴趣及场景需要，设计制作不同造型的人偶的。

3.本课的预期科学成果为幼儿在小组协作下共同绘制的制作不同造型人偶的设计方案。

课时安排

2课时，40分钟。

科学探究

活动1：人偶表演

幼儿根据兴趣选择不同造型的人偶，根据故事玩表演游戏。

活动2：人偶秘密大探索

在表演故事过程中，幼儿对人偶充满了好奇心，他们提出了一系列问题：为什么这些人偶造型不一样？不同造型的人偶用的材料也不一样吗？我们根据故事里的角色自己设计人偶可不可以？怎么让人偶立起来呢？于是，一场人偶科学探索活动开始了。

1.教师提供充足的材料：不同材质、不同软硬的纸张，粗细、长短不同的棍子等。

2.幼儿选择不同的纸张、棍子，开始进行试验。他们发现太软的纸不能做人偶，因为它立不起来；越硬的纸支撑力越好，可是不容易裁剪；人偶越高需要的棍子就越长，这样才能够很好地把人偶支撑起来。

3. 每个小组根据测试结果，初步感知了其中的科学原理，选择了自己小组做人偶的最佳材料。

活动 3：游戏方案设计

1. 幼儿分组讨论，最后确定各组的游戏定位和角色设定分别是：

第一组：区角游戏。分配好扮演的角色：兔妈妈、兔宝宝 1、兔宝宝 2。

第二组：元旦节目预演。元旦《小兔子乖乖》节目表演，分配好扮演的角色：兔宝宝（红眼睛、长耳朵、短尾巴）和大灰狼。

2. 开始设计，大家分工协作，设计最佳设计方案。

幼儿根据已有经验，分组设计图纸，如图 3-10 所示。幼儿根据不同角色分配任务，教师巡回观察指导。

图　3-10

活动 4：设计分享

幼儿以小组为单位，上台对自己设计的图纸进行介绍，说一说小组设计的想法和理念。

在设计的过程中，第一组想用素描纸和冰棒棍制作手持式人偶；第二组用眼罩和卡纸制作头戴式人偶。

活动 5：家园共育

为了更深层次地支持幼儿认识人偶，教师发放人偶问卷调查表，引导家长带领幼儿做亲子调查，调查表见表 3-11。

表　3-11

我知道的人偶

班级：　　　　　　　　　　姓名：

你见过什么样的人偶	它使用了什么材料

1. 教师将小组设计方案拍成图片，发送给家长，鼓励家长充分利用自己的资源，和幼儿共同对设计方案进行更深入的完善与优化，同时增强幼儿对人偶相关科学知识的理解和记忆。

2. 根据设计需求，鼓励家长与幼儿共同在生活中收集相关材料，并明确制作过程中的各个步骤与环节。这不仅有助于实现家、园、社一体化的育儿目标，更能培养幼儿的动手实践能力和创造力。

<h2>第 2 课　好玩的人偶</h2>

 探究目标

1. 幼儿学会根据设计方案剪裁、粘贴，体验分工合作、相互支持的精神。
2. 幼儿在制作过程中提高动手能力和解决问题的能力，感知人偶制作的基本科学原理。
3. 幼儿体验制作成功的喜悦，增强自信心和创造力。
4. 本课的预期科学成果为幼儿根据设计方案制作的人偶或头饰。

课时安排

2 课时，40 分钟。

材料选择

本次活动分 2 组，卡纸、折纸、素描纸、棍子、眼罩、水彩笔等材料和工具由 2 个小组自主选择，此外，还有透明胶带 2 卷（每组 1 卷）、安全剪刀 4 把（每组 2 把）、双面胶 4 个（每组 2 个）、泡沫胶 4 个（每组 2 个）。部分材料和工具如图 3-11 所示。

图　3-11

科学探究

活动 1：分组制作人偶

1. 各小组根据设计方案，仔细讨论所需制作材料的摆放位置及其具体用途，确保制作流程的有序进行。

2. 在小组制作过程中，每个幼儿应根据自己的角色安排，积极参与并分工合作。通过

充满童趣的角色游戏，幼儿可以体验创造的乐趣，而教师则需在制作过程中进行巡回指导，给予幼儿必要的支持，确保活动的顺利进行，如图 3-12 所示。

图　3-12

活动 2：我会解决问题

依据制作过程中发现的问题，师幼共同努力寻找解决策略，见表 3-12。

表　3-12

制作项目	发现的问题	解决策略
手持式人偶	用水彩笔在素描纸上涂画，纸容易破	几番尝试后，幼儿发现涂颜色时，不能反复涂一个地方；用扁扁的冰棒棍作为支撑更容易固定
	圆形的棍子不容易固定	
头戴式人偶	纸张在眼罩上不容易固定	经过不断地尝试，幼儿发现卡纸硬度较高，可以立起来，裁剪时底部留出一节就更容易固定
	折纸太软，立不起来	

活动 3：人偶分享

幼儿分小组展示作品：2 个小组分别上台，展示汇报。

教师支持幼儿将创作的成果进行展示，并邀请每个幼儿向同伴介绍自己在创作过程中作品的样式、所选用的材料和工具等，见表 3-13。

表　3-13

小组	人偶作品	材料和工具	功能及特点
第一组	手持式人偶	素描纸、双面胶、棍子、水彩笔、安全剪刀等	轻便易携带，幼儿手持人偶进行故事表演，以激发幼儿的表演欲望
第二组	头戴式人偶	卡纸、眼罩、泡沫胶、安全剪刀等	幼儿更容易融入角色，同时解放双手，在表演故事中可以用身体表演相应动作

活动 4：测一测，玩一玩

1.科学小测试：幼儿利用人偶进行故事表演，第一组拿手持式人偶讲故事或表演短剧，第二组戴头戴式人偶表演。幼儿观察人偶是否能清晰传达意思，吸引观众。随后互换角色，第一组试戴头戴式人偶，第二组试拿手持式人偶。幼儿在表演过程中，发挥创造力和想象力，创造新表演方式，发现问题，及时更新迭代。

2.玩一玩：游戏记录见表 3-14。

表　3-14

游戏名称	第一组：区角游戏 （充满"未知"感的人偶玩法，总能给幼儿带来欢乐的体验）		第二组：元旦节目预演 （走进情境，走进游戏，幼儿乐此不疲）	
游戏方式	影子变变变	猜猜我是谁	大灰狼来了	兔子跳跳
游戏功能	利用手电筒，观察光源远近对人偶影子的影响	一个幼儿通过描述人偶的外形、爱吃的食物等特征，其他幼儿猜测是谁	幼儿通过口令、倒计时等，练习躲、闪、跑。看谁能快速跑回家，躲避大灰狼的追捕	戴上人偶头饰，激发幼儿参与欲望，练习双脚连续跳，增强下肢力量
游戏图片				

科学成果

孩子们，本项目学习到此就接近尾声了，最后请把自己的科学收获贴在或写在这里吧！

制作头饰时，我发现不同纸张的硬度不同，制作效果大不相同，像亮光纸作为装饰很好，而硬硬的卡纸适合做底，我太喜欢这样的科学尝试啦！

做手偶造型可以有好多好玩的办法哦！今天我发现，如果要在手偶上做出兔子耳朵，还想做得特别好看，就先做出兔子耳朵的大致样子，然后再一点一点地加上小细节装饰，这样层次就更清楚啦，兔子耳朵会变得更生动呢！

学习评价

教师对幼儿在调查、设计、制作、测试、分享、玩耍等过程中的表现情况进行表现性评价，并引导幼儿进行自评、互评，见表 3–15。

表　3–15

评价内容	评价等级 ☺☺☺☺☺		
	教师评价	幼儿自评	幼儿互评
资料收集途径多样，内容全面，愿意在集体面前表达自己的调查结果及设计想法			
愿意与同伴一起合作分工，共同努力。在制作中大胆创造，设计与众不同的人偶			
清楚自己的分工任务，能与同伴积极合作。能根据设计方案选择多种材料制作人偶			
测试环节认真总结、比较、感知纸的硬度和人偶的造型特点			
勇于表现自己，在游戏中能检验人偶效果，并合理改进			
总评			

注："优"为 5 个☺，"良好"为 4 个☺，"合格"为 3 个☺，"一般"为 1~2 个☺。

3.4　课例9：光影变幻秀

幼儿有着一双敏锐的眼睛，总能在生活中发现有趣的事情，教师的理解和支持十分重要，怎样将幼儿"可爱"的疑问，变成有深度、有意义的探究活动？值得每个幼教人去思考。老师要提供给幼儿实践自己想法的机会，引导幼儿在反复操作、不断验证中发现科学的有趣和有用。

一次晨间活动时，幼儿昕昕发现了自己在阳光下的影子可以变大变小，自己做什么动作，影子也跟着做什么动作。昕昕吆喝着自己的好朋友玩踩影子的游戏，这引起了更多幼儿的模仿和探究："为什么会有影子呢？""影子怎么都是黑乎乎的呀？""你们看见过彩色的影子吗？"大家你一言我一语地交流着，一场对影子的讨论开始了。伴随着孩子们的疑问，我们开启了相关的科学探索与操作。

学习要求

1. 初步感知影子形成的原因，发现影子与光的关系，观察发现物体形状不同、距离不同，投影出来的效果也不同。

2. 感知光的直线传播的科学原理，掌握阴影形成的方法，在多种材料反复尝试中，突破难点，解决光影制作过程中的问题，提升幼儿运用撕、粘、贴方式改变图案造型的能力，让幼儿在实践中调试光源距离，更好地理解光影，锻炼手部灵活性。

3. 对投影所使用的材料进行有针对性地更换与调整。通过实际操作与观察，深刻感知不同材料在透光过程中所产生图像的透过性差异；积极培养探究精神，提升科学思维能力和问题解决能力。

教学流程

"光影变幻秀"教学流程如图3-13所示。

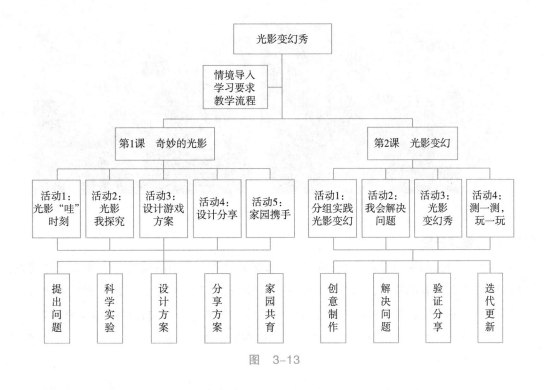

图　3-13

第1课　奇妙的光影

⭐ **探究目标**

1.通过调查，幼儿了解投影的基本原理和制作方法，知道不同的图案以及距离在光照下的影子效果不同。

2.幼儿能够发现用户的不同需求，敢于设计不同投影游戏方案。

3.本课的预期科学成果为幼儿在同伴互助下绘制的不同投影的设计方案。

⭐ **课时安排**

2课时，40分钟。

⭐ **科学探究**

活动1：光影"哇"时刻

教师提前布置班级光影氛围，如星空光影、海底世界光影等，带领幼儿有序走进班级，感受光影的奇妙，跟随音乐一起体验光影秀带来的喜悦，如图3-14。

图　3-14

活动2：光影我探究

光影的多彩变幻激发了幼儿的探究欲，引发了幼儿一系列的疑问：为什么这样的光会照射出星空这么好看的影子？我能做出这样的光影效果吗？为什么会有光影？为什么会有不同的光影效果？带着自己的问题，幼儿寻找投影的材料，开始自己的科学探究游戏。

1. 教师提供各种不同的材质、大小、形状的材料，如手电筒、纸箱、透光纸、过塑膜、纸杯、一次性纸碗等。

2. 幼儿拉上窗帘，开始利用手电筒照射不同材料的物品，从而观察光和影的不同效果，调整灯光距离，感受光和影的关系。幼儿得出结论：光照射到不透光的物体留下与该物体外形轮廓相似的影子；光照到透光物体时，则会有与该透光物体相同颜色的影子，且光与物体距离越近影子越大，距离越远影子越小。

3. 每组幼儿根据尝试结果，选择了自己小组制作投影仪器的最佳材料。

活动3：设计游戏方案

1. 幼儿经过小组讨论商议，最后确定了各组的游戏主题和角色设定为：

第一组：光影欢乐趴，分配好扮演的角色：老师1、老师2、幼儿1、幼儿2、幼儿3、幼儿4。

第二组：幼儿园"故事机"，分配好扮演的角色：园长妈妈、保安、教师1、教师2、幼儿1、幼儿2。

2. 交流不同角色的光影设备如何确定。幼儿经过反复商议，得出结论：根据不同人的需求，我们要设计出不同的效果。如光影欢乐趴的幼儿喜欢多彩的影子效果，就要多用到透光纸；幼儿园"故事机"因为有故事情境需求，就要有具象的动物、植物、场景的光影效果。

3. 开始绘制设计方案，幼儿带着自己的思考与小组成员展开讨论，分工协作，最终设计出了最佳设计方案，如图3-15所示。教师巡回指导。

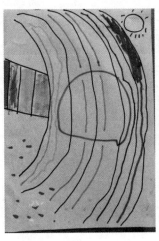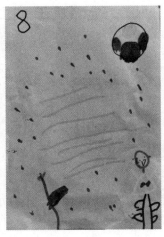

图　3-15

活动 4：设计分享

幼儿先组内交流自己的设计想法，每组推荐一个代表上台分享设计图纸，说一说小组设计的想法和理念。

在交流不同设计需求中，幼儿研讨出各组需要的材料。第一组在纸箱上挖出不同的图案，然后用不同颜色的透光纸蒙一层，再放入手电筒，出现彩色光影，幼儿和老师、同伴一起进行光影欢乐趴；第二组则将一次性纸杯的底挖掉，成为一个圆桶，在圆桶的一端蒙上过塑膜，在过塑膜上用黑色笔画出故事情境，用手电筒光照射后，出现故事情境的影像，再进行讲故事游戏。

活动 5：家园携手

为了使幼儿更深入地认识光影，教师将设计方案拍照发送给家长，鼓励家长利用去科技馆、上网查询、咨询专业人员等方式，带领幼儿做亲子调查，调查表见表 3-16。

表　3-16

光影变幻，我知道

班级：　　　　　　　　姓名：

你见过什么样的光影效果	它是怎样制作的？需要什么材料

1. 幼儿与家长探讨并完善设计方案，继续收集有关解决光影效果这一问题的策略方法。

2. 家长和幼儿一起探寻制作光影变幻效果的办法，体现家、园、社一体化育儿。

第2课　光影变幻

探究目标

1. 幼儿能够根据小组商议的设计方案初步制作投影仪，在科学制作中提升执行力和行动力。

2. 在完成科学实践中，幼儿收获成功的体验，大胆展示作品，提升口语表达能力，培养表现力。

3. 本课的预期科学成果为幼儿将自己的想法落到实践之中，有效协作制作的投影设备。

课时安排

2课时，40分钟。

材料选择

本次活动分2组，一次性纸杯、纸筒、纸箱、鞋盒、透光纸、过塑膜、水彩笔、卡纸、蜡笔、黑色记号笔等材料和工具由2个小组根据创作所需自主选择，此外还有手电筒4个（每组2个）、安全剪刀6把（每组3把）、泡沫胶4个（每组2个），部分材料和工具如图3-16所示。

图　3-16

科学探究

活动1：分组实践光影变幻

1. 根据分组以及设计方案，幼儿进行制作材料的再次商议和确定。

2. 小组分工合作进行科学实践创作，幼儿根据自己的角色定位，在游戏中大胆尝试，实践自己的想法，教师巡回指导，如图3-17所示。

图　3-17

活动 2：我会解决问题

发现问题、解决问题，小组成员积极开动脑筋解决制作中的问题，教师有效支持幼儿的有意义学习，见表 3-17。

表　3-17

制作项目	发现的问题	解决策略
纸箱制作投影设备	在纸箱上裁剪造型比较难，幼儿只能戳出一个一个洞	幼儿经过不同纸箱对比发现，酸奶纸箱比较薄，容易裁剪出造型；另外粘贴透光纸时，幼儿也发现用泡沫胶可以很好地固定透光纸，使其不易脱落
	怎样蒙透光纸能够保证不易掉	
纸杯制作投影设备	纸杯过软，挖去底部时，纸杯容易变形	选择质量更好的一次性纸杯，或者是生活中的废旧纸筒作为替代物，可解决容易变形的问题……另外幼儿经过反复尝试，发现用黑色记号笔先在过塑膜上绘画，再进行粘贴，这样的操作步骤更加合理，好画
	过塑膜上不容易绘画	

活动 3：光影变幻秀

幼儿分组展示作品：2 个小组轮流上台，在幼儿主讲人的带头下，小组成员补充说明，进行展示汇报。

教师有效引导幼儿，请幼儿介绍自己作品的样式、所选择的材料和工具、作品的功能及特点，以提升幼儿的反思总结能力，见表 3-18。

表　3-18

小组	投影作品	材料和工具	功能及特点
第一组	纸箱制作投影设备	纸箱、透光纸、泡沫胶、蜡笔、安全剪刀、水彩笔、卡纸等	彩色透光纸的利用，增添了光的"神奇"感，幼儿十分兴奋，探究兴趣高，可以很好地参与到项目中，体验着光与影的关系

（续）

小组	投影作品	材料和工具	功能及特点
第二组	纸杯制作投影设备 	纸筒（杯）、过塑膜、泡沫胶、黑色记号笔、水彩笔、安全剪刀等	幼儿有效将生活中的废旧物品进行再利用，作品轻便，幼儿容易操作，可以很好地进行"故事"讲述，幼儿间互动性强，作品的可操作性也强

活动4：测一测，玩一玩

1. 科学小测试：在玩一玩、试一试中，幼儿再次测试光影效果。如不同物体光面的大小不同、不同距离照射出来的影子大小也不同，同样高度的物体，在同一光源下，离光源越近，物体的影子越短，离光源越远，物体的影子越长。幼儿发现问题，及时更新迭代。

2. 玩一玩：游戏记录见表3-19。

表3-19　测一测，玩一玩

游戏名称	第一组：光影欢乐趴 （光影变幻的快乐，是科学的欣喜）		第二组：幼儿园"故事机" （趣味倾听与表达）	
游戏方式	遨游星空	有趣的大和小	故事我来说	躲猫猫
游戏功能	幼儿将星空影子投射在活动室，幼儿随音乐捕捉星空中的星星，锻炼踮脚跳跃的能力	调整光源与物体之间的距离，影子变大或变小，幼儿模仿影子造型，用身体感知大、小	2个或多个幼儿手拿投影设备进行"故事"的讲述	将影子投射到墙面上，时有时没，幼儿进行"躲猫猫"抓影子游戏
游戏图片				

科学成果

孩子们，本项目学习到此就接近尾声了，最后请把自己的科学收获贴在或写在这里吧！

这样的透光盒子是我今天和朋友们一起制作的，我发现透光纸真神奇，把灯光变了颜色，我想变什么色，就用什么颜色的透光纸，好玩！

我今天是把纸杯挖了一个洞，真神奇，我画了小鱼，小鱼就被灯光映照在墙上了，我用手指头放在灯光前面也试了试，指头影子也能显现出来，我喜欢科学探索！

学习评价

教师对幼儿在调查、设计、制作、测试、分享、玩耍等过程中的表现情况进行表现性评价，并引导幼儿进行自评、互评，见表 3-20。

表　3-20

评价内容	评价等级 ☺☺☺☺☺		
	教师评价	幼儿自评	幼儿互评
调查资料细致全面，有共享意识，能在集体面前较完整地发表调查情况			
有分工协作意识，乐意承担研究任务，打开思路，大胆设计出富有创意的光影设备			
有根据设计方案找制作材料的意识，能有效落实自己的设计想法，组员有担当意识，能积极完成自己在组内担任的任务			
测试环节能够细致观察，发现光与影之间的关系，喜欢探究			
有展示评价的意识，能够听取他人意见，进行观点的交换，有效改进作品			
总评			

注："优"为 5 个 ☺，"良好"为 4 个 ☺，"合格"为 3 个 ☺，"一般"为 1~2 个 ☺。

3.5　课例10：有趣的漏勺

情境导入

　　《幼儿园教育指导（试行）纲要》中指出，幼儿园应为幼儿提供健康、丰富的生活和活动环境，满足他们多方面发展的需要，使他们在快乐的童年生活中获得有益于身心发展的经验。春天是个万物复苏的季节，在幼儿园里各个年龄段都会以不同的形式开展有关"春天"的主题活动，"小蝌蚪"作为表现"春天"的主要元素之一，早已被幼儿所熟悉。它"大大的脑袋，黑灰色的身体"，俨然成为幼儿园植物角的常客了。

　　四月份正是蝌蚪活跃的时候，爸爸、妈妈利用周末和幼儿一起外出寻找蝌蚪的足迹，为了支持幼儿的观察和学习，爸爸、妈妈适当捕捞了一些蝌蚪带到班级植物角。在幼儿的精心喂养下，小蝌蚪越长越好，但对于换水这件事幼儿犯了难。原来，幼儿发现换水时，小蝌蚪容易顺着水流跑掉，小蝌蚪身体软软的，很脆弱，用手抓会伤害到它，用什么工具来帮助小蝌蚪换水呢？幼儿就这个问题展开了讨论，"我们做个换水工具，只把脏水漏走，把小蝌蚪留下。""那就是捞鱼的网兜。""我家厨房也有，不是捞鱼的，是奶奶炸丸子时用来捞丸子的。""我们来做一个那样的捞蝌蚪工具。"在幼儿你一言我一语中，一场制作蝌蚪漏勺的科学探索活动开始了……

学习要求

　　1. 观察漏勺的结构，在游戏探究中思考并发现漏勺种类与用途的关系。

　　2. 在制作和测试的过程中培养幼儿科学探究的兴趣和习惯。

　　3. 反复尝试运用各种粘贴和固定的方法，对漏勺的造型和材料进行调整和优化，培养科学核心技能。

教学流程

　　"有趣的漏勺"教学流程如图 3-18 所示。

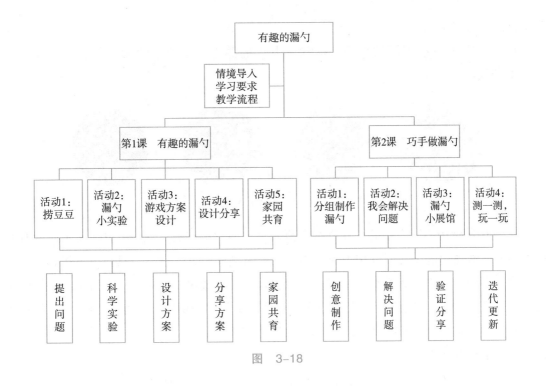

图　3-18

第 1 课　有趣的漏勺

探究目标

1.通过调查，幼儿了解漏勺的基本结构和制作漏勺的材料，知道不同漏勺在生活中的用途不一样。

2.幼儿根据个人需求，设计制作不同漏勺的方案。

3.本课的预期科学成果为幼儿在小组协助、共同探究中绘制的制作不同漏勺的设计方案。

课时安排

2 课时，40 分钟。

科学探究

活动 1：捞豆豆

教师按组准备不同类型的漏网，幼儿使用漏勺在水池里自由选择需要捞的东西。

活动 2：漏勺小实验

捞豆豆的游戏激发了幼儿的好奇心，他们发现了很多问题：为什么漏勺可以捞东西？漏勺是用什么做的？为什么有的漏勺洞大而有的漏勺洞小？于是，他们寻找做漏勺的材料，开始自己的探究游戏。

1. 教师提供各种不同的材质、形状、大小的漏勺，以及不同大小的谷物若干，如图 3-19 所示。

图　3-19

2. 幼儿开始用不同大小的豆豆进行实验，发现漏勺都有洞，它们可以在捞东西的时候把水、油等液体过滤出去；漏勺的形状不一样，有圆的、方的；漏勺材料也不尽相同，有的是网，有的是布料，有的是不锈钢；大洞的漏勺过滤最快，但不能用来捞像红豆那样小的物体。最后大家得出结论：要想给小蝌蚪做换水漏勺就需要做一个洞相对较小的漏勺。

3. 每个小组根据实验结果，选择自己小组做漏勺的最佳材料。

活动 3：游戏方案设计

1. 幼儿分组讨论，最后确定各组的游戏定位和角色设定分别是：

第一组：植物角游戏，分配好扮演的角色：老师、幼儿 1、幼儿 2、幼儿 3、幼儿 4。

第二组：小厨房游戏，分配好扮演的角色：妈妈、幼儿 1、幼儿 2、幼儿 3、幼儿 4。

2. 讨论不同角色需要什么样的漏勺。幼儿经过讨论，得出结论：每个人的角色不同，漏勺也应该不同。如厨房小时光可以做清洗豆豆等谷物的大洞眼漏勺；植物角的蝌蚪很小，做小洞眼的漏勺……

3. 开始设计，大家分工协作，设计最佳设计方案。

幼儿根据已有经验，分组设计图纸，如图 3-20 所示。幼儿根据不同角色分配任务，教师巡回观察指导。

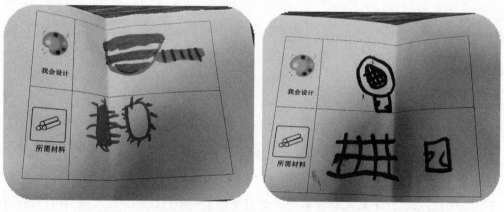

图　3-20

活动 4：设计分享

幼儿以小组为单位，推选代表上台对设计的图纸进行介绍，说一说小组成员的设计想法和理念。

在设计的过程中，第一组用毛巾制作植物角漏勺；第二组用矿泉水瓶制作厨房漏勺。

活动 5：家园共育

为了使幼儿了解漏勺更多的科学原理，鼓励家长带领幼儿做亲子调查，调查表见表 3-21。

表　3-21

漏勺，我知道

班级：　　　　　　　姓名：

你见过什么样的漏勺	它使用了什么材料

1. 教师将幼儿设计方案拍照发送给家长，鼓励幼儿与家长探讨并完善设计方案，同时继续收集有关解决这一问题的办法。

2. 家长可以利用自己的资源，和幼儿一起探寻制作漏勺的办法，体现家、园、社一体化育儿。

第 2 课　巧手做漏勺

探究目标

1. 幼儿能够根据设计图初步制作漏勺，在科学制作中提高动手能力和手眼协调能力。

2. 在科学探索活动中，幼儿大胆展示作品，感受与他人合作分享的乐趣，体验解决问题的成就感，培养表现力。

3. 本课的预期科学成果为幼儿根据设计方案进行分组合作制作的漏勺。

课时安排

2 课时，40 分钟。

材料选择

本次活动分 2 组，塑料碗、小号套圈、矿泉水瓶、粗细不同的毛根、纱布、毛巾、筷子、蚊帐网、水彩笔等材料和工具由 2 个小组自主选择，此外还有塑料棒 2 把（每组 1 把）、透明胶带 2 卷（每组 1 卷）、安全剪刀 4 把（每组 2 把）、泡沫胶 4 个（每组 2 个）以及热熔胶枪。部分材料和工具如图 3-21 所示。

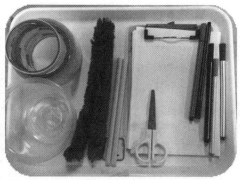

图 3-21

★ 科学探究

活动1：分组制作漏勺

1.按照分组，根据设计方案，幼儿讨论相关制作材料摆放的位置及用途。

2.小组分工合作，每个幼儿根据自己的角色安排，分工合作，在由自己决定的角色游戏里，体验制作的快乐，教师巡回观察指导，如图 3-22 所示。

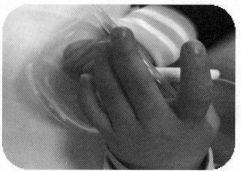

图 3-22

活动2：我会解决问题

师幼依据制作过程中发现的问题，共同寻找解决策略，见表 3-22。

表 3-22

制作项目	发现的问题	解决策略
网布漏勺	毛巾布太硬，剪不开	经过商讨后，幼儿决定用厚度较薄且易撕开的纱布做骨架，并使用双层粗毛根反复交叉拧紧，以增加硬度
	用毛根做漏勺的骨架太软、容易变形	
塑料碗瓶漏勺	漏勺的洞不容易制作	幼儿邀请教师协助，在教师的帮助下幼儿使用热熔胶枪工具进行挖洞处理，并用粗毛根将塑料碗和手柄交叉拧紧后，末端插入塑料管道内，再用大胶布固定
	漏勺和手柄连接的地方容易脱落	

活动 3：漏勺小展馆

幼儿分小组展示作品：2 个小组分别上台，展示汇报。

教师支持幼儿把作品进行展示，请幼儿介绍自己作品的样式、选择的材料和工具、作品的功能及特点，见表 3-23。

表　3-23

小组	漏勺作品	材料和工具	功能及特点
第一组	网布漏勺 	蚊帐网、粗毛根、透明胶带、热熔胶枪、安全剪刀等	功能：能够在水里捞取蝌蚪等，过滤较为精细 特点：制作材料易收集，网眼密，成品手感柔软，耐用
第二组	塑料碗漏勺 	2 根粗毛根、透明胶带、塑料棒、水彩笔、安全剪刀等	功能：能够在水里快速捞取各类谷物 特点：制作材料容易收集，成品轻便不吸水，骨架结实，平衡度好，便于使用

活动 4：测一测，玩一玩

1. 科学小测试：小组分别进行简单的测试和操作演示。如幼儿来到植物角使用蚊帐网漏勺为蝌蚪换水，发现蚊帐网能快速沥干饲养罐里的脏水，并保护小蝌蚪不被水流冲走，但个头太小的蝌蚪有漏网的风险；幼儿使用布艺漏勺为小蝌蚪换水，发现纱布的洞眼很小、很密，所以个头小的蝌蚪也能被保护在漏勺里，但过滤的时间有点慢，需要耐心等待。科学小测试让幼儿明白，不同大小的洞眼捞取物品和过滤结果会不同，知道生活中人们会根据不同需要选择不同洞眼大小、不同材质的漏勺。幼儿发现问题，及时更新迭代。

2. 玩一玩：游戏记录见表 3-24。

表　3-24

游戏名称	第一组：植物角游戏 （照顾动物，体验生命的奇妙）		第二组：厨房小时光 （让每个孩子都有一个健康快乐、幸福的童年）	
游戏方式	蝌蚪来换水	给小金鱼洗澡	捞豆豆	花生洗一洗
游戏功能	和老师一起，为小蝌蚪进行换水，了解蝌蚪饲养的小知识	和老师一起将金鱼捞出，换上干净的水，观察金鱼在水中游泳的姿态，并用自己的语言大胆地描述	和妈妈一起捞豆豆，了解厨房常见谷物及其清洗的步骤与方法	和妈妈一起将花生表面的泥巴清洗干净并用漏勺进行清洗沥水，通过摸一摸、剥一剥、尝一尝，认识花生
游戏图片				

科学成果

孩子们，本项目学习到此就接近尾声了，最后请把自己的科学收获贴在或写在这里吧！

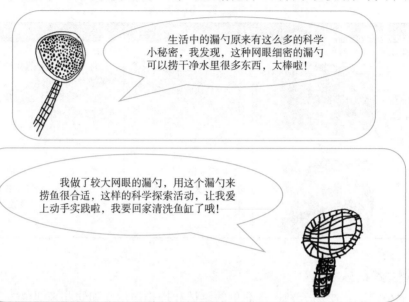

生活中的漏勺原来有这么多的科学小秘密，我发现，这种网眼细密的漏勺可以捞干净水里很多东西，太棒啦！

我做了较大网眼的漏勺，用这个漏勺来捞鱼很合适，这样的科学探索活动，让我爱上动手实践啦，我要回家清洗鱼缸了哦！

学习评价

教师对幼儿在调查、设计、制作、测试、分享、玩耍等过程中的表现情况进行表现性评价，并引导幼儿进行自评、互评，见表 3-25。

表 3-25

评价内容	评价等级 ☺☺☺☺☺		
	教师评价	幼儿自评	幼儿互评
资料收集全面且丰富，能发现多种材料，敢于表述自己的调查结果和设计理念			
能主动执行分工任务，相互协作，大胆想象，设计制作不同的漏勺			
能根据设计方案找寻不同材质的制作材料。按照分工，积极协同制作漏勺			
测试环节认真总结、比较，懂得漏勺过滤的基本科学原理			
能大胆展示，在游戏中体验漏勺过滤效果，对自己的作品进行改进			
总评			

注："优"为 5 个 ☺，"良好"为 4 个 ☺，"合格"为 3 个 ☺，"一般"为 1~2 个 ☺。

第 **4** 章

自然之谜，我探索

4.1　课例11：家有宠物

《指南》中指出，支持幼儿在接触自然、生活事物和现象中积累有益的直接经验和感性认识。

在寒假后的一次谈话活动中，一个幼儿聊到了家里的宠物，说："我过年回了老家，把我家的兔子带回老家养了，它的名字叫乖乖，我妈妈说我们家里马上要养一只小猫了，它的名字叫软软。"这个幼儿说完，马上又有几个幼儿先后说到家里养了狗、养了小鸟等，幼儿间展开了一场关于宠物的话题讨论，于是我们就开展了关于家养宠物的系列探究活动。

【学习要求】

1. 了解小猫和小狗的特点和生活习性。

2. 对猫窝、狗窝的基本结构有认知，了解制作猫窝、狗窝的基本科学知识。

3. 制作过程中发现纸板的硬度与厚度之间的关系——纸板越厚，硬度越高。培养科学核心素养，学会反思、积极沟通和团队合作，发展问题解决能力。

【教学流程】

"家有宠物"教学流程如图 4-1 所示。

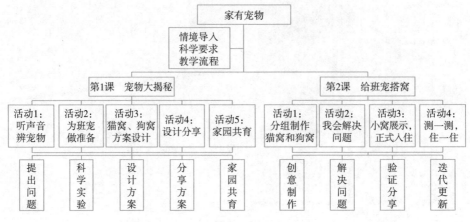

图　4-1

第 1 课　宠物大揭秘

⭐ 探究目标

1. 通过调查，幼儿认识不同种类的宠物，了解常见小猫和小狗的特点和习性。
2. 幼儿了解小猫和小狗生活的基本需求，如食物、水、住所等。
3. 本课的预期科学成果为幼儿绘制的搭建宠物窝的设计方案。

⭐ 课时安排

2 课时，40 分钟。

⭐ 科学探究

活动 1：听声音辨宠物

教师将宠物用布遮挡住，让幼儿听声音猜一猜是什么宠物。小猫和小狗的声音引起了幼儿的兴趣，激发了他们的探究欲望。

活动 2：为班宠做准备

1. 幼儿非常想在班级里养一只小猫和一只小狗，那小猫和小狗要怎么养呢？家里面有养宠物经验的幼儿和其他幼儿分享了一些经验。如小狗需要每天出去散步拉臭臭，它们要吃狗粮，爱睡懒觉；小猫需要给它铲屎、梳毛等。那养小猫和小狗到底需要准备什么呢？我们通过在班级里一起学习，了解养狗、养猫的科学知识。

2. 小狗：吃狗粮，很活泼，每天都需要散步消耗精力，需要陪伴。

小猫：吃猫粮、肉等食物，不需要出去散步，大部分时间都在睡觉，喜欢跳来跳去和攀爬等，每天都要磨爪子，喜欢晚上出来活动，还会在猫砂盆里面拉臭臭。

3. 幼儿在了解需要哪些准备后，就开始在班级里寻找一个合适的地方养小猫和小狗，给它们做一个住的地方。猫窝、狗窝如何制作呢？幼儿有的说可以用纸壳，有的说用木头、旧衣服等。

活动 3：猫窝、狗窝方案设计

1. 幼儿最终分成 2 组，一组养小猫，一组养小狗。2 组幼儿都采用家庭游戏的方式，分配好扮演的角色：爷爷、奶奶、爸爸、妈妈、大宝、二宝。

2. 讨论不同角色对猫窝、狗窝有什么要求。

幼儿经过讨论后认为，爸爸和爷爷希望窝是大大的、结实的，妈妈和奶奶希望窝是实用的、软软的，两个宝贝希望窝是可爱的、温暖的。

3. 分组设计，组长汇总幼儿的想法。

幼儿根据已有经验，分组设计图纸，如图 4-2 所示。幼儿根据不同角色分配任务，教师巡回观察指导。

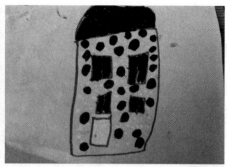

图　4-2

活动 4：设计分享

1. 小猫组和小狗组的代表分别分享窝的设计图纸。

2. 各组互相点评，发现问题，及时修改设计图纸。

活动 5：家园共育

带着疑问，为了更好地了解猫窝、狗窝的知识，幼儿将设计图纸带回家，鼓励家长带领幼儿做亲子调查，调查表见表 4-1。

表　4-1

猫、狗小窝，我知道

班级：　　　　　　　　　　　　　　姓名：

你见过什么样的猫或狗的窝	它使用了什么材料

鼓励家长带幼儿一起去看实物，以便幼儿能更真切地了解有关猫窝、狗窝的知识。

第 2 课　给班宠搭窝

探究目标

1. 幼儿能根据设计方案，利用多种材料，合作给宠物搭窝，并学习测量猫窝、狗窝是否适合对应动物的身体大小，体验照顾小动物的快乐。

2. 幼儿感受合作游戏的快乐，体验搭建成功的成就感。

3. 本课的预期科学成果为幼儿根据设计方案分组搭建的宠物窝。

 **课时安排**

2 课时，40 分钟。

 **材料选择**

本次活动分 2 组，主要材料和工具有旧衣服（每组 2 套），万能工匠（户外大型积木，2 组自选），此外还有纸板、塑料袋、透明胶带、麻绳、胶水、水彩笔、积木、棉花、安全剪刀等。部分材料和工具如图 4-3 所示。

图　4-3

 **科学探究**

活动 1：分组制作猫窝和狗窝

1. 2 组分别选取自己所需材料，确定好猫窝和狗窝摆放的位置，开始动手制作。

2. 小组分工搭建，幼儿根据自己的角色来进行分工合作，在搭建的过程中，体验搭建和合作的快乐，如图 4-4 所示，教师巡回观察指导。

图　4-4

活动 2：我会解决问题

动手实践，同伴协作，伴随着幼儿发现问题、解决问题，小组成员积极开动脑筋解决搭建中的问题，教师有效支持幼儿的有意义学习，见表 4-2。

表　4-2

制作项目	发现的问题	解决策略
猫窝	考虑到小猫存在需要跳上跳下的问题，所以猫窝一定要有承重的功能	幼儿决定利用万能工匠，将猫窝顶端积木插牢，保证猫窝的牢固性，另外尝试用纸板做了几个供小猫跳跃的夹层，以及一个小楼梯，反复用透明胶带将其进行加固。幼儿还找来了棉花放在旧衣服底部，保证了窝的柔软
	怎样使猫窝更加柔软	

（续）

制作项目	发现的问题	解决策略
狗窝	怎样为好动的小狗制作最为牢固的空间	幼儿选择较硬的纸箱，用透明胶带进行多次加固，这样做一方面确保牢固，另一方面也要保证空间合适；铺旧衣服时也需注意狗窝内部有足够的空间
	在保证狗窝柔软的同时怎样满足小狗活动的需要	

活动3：小窝展示，正式入住

幼儿分小组展示作品：2 个小组分别上台，展示汇报。

猫窝组和狗窝组幼儿分别介绍自己作品的样式、选择的材料和工具、作品的功能及特点，见表 4-3。

表 4-3

小组	猫窝、狗窝作品	材料和工具	功能及特点
第一组	猫窝	万能工匠、透明胶带、纸板、水彩笔、积木、安全剪刀、胶水、旧衣服、棉花等	制作出适合猫生活的小窝，符合小猫的特点，不仅有跳板，还很柔软
第二组	狗窝	积木、纸板、胶水、透明胶带、水彩笔、旧衣物等	舒适，材料容易找到，非常牢固，很适合爱动的小狗居住。

活动4：测一测，住一住

1. 科学小测试：在测一测，住一住中，幼儿再次收获了成功的喜悦，体验到了照顾小动物的快乐。如发现了小狗爱动，需要足够的牢固空间；小猫喜欢跳跃，需要提供小猫跳跃所需的不同高度的挡板等。幼儿对于试用过程中发现的问题，及时进行迭代更新。

2. 玩一玩，试一试：游戏记录见表 4-4。

表　4-4

游戏名称	第一组：柔软的小猫 （与动物的互动充满了温情，也是爱的另一番体验）		第二组：小狗的家 （在照顾动物中，感受到自我的价值）	
游戏方式	猫猫的样子	躲猫猫	趣味狗狗小窝	我来照顾你
游戏功能	幼儿在观察小猫、抚摸小猫中更细致地观察小猫特征，激发幼儿喜欢小动物的情感	幼儿与同伴互动，一个幼儿在猫猫小窝隔层藏东西，其他幼儿去寻找，感受"找"的乐趣	幼儿利用毛绒娃娃在狗狗小窝玩情境游戏，提高语言表达能力，激发想象力	幼儿将狗狗小窝铺上不同的旧衣服，感知衣服材质不同，小狗窝的柔软程度不同
游戏图片				

科学成果

孩子们，本项目学习到此就接近尾声了，最后请把自己的科学收获贴在或写在这里吧！

我今天帮助小猫制作了窝，做起来才知道，原来建造房子有这么多的科学原理，怎样更牢固？怎样更舒适？都需要反复尝试。

学习评价

教师对幼儿在调查、设计、制作、测试、分享、玩耍等过程中的表现情况进行表现性评价，并引导幼儿进行自评、互评，见表4-5。

表 4-5

评价内容	评价等级 😊😊😊😊😊		
	教师评价	幼儿自评	幼儿互评
对宠物的习性、特征有探究兴趣。能认真完成关于猫窝、狗窝的调查表，调查内容全面			
能根据猫和狗的特点合理设计小窝，发挥同伴互助的优势			
能根据设计方案找寻适宜的制作材料，进行小窝的搭建，能在发现问题后及时解决问题			
测试环节有总结发现问题的能力，能感知猫窝、狗窝搭建的不同科学原理，能进行作品的简单优化			
能大胆展示，较为流畅地表述自己搭建猫窝、狗窝过程中的收获			
总评			

注："优"为5个😊，"良好"为4个😊，"合格"为3个😊，"一般"为1~2个😊。

4.2 课例12：春天花会开

《指南》中指出，经常带幼儿接触大自然，激发其好奇心与探究欲望。如：为幼儿提供一些有趣的探究工具，用自己的好奇心和探究积极性感染和带动幼儿。世界上没有比大自然更好的老师，它将万事万物都毫无保留地展示在幼儿的面前，让幼儿去看、去听、去摸、去发现、去探索。

有一天在幼儿园散步时，幼儿惊奇地发现：玉兰花开了，海棠花开了，还有一些不认识的小花也在园中开了。幼儿置身于春天的自然环境中，感受到了大自然的变化，同时也激起了他们探究花的兴趣：春天会有什么花呢？我们通过一系列的活动，让幼儿走进春天的小花园，观察、发现和探索春天的花，感受春天带来的美好，从而引发幼儿们留住春天的愿望。

1.能用多种感官或动作去探索物体，关注动作所产生的结果，具有初步的科学探究能力。

2.了解制作干花、砸染的特性，知道保存鲜花的简单科学方法。

3.能创造性地计划和设计、绘制草图，并根据草图初步尝试制作鲜花作品。体验由简到难、层层递进的制作过程，感受成就感。

教学流程

"春天花会开"教学流程如图4-5所示。

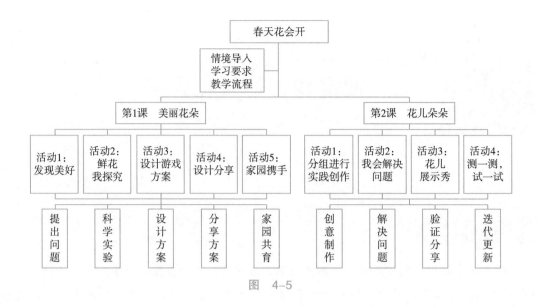

图　4-5

第1课　美丽花朵

1.通过调查，幼儿了解保存鲜花的方法，知道不同方法保留住的花朵效果不同。

2.幼儿能够发现用户的不同需求，敢于设计不同形态的花朵。

3.本课的预期科学成果为幼儿在同伴互助下绘制的保留住花朵的设计方案。

课时安排

2课时，40分钟。

科学探究

活动1：发现美好

教师带领幼儿一起观看了解多种花朵，欣赏不同种类的花朵形态，如图4-6所示。

图　4-6

活动 2：鲜花我探究

在欣赏花朵时，幼儿提出想留住春天的愿望，这激发了他们的探究欲，引发了幼儿一系列的疑问：怎么保留住鲜花的样子呢？摘下来插在花瓶里面吗？可是这样花朵会枯萎啊？带着自己的问题，幼儿在科学活动室里做保留鲜花的实验，开始自己的探究游戏。

1. 教师提供各种不同的材质、大小、形状的材料，如书本、鲜花、石头、锤子、各种布、帽子等。

2. 幼儿开始利用石头砸放在布上的花朵，于是布上就染上了花朵的颜色。砸得重就只有一些颜色，砸得稍微轻一点，还可以看到些许花朵的纹路。幼儿得出结论：植物纹理不同，敲砸后，它们会被氧化成不同的色彩，受力面积越小的工具越好用。

3. 每组幼儿根据尝试结果，选择了自己小组留住春天美丽花朵的最佳方式和材料。

活动 3：设计游戏方案

1. 幼儿经过小组讨论商议，最后确定了各组的游戏主题和角色设定为：

第一组：定格美好，分配好扮演的角色：教师 1、教师 2、家长 1、家长 2、幼儿 1、幼儿 2。

第二组：砸染春天，分配好扮演的角色：教师 1、教师 2、幼儿 1、幼儿 2、幼儿 3、幼儿 4。

2. 交流不同角色对于保留鲜花有什么需求。幼儿经过反复商议，得出结论：根据不同角色的需求，我们要设计出不同的效果。如第一组喜欢保留各种鲜花完整的样子，就要将其制作成干花；第二组需要巧妙地敲砸，来砸出各种色彩。

3. 开始绘制设计方案，如图 4-7 所示。

幼儿带着自己的思考与小组成员展开讨论，分工协作，最终设计出了最佳设计方案，教师巡回观察指导。

图 4-7

活动 4：设计分享

幼儿先组内交流自己的设计想法，每组推荐一个代表上台分享设计图纸，说一说小组设计的想法和理念。

在交流不同设计需求时，幼儿研讨出各组需要的材料。第一组将纸折一折，花放一放，再用书压一压，等待几天后能够得到成品，最后将干花书签夹在自己的书中；第二组尝试不同的工具，锤子或者石块、积木，敲砸出植物的汁液，在敲砸中，在棉布上留下了植物的自然印记。

活动 5：家园携手

为了使幼儿更深入地认识干花和砸染，教师将设计方案拍照发送给家长，鼓励家长利用去科技馆、上网搜索、咨询专业人员等方式，带领幼儿做亲子调查，调查表见表 4-6。

表 4-6

留住春天

班级：　　　　　　　　　姓名：

你见过哪些花朵	如何保存鲜花，需要什么材料

1. 幼儿与家长探讨并完善设计方案，继续收集有关解决"保留效果"这一问题的策略方法。

2. 家长和幼儿一起探寻鲜花保留效果的办法，体现家、园、社一体化育儿。

第 2 课　花儿朵朵

探究目标

1. 幼儿能够根据小组商议的设计方案初步进行以保存鲜花为目的的制作，在科学制作中提升执行力以及行动力。

2. 在完成科学实践后，幼儿收获成功的喜悦，并大胆展示作品，提升口语表达能力，培养表现力。

3. 本课的预期科学成果为幼儿将自己的想法落到实践之中，有效协作制作的干花、砸染。

⭐ 课时安排

2 课时，40 分钟。

⭐ 材料选择

本次活动分 2 组进行，花朵、书本、积木、纸巾、锤子、石头、帆布包、T 恤、透明胶带、固体胶、安全剪刀等材料和工具由 2 个小组根据创作所需自主选择。部分材料和工具如图 4-8 所示。

图　4-8

⭐ 科学探究

活动 1：分组进行实践创作

1. 根据分组以及设计方案，幼儿进行制作材料的再次商议和确定。

2. 小组分工合作进行实践创作，幼儿根据自己的角色定位，在欢乐的游戏中大胆尝试，实践自己的想法，教师巡回观察指导，如图 4-9 所示。

图　4-9

活动 2：我会解决问题

发现问题、解决问题，小组成员积极开动脑筋解决创作中的问题，教师有效支持幼儿的有意义学习，见表 4-7。

表　4-7

制作项目	发现的问题	解决策略
干花	花朵在制作过程中被破坏结构，烂了	用书本压的花可以在其上下两面各加一张纸巾吸收花朵的水分
	压的时候会出水，弄脏书本	
砸染	砸不出完整的图案	幼儿砸染时发现，受力面积越小的工具越好用，而植物的选择也很重要，植物纹理不同，敲砸后，它们会被氧化成不同的色彩，干的植物印不出颜色，要选择湿润的
	有的花朵叶子印不出颜色	

活动 3：花儿展示秀

幼儿分组展示作品：2 个小组轮流上台，在幼儿主讲人的带头下，小组成员补充说明，进行展示汇报。

教师有效引导幼儿，请幼儿介绍作品的样式、所选择的材料和工具、作品的功能及特点，以提升幼儿的反思总结能力，见表 4-8。

表　4-8

小组	花朵作品	材料和工具	功能及特点
第一组	干花 	书本、纸巾、花朵等	在整个过程中既能丰富幼儿对制作干花方法的了解，也能培养他们细心、耐心的品质，在尝试与实践中幼儿有了自己的发现
第二组	砸染 	花朵、锤子、石头、帆布包、透明胶带等	"草色锤染身上衣，映红犹闻彩花香"，只要一块布、一块石头或锤子，加上美丽的花花草草，一件"原形原色"的作品就完成啦！大自然给予了幼儿无限创造的机会

活动 4：测一测，试一试

1. 科学小测试：在玩一玩、试一试中，幼儿再次感受花朵的魅力。如干花可以制作成书签放在书本里面，作为看书进度的标记。

2. 玩一玩，看一看：游戏记录见表 4-9。

表　4-9

游戏名称	第一组：干花变幻 （干花变幻的快乐，令幼儿欣喜）		第二组：幼儿园故事会与走秀 （趣味倾听与表达）	
游戏方式	书签	写生花	故事我来说	走秀
游戏功能	幼儿将制作的干花放在自己阅读的书里面作为标记	将干花进行位置摆放，再进行写生绘画	2 个或多个幼儿手拿砸染的 T 恤、帆布包进行"故事"的讲述	将砸染的 T 恤穿身上，背好砸染的帆布包进行走秀
游戏图片				

科学成果

孩子们，本项目学习到此就接近尾声了，最后请把自己的科学收获贴在或写在这里吧！

我将春天的花"留"在了我的包包上，美丽的包包上是花的汁液，彩色的汁液汇在一起就是一幅画，我喜欢这样的科学创作！

我把花夹在书页间，花已经变成了干花，没有水分，但是有颜色……这是一次奇妙的科学探索！

学习评价

教师对幼儿在调查、设计、制作、测试、分享、玩耍等过程中的表现情况进行表现性评价，并引导幼儿进行自评、互评，见表 4–10。

表　4–10

评价内容	评价等级 ☺☺☺☺☺		
	教师评价	幼儿自评	幼儿互评
调查资料细致全面，知识丰富，有共享意识，能在集体面前较完整地发表调查观点			
有分工协作意识，乐意承担研究任务。打开思路，大胆设计出保留鲜花的作品效果			
有根据设计方案找制作材料的意识，能有效落实自己的设计想法。组员有担当意识，能积极完成自己在组内担任的任务			
测试环节能够细致观察，发现干花与鲜花之间的关系，喜欢探究			
有展示评价的意识，能够听取他人意见，进行观点的交换，有效改进作品			
总评			

注："优"为 5 个 ☺，"良好"为 4 个 ☺，"合格"为 3 个 ☺，"一般"为 1~2 个 ☺。

4.3 课例13：神奇的大蒜

《幼儿园教育指导纲要（试行）》中指出，要尽量创造条件让幼儿实际参加探索活动，使他们感受探究的过程和方法，体验发现的乐趣。幼儿园的种植活动因其自然、生动、丰富多彩深深地吸引着幼儿，幼儿亲手种植、亲自管理、亲眼发现、亲历成长，实现了自然课堂下真实经验的主动获得，是幼儿园科学探究活动的重要组成部分。

大蒜是生活中常见的食物之一，幼儿经常会在家里的厨房或美味的菜肴中发现大蒜的身影。有一天午餐时，幼儿在蔬菜里面发现了一些白白的蒜片，有些幼儿把蒜片挑出来，嘴里还嘀咕着"我可不喜欢吃大蒜。""我也不喜欢吃。"饭后，老师去厨房找来一些大蒜给幼儿，他们围在一起讨论了起来……

1. 了解大蒜，知道大蒜的基本结构，了解大蒜种植所需环境、生长规律及其种类。

2. 了解大蒜的功效与作用。

3. 运用不同材料和方法营造适宜大蒜生长的环境。收集瓶子、铲子、水壶等材料工具进行种植，培养探究思维，提高动手动脑以及解决问题的能力。

教学流程

"神奇的大蒜"教学流程如图4-10所示。

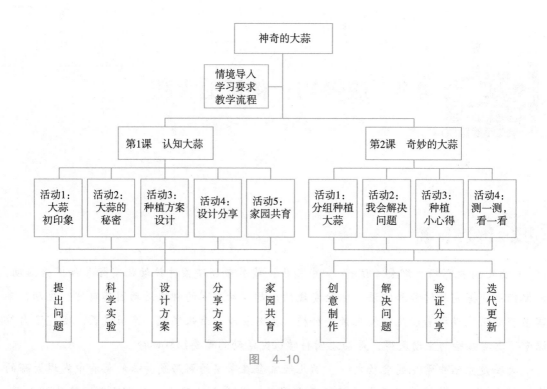

图　4-10

第1课　认知大蒜

探究目标

1. 通过调查，幼儿了解大蒜的基本结构和大蒜水培、土培所需的环境，知道不同种植方式需选择不同的生长环境。

2. 幼儿根据不同人的特点和需要，设计制作大蒜不同的种植方案。

3. 本课的预期科学成果为幼儿绘制的大蒜的不同方式的种植方案。

课时安排

2课时，40分钟。

科学探究

活动1：大蒜初印象

通过看一看、摸一摸、闻一闻、剥一剥的方式，幼儿对大蒜有了初步的认识和了解。在剥蒜过程中，有一些幼儿不用老师指导，可以完全独立地把蒜的外衣剥开，这不仅说明幼儿的精细动作发展突出，也可以看出幼儿会主动运用生活中的已有经验。

活动2：大蒜的秘密

观察大蒜的过程激发了幼儿的好奇心，他们提出了一系列问题：为什么大蒜会长成这样子？大蒜的生长过程是什么？采用不同的种植方式，大蒜的生长过程会不一样吗？于是，他们在户外种植区和科学探索室分别进行了种植，开始自己的探究游戏。

1. 教师提供大蒜头，幼儿准备水培器皿、便利贴、记号笔等。

2. 幼儿开始在户外种植区和科学探索室，分别种植大蒜，进行科学实验。经过一段时间的观察，幼儿发现土培大蒜头需要将小蒜头分离，不能整个栽进土里，因为蒜头与蒜头之间需要一些间隙；水培的大蒜头可以不用剖离，直接让根部接触水面就可以了。最后大家得出结论：不同的种植方式，蒜头的处理方式不一样。

3. 每个小组根据自己兴趣，选择了不同的种植方式。

活动 3：种植方案设计

1. 幼儿分组讨论，最后确定各组的种植定位和角色设定分别是：

第一组：水培大蒜，分配好角色：护水员、根茎安全员、叶片测量员等。

第二组：土培大蒜，分配好角色：浇水小达人、杂草消灭者、叶片测量员等。

2. 开始设计，大家分工协作，设计最佳种植方案。

幼儿根据已有经验，分组讨论种植需要的设备、种植的地点、种子的准备等，做好种植方案，如图 4-11 所示。幼儿根据不同角色分配任务，教师巡回指导。

图 4-11

活动 4：设计分享

幼儿以小组为单位，介绍自己设计的图纸，分享自己的种植方案及注意事项。

在设计的过程中，幼儿根据不同的种植方法分组。第一组想用矿泉水瓶做种植大蒜的器皿，种植水培大蒜；第二组准备将大蒜埋在土里，种植土培大蒜。

活动 5：家园共育

为了使幼儿更进一步了解大蒜种植的方式方法，鼓励家长带领幼儿做亲子调查，调查表见表 4-11。

表　4-11

大蒜，我知道

班级：　　　　　　　　姓名：

你见过什么样的大蒜	它的生长方式有哪些

1.教师支持幼儿将设计图纸带回家，与家长共同探讨并对其进行完善。通过这样的方式，帮助幼儿更加深入地了解大蒜的相关知识，从而丰富自己的知识储备。

2.家长可借助个人资源，与幼儿共同探索种植方法，实现家、园、社协同育人。

第 2 课　奇妙的大蒜

探究目标

1.幼儿能够根据设计方案种植大蒜，在种植大蒜的过程中会用铲子、水壶等工具。

2.幼儿运用不同材料和方法营造适宜大蒜生长的环境，并能进行大蒜种植过程中长短、大小、多少的比较。

3.本课的预期科学成果为幼儿通过不同方式种植的大蒜。

课时安排

2 课时，40 分钟。

材料选择

本次活动分 2 组，每组提供足够的大蒜，第一组提供矿泉水瓶、安全剪刀、记号笔、便笺纸、尺子等，第二组提供铲子、水壶、尺子等。部分材料和工具如图 4-12 所示。

图　4-12

科学探究

活动 1：分组种植大蒜

1.按照分组，根据种植方案，幼儿选取适宜的材料种植大蒜。

2.小组分工种植，每个幼儿根据自己的角色分工，协同合作，在充满乐趣的角色扮演游戏中，享受种植的快乐，如图 4-13 所示。教师则负责在种植过程中进行巡回指导，给予必要的支持，确保种植活动的有序进行。

图　4-13

活动 2：我会解决问题

依据种植过程中发现的问题，寻找解决策略，教师引导并提供必要的支持，见表 4-12。

表　4-12

制作项目	发现的问题	解决策略
水培大蒜	矿泉水瓶开口处与大蒜大小不相吻合，有的开口大、有的开口小	多次尝试后，幼儿发现把剪掉的瓶口，反过来放进瓶子，大蒜放在上面就不会掉到瓶底；不用接太满的水，以免水洒出来
	矿泉水瓶里需要装满水，水才能接触到大蒜，移动瓶子时容易洒水	
土培大蒜	种植中，大蒜之间有的近，有的远	小组内讨论后，决定先用铲子挖出一条土坑，再把大蒜掰开，一个一个地放进土坑，排列整齐
	整颗大蒜种植，挖洞大小和深度也不一样	

活动 3：种植小心得

一周以后，大蒜都发芽了。2 个小组分别上台，展示汇报自己的劳动成果，展示一周的观察记录。

教师将幼儿的劳动成果进行拍照记录，并邀请幼儿分享科学探索中的种植作品、所选用的材料和工具、种植的功能及特点，见表 4-13。

表　4-13

小组	种植作品	材料和工具	功能及特点
第一组	水培大蒜	大蒜、矿泉水瓶、安全剪刀、记号笔、便笺纸、尺子等	取材方便，幼儿对大蒜生长过程观察一目了然；大蒜生长较快，适合植物观察活动

（续）

小组	种植作品	材料和工具	功能及特点
第二组	土培大蒜 	大蒜、铲子、水壶、尺子等	大蒜种植后养护较便捷，幼儿能够亲手将大蒜种在土壤中，体验种植的乐趣，同时也能够观察到大蒜在土壤中的生长情况，对于植物生长的条件和过程有了更深入的了解

活动4：测一测，看一看

1. 科学小测试：观察比较水培大蒜与土培大蒜生长过程中的区别；测量并记录大蒜在不同种植方式下的生长情况，如高度、叶片数量等。教师引导幼儿更深入地了解大蒜的生长过程及生长条件，培养其观察力、动手能力和科学探究精神。

2. 测一测，看一看：游戏记录见表4-14。

表　4-14

游戏名称	第一组：探索大蒜的秘密 （植物生命之旅，一场有爱的探索）		第二组：大蒜变身记 （趣味大蒜，美食与快乐不可辜负）	
游戏方式	大蒜大比拼	根茎的秘密	美味腊八蒜	大蒜穿新衣
游戏功能	利用尺子测量大蒜生长的高度，学习测量方法	观察大蒜根茎的生长，绘出观察记录图	师幼共同制作腊八蒜，体验不同风味的大蒜美食	为冬天的大蒜制作温室大棚，帮助大蒜在冬天快速生长
游戏图片				

科学成果

孩子们，本项目学习到此就接近尾声了，最后请把自己的科学收获贴在或写在这里吧！

水培的大蒜，我可以很好地观察到根部，我看到很多长长的根须，它们在吸收养分，生命真神奇，科学太有趣啦！

土培的大蒜，大蒜苗长得高高的，我定期浇水，照顾着它。大蒜是植物，是食物，科学太有用啦！

学习评价

　　教师对幼儿在调查、设计、制作、测试、分享、玩耍等过程中的表现情况进行表现性评价，并引导幼儿进行自评、互评，见表 4-15。

表　4-15

评价内容	评价等级 😊😊😊😊😊		
	教师评价	幼儿自评	幼儿互评
关于大蒜种植的资料收集全面且丰富。能清晰、有条理地表述调查结果			
明确自己的任务分工并主动执行分工任务。认真观察，与同伴共同进行种植计划的制订			
能根据设计方案找寻适宜的制作材料。按照分工，积极合作种植大蒜			
能仔细地观察植物生长，测量环节能选择不同的材料进行测量，积极学习测量方法			
能大胆分享自己的见解，在游戏中发现问题，解决问题			
总评			

　　注："优"为 5 个 😊，"良好"为 4 个 😊，"合格"为 3 个 😊，"一般"为 1~2 个 😊。

4.4 课例14：草莓的秘密

我国著名教育家陈鹤琴先生曾提出"大自然、大社会都是活教材"的观念，儿童在与自然、社会的直接接触中，亲身观察、体验，获得经验和知识。《指南》中指出，3~4岁幼儿喜欢接触大自然，对周围的很多事物和现象感兴趣。

此项科学探索活动缘起于幼儿兴趣，草莓是幼儿非常喜欢的水果之一，当幼儿吃到草莓的时候是非常开心的，幼儿会边吃边讨论有关草莓的秘密，兴奋极了！有的小朋友舍不得吃，想要慢慢品尝，就会让草莓在嘴里变成草莓酱一点一点往肚子里咽，他们觉得草莓酱也格外好吃，科学探索活动跟随着幼儿兴趣的发展应运而生，探"莓"之旅开始啦！

1. 了解草莓汁和草莓酱的不同形态，亲自动手制作草莓汁和草莓酱，观察草莓在不同处理下的变化。

2. 通过实验，理解固体和液体之间的转换关系，对物质的变化有更深入的认识。

3. 通过测量草莓的重量和体积，按比例添加糖分和其他配料，以及估算制作时间和成本等，建立科学思维，提升解决问题能力。

"草莓的秘密"教学流程如图4-14所示。

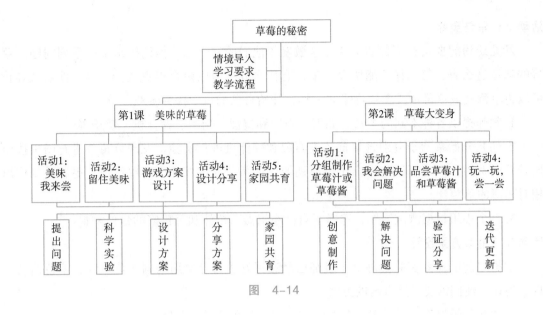

图 4-14

第 1 课 美味的草莓

探究目标

1.通过调查，幼儿了解制作草莓酱和草莓汁的方法和工具，知道用不同工具制作出来的草莓酱和草莓汁所用的时间不同。

2.幼儿根据需要，设计制作草莓汁和草莓酱的方案。

3.本课的预期科学成果为幼儿在小组协助下绘制的制作草莓汁和草莓酱的设计方案。

课时安排

2 课时，40 分钟。

科学探究

活动 1：美味我来尝

教师分发草莓，请幼儿来品尝，如图 4-15 所示，幼儿探讨怎样把草莓的美味留存更久。

图 4-15

活动2：留住美味

幼儿纷纷想要留存草莓的美味，这激发了他们的好奇心，他们提出了一系列问题：草莓的味道这么香，怎么样才能留存下来？有什么方法可以留存得更久？于是，他们就寻找可以将草莓变成草莓汁或者草莓酱的工具，开始自己的科学探究游戏。

1. 教师提供各种不同的工具，如刀、石臼和捣锤、勺子、榨汁机、铲子等。

2. 幼儿开始拿勺子分别将草莓装进石臼和榨汁机进行实验，发现草莓放进石臼里按压比较费时费力，但是可以制作出比较浓稠的草莓酱；放进榨汁机简单便捷，更容易制作出相对稀薄的草莓汁。

3. 每个小组根据测试结果，选择了自己小组做草莓汁和草莓酱的最佳材料。

活动3：游戏方案设计

根据之前的探究实验，每个小组都已经选择好了自己要用的制作草莓汁、草莓酱的工具。现在，他们需要设计自己的方案。

1. 幼儿分组讨论，最后确定各组的游戏主题和角色设定分别是：

第一组：草莓汁工坊。分配好扮演的角色：草莓汁制作师、服务员、小客人。

第二组：草莓酱工坊。分配好扮演的角色：草莓酱制作师、包装师、小客人。

2. 教师引导幼儿思考：你们想要怎样制作草莓汁或草莓酱？应该有哪些步骤？你们打算使用哪些工具来制作？

3. 每个小组开始设计自己的方案，并绘制出设计方案。教师可以提供一些可供参考的设计图和绘图工具，帮助幼儿更好地完成设计。

4. 在设计过程中，教师鼓励幼儿发挥创意，尝试不同的设计思路，并帮助他们解决设计中的问题。

幼儿根据已有经验，分组设计图纸，如图4-16所示，幼儿根据不同角色分配任务，教师巡回指导。

 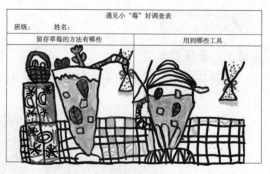

图　4-16

活动4：设计分享

幼儿以小组为单位，上台对自己设计的图进行介绍，说一说自己的想法和理念。他们描述着如何将新鲜的草莓变成美味的草莓汁或草莓酱，以及如何在这个过程中发现草莓的秘密。有的幼儿提出在草莓工坊中，可以设置一个小型的品尝区，让大家都能品尝他们亲手制作的草莓产品等。

活动5：家园共育

为了使幼儿了解制作方法，幼儿将设计图带回家，鼓励家长带领幼儿做亲子调查，调查表见表4-16。

表   4-16

保留草莓味道的调查表

班级： 姓名：	
制作草莓汁或者草莓酱要用到哪些工具	你还知道留存草莓味道的其他方法吗

1. 教师建议幼儿可以将设计图纸带回家，与家长探讨并完善，同时继续收集有关解决这一问题的办法。

2. 家长可以利用自己的资源，和幼儿一起探寻制作草莓酱或草莓汁的方法，体现家、园、社一体化育儿。

第 2 课　草莓大变身

探究目标

1. 幼儿能利用调查总结的知识经验，选择合理的工具做草莓汁或熬草莓酱。

2. 在科学探索过程中，幼儿能体验与同伴分工合作的乐趣。

3. 本课的预期科学成果为幼儿根据自己选择出来的制作工具制作的草莓汁或草莓果酱。

课时安排

2 课时，40 分钟。

材料选择

本次活动分 2 组，材料和工具包括锅具、碗、勺子、刀具、石臼和捣锤、榨汁机、草莓等。部分材料和工具如图 4-17 所示。

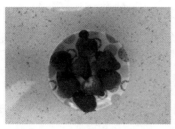

图　4-17

⭐ 科学探究

活动1：分组制作草莓汁或草莓酱

1. 按照分组，根据设计方案，幼儿讨论制作草莓汁需要用到的工具和方法或草莓酱的熬制需要注意什么。

2. 小组分工制作，两组分别选取需要的工具，在制作过程中体验草莓从一个完整的果实变成汁水的过程或经过熬制变成草莓酱的过程，感受科学的神奇，如图4-18所示。

图　4-18

活动2：我会解决问题

依据制作过程中发现的问题，寻找解决策略，教师引导并提供必要的支持，见表4-17。

表　4-17

制作项目	发现问题	解决策略
草莓汁	在制作过程中，石臼中捣出来的草莓汁不够细腻，有很多渣子	几番尝试后，幼儿决定将石臼中捣出来的草莓汁进行过筛，过滤掉里面的残渣
草莓酱	在熬制草莓酱的过程中，幼儿发现非常容易出现熬糊锅的情况，或者熬了很久，但还是没有干，就盛出来了	火候的控制很难，最终幼儿决定用电磁炉进行熬制，这样火候更好掌控

活动3：品尝草莓汁和草莓酱

两个小组把制作出的草莓汁和草莓酱分发给其他幼儿进行品尝，幼儿都非常喜欢，品尝得非常开心。作品的样式、每组选择的材料和工具、作品的功能及特点见表4-18。

表　4-18

小组	草莓作品	材料和工具	功能及特点
第一组	草莓汁	榨汁机、草莓、刀具等	口感细腻，浓浓的草莓味刺激着幼儿的味蕾，幼儿开心极了
第二组	草莓酱	石臼和捣锤、锅具、刀具、碗、勺子等	一口一口地品尝着美味的草莓，幼儿感受着劳动收获的快乐

活动4：玩一玩，尝一尝

1.科学小测试：幼儿在玩一玩、尝一尝中，再次感受草莓的美味，同时，幼儿也知道了草莓可以通过挤、压、榨变成不同的形态，口感不同，但味道都很美味。

2.玩一玩，尝一尝：游戏记录见表4-19。

表　4-19

游戏名称	第一组：美味的草莓汁 （汁液的流动刺激着味蕾，更激发着兴趣）		第二组：可口的草莓酱 （勤劳小手制作万能草莓酱，搭配什么都美味）	
游戏方式	你一口，我一口	分享快乐	酱味十足	草莓酱大变身
游戏功能	幼儿进行草莓汁品尝活动，在你一口我一口中感受自己动手制作美食的快乐	幼儿将自己亲手制作的草莓汁分享给同伴、老师，感受分享的快乐	幼儿自选一份食物，如面包、馒头等，自主搭配草莓酱进行美食的品尝，收获劳动的喜悦	幼儿将草莓酱放在盘子里摆出不同造型，交流红色可以代表什么？感知草莓酱颜色的美
游戏图片				

科学成果

孩子们，本项目学习到此就接近尾声了，最后请把自己的科学收获贴在或写在这里吧！

自己动手制作的草莓汁，真的是太美味了，握在手里的草莓变成了端在手里的果汁，科学真好玩！

我自己动手，用了很大的力气制作了草莓酱，我看着草莓一点一点变碎，发生着变化，我喜欢这样的探索，太有趣啦！

学习评价

教师对幼儿在调查、设计、制作、测试、分享、玩耍等过程中的表现情况进行表现性评价，并引导幼儿进行自评、互评，见表4-20。

表　4-20

评价内容	评价等级 😊😊😊😊😊		
	教师评价	幼儿自评	幼儿互评
喜欢草莓，有资料收集全面且丰富的意识和能力，能大胆表述自己的调查结果和设计理念			
主动执行角色中的分工任务，相互协作，大胆想象，敢于进行制作草莓汁或草莓酱方法的梳理			
能利用调查总结的知识经验，选择适宜的工具做草莓汁或熬草莓酱。在科学实践过程中，能体验与同伴分工合作的乐趣			
测试环节认真总结、比较，懂得制作草莓汁、草莓酱的科学原理			
能大胆展示，在游戏中体验制作草莓汁、草莓酱的快乐，能对自己的作品进行改进			
总评			

注："优"为5个😊，"良好"为4个😊，"合格"为3个😊，"一般"为1~2个😊。

4.5　课例15：美丽的蝴蝶

  "大自然、大社会都是活教材"，幼儿是在大自然、社会生活中学习，教师应该以大自然、大社会为中心组织课程。《指南》中指出，3~4 岁幼儿喜欢接触大自然，对周围的很多事物和现象感兴趣。"这要求教师要对幼儿的发展发挥很大的支持作用。作为教师应注重发挥环境的教育价值，支持幼儿快乐、有意义的成长。

  春暖花开，正是播种好时节，幼儿在植物角忙碌着。这时翩翩起舞的蝴蝶吸引了他们，大家欢呼着，追随着蝴蝶在草地上奔跑欢笑着。幼儿在喜悦中发出了一系列好奇之问："蝴蝶是怎么来的？""蝴蝶也是从蝴蝶妈妈的肚子里生出来的吗？"……顺应幼儿的兴趣，师幼进行了关于蝴蝶的探索之旅，一场蝴蝶演变游戏开始啦！

  1. 了解蝴蝶的演变过程，知道"卵—蝴蝶幼虫—蛹—蝴蝶成虫—卵"的生命循环全过程，学会观察蝴蝶不同阶段的形态、结构特征等。

  2. 知道蝴蝶是一类非常美丽的昆虫，躯体分为头、胸、腹三部分。

  3. 在探索中愿意运用各种撕、粘、贴方法，展现蝴蝶的一生，优化自己的制作过程，培养科学核心技术的应用能力。

  "美丽的蝴蝶"教学流程如图 4-19 所示。

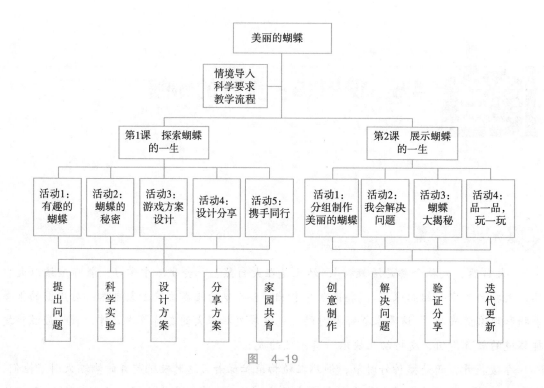

图 4-19

第1课 探索蝴蝶的一生

探究目标

1. 通过调查，幼儿了解蝴蝶一生的演变过程以及呈现蝴蝶一生的方式方法，知道用不同形式以及材料呈现出来的效果不同。

2. 幼儿根据不同角色的需求，设计制作不同的蝴蝶演变过程图。

3. 本课的预期科学成果为幼儿在团队协作下绘制的呈现蝴蝶一生的设计方案。

课时安排

2课时，40分钟。

科学探究

活动1：有趣的蝴蝶

教师按组分发呈现蝴蝶一生的不同作品，有绘本、图片、标本等，幼儿跟随音乐一起自由观察欣赏。

活动2：蝴蝶的秘密

在欣赏上述作品的过程中，幼儿发出"哇哇"的惊叹声，同时，幼儿提出了诸多疑问：为什么蝴蝶会这么美丽？蝴蝶是怎么由毛毛虫变成的？不同的毛毛虫会变成不同的蝴蝶吗？于是，幼儿带着自己的疑问，开始寻找能呈现蝴蝶一生的材料，开启关于蝴蝶一生的探索游戏。

1. 教师提供 KT 板、锡箔纸、皱纹纸、卡纸、超轻粘土、水彩笔、蜡笔、瓶子、绒球等。

2. 幼儿自主拿取卡纸、超轻粘土，进行折叠或揉捏等不同的制作尝试。他们发现卡纸做蝴蝶的翅膀很合适，会很灵动，超轻粘土制作卵以及毛毛虫很合适；如果在一个平面板子上完整展示可以很直观，做成折叠式的会更有神秘感等。

3. 幼儿根据自己的尝试结果，选择出了自己需要的能呈现蝴蝶一生的最佳材料。

活动 3：游戏方案设计

1. 幼儿经过讨论，最后确定各组的游戏定位和角色设定分别是：

第一组：家庭游戏，分配好扮演的角色：爷爷、奶奶、爸爸、妈妈、大宝、二宝。

第二组：语言游戏，分配好扮演的角色：老师 1、老师 2、幼儿 1、幼儿 2、幼儿 3、幼儿 4。

2. 商议不同角色喜欢如何呈现蝴蝶的一生，以便满足用户的需求，幼儿经过讨论，得出结论：每个人扮演的角色不同，喜欢的呈现方式也不同。如爷爷喜欢简约的，奶奶喜欢颜色鲜艳的，爸爸、妈妈喜欢大气的，老师则喜欢操作性强的，小朋友喜欢折叠有趣的……

3. 幼儿开始分工设计，在协商沟通下，设计出最佳设计方案。

幼儿根据前期讨论、尝试的结论，分组设计图纸，如图 4-20 所示。幼儿根据自己的角色承担不同的任务，教师一旁观察，给予幼儿必要的支持。

图　4-20

活动 4：设计分享

幼儿以小组为单位，推荐一个代表上台分享设计图纸，团队成员适当补充，完整介绍团队的想法与理念。

在协商设计中，幼儿根据设计想法，初步构思所需要的制作材料。第一组想制作蝴蝶一生的展板，采用鲜艳、明亮的颜色，制作醒目的展板，便于爷爷、奶奶等家人们欣赏；第二组则想将折叠书的形式引用进来，制作一页一页的折叠效果，增强操作性，满足小朋友喜欢猜想的兴趣。

活动 5：携手同行

为了更好地了解蝴蝶的一生，发现更好的呈现效果，教师将幼儿的设计图纸拍成照片发送给家长，鼓励家长带领幼儿做亲子调查，调查表见表 4-21。

表 4-21

蝴蝶的一生，我知道

班级：　　　　　　　　姓名：

你见过"蝴蝶的一生"吗	怎样呈现"蝴蝶的一生"更生动？可以使用什么材料呢

1. 幼儿与家长探讨并完善设计方案，鼓励幼儿与家人一起继续收集有关科学探究问题的解决办法。

2. 鼓励家长利用去昆虫博物馆、上网查询等方式，和幼儿一起探寻蝴蝶一生的秘密，想到更好地呈现蝴蝶一生的方法，体现家、园、社一体化育儿。

第 2 课 展示蝴蝶的一生

探究目标

1. 幼儿有根据设计方案制作蝴蝶一生变化的能力，在制作中能够有效运用各种材料，提高动手能力以及手眼协调性。

2. 在展示、介绍作品中，幼儿能够清晰地介绍自己团队的想法，体验与他人共同合作进行科学制作的快乐，提升表现力。

3. 本课的预期科学成果为幼儿根据设计方案分组制作的呈现蝴蝶一生的作品。

课时安排

2 课时，40 分钟。

材料选择

本次项目活动分 2 组，KT 板、锡箔纸、超轻粘土、卡纸、水彩笔、蜡笔、亮光纸、皱纹纸、订书机等材料和工具由 2 个小组自主选择，此外还有双面胶 2 卷（每组 1 卷）、透明胶带 2 卷（每组 1 卷）、安全剪刀 4 把（每组 2 把）、泡沫胶 4 个（每组 2 个），部分材料和工具如图 4-21 所示。

图　4-21

科学探究

活动 1：分组制作美丽的蝴蝶

1. 根据优化后的设计方案，幼儿按照分组，利用材料进行初步探索尝试。

2. 团队协作制作，幼儿有序根据角色分工进行制作，幼儿在自主自发的探究兴趣驱动下，体验动手解决问题的快乐，如图 4-22 所示，教师基于观察，提供必要的材料支持以及方法建议。

图　4-22

活动 2：我会解决问题

幼儿在主动的探究过程中，遇到问题、解决问题，教师引导并提供必要的支持，见表 4-22。

表　4-22

制作项目	发现的问题	解决策略
蝴蝶展板	展板上的蝴蝶造型怎样做能更加吸引人	幼儿经过反复尝试后，决定用箭头表示蝴蝶一生的演变过程，可以体现出过程性，并且找到了亮光纸作为装饰物，保证了蝴蝶的美观
	展板的蝴蝶一生演变过程不够明显，排列无序	
蝴蝶翻翻书（折叠书）	卡纸怎样翻页更加便捷	在材料的反复尝试下，幼儿发现卡纸需要用打孔的形式，拴上绳子更容易翻页。另外，超轻粘土制作在书中更加生动，但一定要耐心地等一等，干了才能合上书
	翻翻书中只能用绘画的形式吗？怎样更生动	

活动3：蝴蝶大揭秘

幼儿分组展示作品：2个小组分别上台，展示介绍作品。

教师支持幼儿选择合适的方式展示作品，幼儿小组内商议怎样介绍作品的样式、使用的材料和工具、作品的功能及特点，见表 4-23。

表　4-23

小组	蝴蝶作品	材料和工具	功能及特点
第一组	蝴蝶展板	KT板、锡箔纸、亮光纸、卡纸、双面胶、泡沫胶、水彩笔等	醒目、清晰明了，利于观察蝴蝶一生的演变过程，深得观赏者的喜爱，蝴蝶的模样活灵活现
第二组	蝴蝶翻翻书（折叠书）	卡纸、订书机、超轻粘土、水彩笔、蜡笔、双面胶、泡沫胶等	翻翻书利于幼儿操作，一页一页带有神秘感地翻阅，有效地激发了幼儿的想象力，幼儿喜欢玩翻翻书

活动4：品一品，玩一玩

1.科学小测试：2个小组分别进行蝴蝶一生的演变介绍和操作演示。如卵—蝴蝶幼虫—蛹—蝴蝶成虫—卵等，进一步感知生命蜕变的奇妙，懂得敬畏生命，热爱大自然。幼儿发现问题，及时进行迭代更新。

2.玩一玩：游戏记录见表 4-24。

表 4-24

游戏名称	第一组：我爱我家 （家庭中的每个成员都是至关重要的存在）		第二组：说说真快乐 （大胆地表达也是思维发展中必不可少的一环）	
游戏方式	我是蝴蝶	蝴蝶鉴赏师	蝴蝶使者	蝴蝶变变变
游戏功能	和"家人"一起，每个人进行蝴蝶一生不同阶段的扮演，进行不同状态的表演，丰富幼儿对于蝴蝶演变的感性认知	幼儿将和爸爸、妈妈一起制作的蝴蝶带到幼儿园，同伴一起欣赏不同蝴蝶的美，感知对称、不同花纹、线条特点等知识	幼儿装扮成蝴蝶的模样，进行爱护蝴蝶的宣传，引发同伴都能关注蝴蝶、喜爱蝴蝶	幼儿手持翻翻书和同伴一起说一说每个阶段的蝴蝶都在做些什么？引发同伴对于科学知识的探索
游戏图片				

科学成果

孩子们，本项目学习到此就接近尾声了，最后请把自己的科学收获贴在或写在这里吧！

蝴蝶的一生也太神奇啦！我呈现的形式是一个接着一个的圈圈，生命是一代接着一代的，蝴蝶生命演变也是如此！

我观察到了蝴蝶的一生，一直在变化，我喜欢这样的科学观察和创作，每一个环节的呈现都让我很兴奋！

学习评价

教师对幼儿在调查、设计、制作、测试、分享、玩耍等过程中的表现情况进行表现性评价，并引导幼儿进行自评、互评，见表4-25。

表　4-25

评价内容	评价等级 ☺☺☺☺☺		
	教师评价	幼儿自评	幼儿互评
幼儿资料收集细致，有全面调查的意识，愿意表达自己以及团队的调查结果以及设计理念			
在角色中，幼儿有主动承担任务的意识，分工执行任务，敢于利用不同的方式呈现蝴蝶的一生			
幼儿有根据设计方案以及协商结果，找寻合适材料的意识，根据角色分工，幼儿有责任意识，能够积极协作进行科学创作			
测试中幼儿条理清晰，思维灵活，能够完整清晰地介绍蝴蝶一生，从而感知生命科学的有趣			
幼儿有分享意识，在游戏中感知蝴蝶存在的意义，对团队作品有集中优化的意识，能初步自我反思			
总评			

注："优"为5个☺，"良好"为4个☺，"合格"为3个☺，"一般"为1~2个☺。

· 科学与工程精品课程资源丛书 · 丛书主编 光善慧

边玩边学的科学

精品课例教学指导

幼儿园中班

◎ 光善慧 李黎 著

助你成为
幼儿科学教育
高手

机械工业出版社
CHINA MACHINE PRESS

本书分为小班、中班和大班3册，以《3-6岁儿童学习与发展指南》中科学领域的要求为编写指导，致力提升幼儿园教师的科学教学设计能力，通过以科学为核心的跨学科学习，让幼儿玩中学、做中学，提高幼儿科学素养。本分册为中班分册，有"建筑大师，我体验""科学探索，我能行"和"自然探索，我成长"3章，共12个精品课例教学指导，它们均是来自一线教师实践过的优秀课例。这些课例教学指导一方面注重培养幼儿的科学核心技能，落实五大领域素养；另一方面，实现了教学评一体化，侧重于幼儿高阶思维的培养。

本分册可作为幼儿园中班教师开展科学教育和跨学科教学的参考资料，为其开展科学教育提供脚手架。

图书在版编目（CIP）数据

边玩边学的科学：精品课例教学指导.幼儿园中班 /
光善慧，李黎著. -- 北京：机械工业出版社，2024.

12. -- ISBN 978-7-111-77212-5

Ⅰ. G613.3

中国国家版本馆CIP数据核字第2024YV9164号

机械工业出版社（北京市百万庄大街22号　邮政编码100037）
策划编辑：熊　铭　　　　　　责任编辑：熊　铭　彭　婕
责任校对：潘　蕊　牟丽英　　责任印制：张　博
北京联兴盛业印刷股份有限公司印刷
2024年12月第1版第1次印刷
184mm×260mm · 8.75印张 · 140千字
标准书号：ISBN 978-7-111-77212-5
定价：129.00元（共3册）

电话服务　　　　　　　　　　网络服务
客服电话：010-88361066　　　机　工　官　网：www.cmpbook.com
　　　　　010-88379833　　　机　工　官　博：weibo.com/cmp1952
　　　　　010-68326294　　　金　书　网：www.golden-book.com
封底无防伪标均为盗版　　机工教育服务网：www.cmpedu.com

目 录

建筑大师，我体验

1.1　课例1：“坡”为有趣

《3-6岁儿童学习与发展指南》（以下简称《指南》）中指出，支持、引导幼儿学习用适宜的方法探究和解决问题，或为自己的想法收集证据。幼儿时期是好奇心最旺盛的阶段，科学能力的培养不仅能满足他们对未知世界的探索欲望，还能使他们保持对周围事物的兴趣和热情。教师要善于发现幼儿的科学探究兴趣，发现日常生活中的科学现象，帮助幼儿在探索中发展探究能力。

近期，户外下雨，孩子们和老师一起将一些玩具器械搬进室内。其中，篮球车、小推车等有轮子的玩具在搬进室内时需要经过一段楼梯，而楼梯成了我们进入室内的障碍。“这个楼梯走的时候要很小心。”“楼梯走起来太费力了！”“是呀，轮子根本没法走呀！”“这要是能像滑梯一样有个斜坡就好了！”斜坡能否帮助我们更轻松地运送东西呢？是走楼梯快还是走斜坡快呢？带着这些疑问，我们开始了斜坡的科学探究之旅。

学习要求

1. 了解什么是斜坡，斜坡的作用，结合斜坡在日常生活中的各种用途，思考、设计、搭建有用的斜坡，解决生活中的难题，培养幼儿运用科学思维解决问题的能力。

2. 能根据斜坡的结构特点，综合运用垒高、架空、延长、连接、转弯等搭建技能，搭建出具有稳定性的斜坡，培养幼儿的搭建技能。

3. 能结合具体情况，综合使用各类材料，设计、制作符合特定情境的、安全的斜坡，培养幼儿运用科学思维解决问题的能力。

4. 能初步认知斜坡的空间结构，测量所需斜坡长度，对使用材料的数量、形状等进行目测、比较，搭建出完整的斜坡。

教学流程

“‘坡’为有趣”的教学流程如图1-1所示。

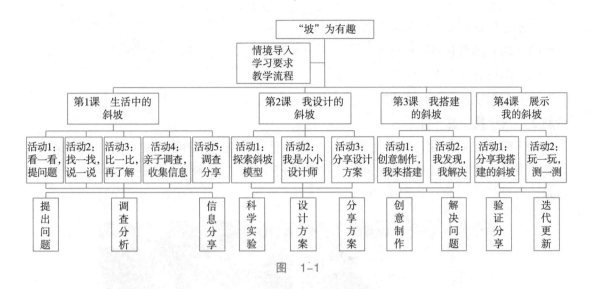

图　1–1

第 1 课　生活中的斜坡

⭐ 探究目标

1. 通过调查，幼儿了解什么是斜坡，对斜坡的空间结构有初步的认知。

2. 探究斜坡在日常生活中的作用和用途。了解日常生活中斜坡无处不在，斜坡的存在便利了人们的生活，使生活更加方便。

3. 本课的预期科学成果为幼儿通过调查完成的斜坡调查表。

⭐ 课时安排

2 课时，50 分钟。

⭐ 科学探究

活动 1：看一看，提问题

1. 教师出示如图 1–2 所示的斜坡图片，请幼儿说一说，图片中的斜坡有什么共同特点，斜坡的结构应该是什么样的。

图　1–2

2.通过讨论交流，幼儿提出以下问题。

（1）幼儿园里有斜坡吗？

（2）斜坡有什么作用？

（3）我们能做一个斜坡吗？

活动2：找一找，说一说

幼儿带着已有问题，在幼儿园内找一找哪里有斜坡，在斜坡上走一走，试一试，近距离感受斜坡的结构以及用途，并将自己的发现用照片、绘画等形式进行记录，如图1-3所示。

图 1-3

活动3：比一比，再了解

1.幼儿在班级中分享自己在幼儿园内发现的斜坡，并说一说斜坡的用途。

2.师幼共同比一比在不同情况下，如平地、有高度差的地方，运送玩具的区别，如图1-4所示。

图 1-4

3.请幼儿讨论以下问题。

（1）斜坡应该用在哪里更合适？

（2）为什么有些地方有斜坡会更方便呢？

4.教师小结：斜坡是倾斜角度的平面，在我们日常生活中随处可见。

活动4：亲子调查，收集信息

1.教师发放斜坡调查表，见表1-1。

表　1-1

斜坡调查表

姓名：

生活中你在哪里见过斜坡	这些斜坡有什么作用呢	你打算在幼儿园的哪里设计一个斜坡帮助大家呢

2. 鼓励亲子运用多种方式（教师适当引导：上网查询、咨询相关人员、科技馆实地调查等）共同完成调查，进一步了解斜坡在日常生活中的用途。

活动 5：调查分享

1. 幼儿介绍自己的调查内容，如图 1-5 所示，并班级讨论生活中哪里有斜坡？斜坡有什么作用？

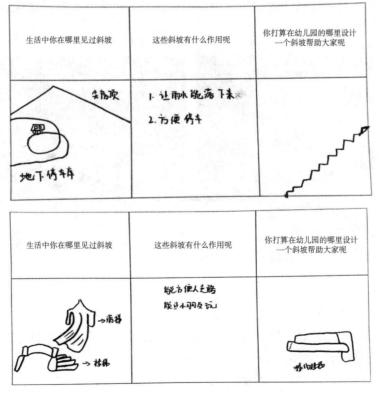

图　1-5

2. 教师小结：斜坡在日常生活中有多种用途，如楼梯、滑梯、人行天桥、尖房顶、地下车库等都用到了斜坡，斜坡让我们的生活更加方便。

第 2 课　我设计的斜坡

探究目标

1. 能根据幼儿园内不同的场景需求设计不同造型的斜坡。
2. 与小组成员积极动脑思考，探究斜坡的用途。
3. 本课的预期科学成果为幼儿分组探讨后，共同绘制的斜坡设计方案。

课时安排

2 课时，50 分钟。

科学探究

活动 1：探索斜坡模型

1. 实验要求：利用身边的简单材料，如雪糕棒、积木等制作斜坡模型，感受不同材质斜坡的结构特点。

2. 幼儿分别介绍自己搭建的斜坡模型是用在哪里的，为什么要搭建成这样，如图 1-6 所示。

图　1-6

活动 2：我是小小设计师

根据幼儿感兴趣的实验材料，进行分组，小组成员将设计方案绘制在表 1-2 中。部分幼儿设计方案，如图 1-7 所示。

表　1-2

斜坡设计方案

所需材料
我的设计
搭建步骤

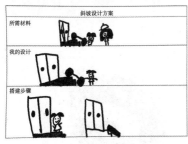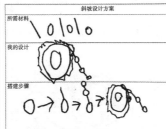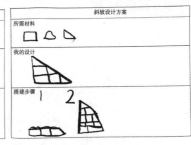

图　1-7

活动 3：分享设计方案

1.幼儿小组内介绍设计方案内容，如图 1-8 所示。小组商量确定最终使用谁的设计方案，方案经完善后，在班级中分享，并对人员分工、材料选择等进行确定。

图　1-8

2.分组进行分享。

（1）分享设计的斜坡应用的具体情境和地点，阐述为什么这里需要斜坡。

（2）介绍斜坡搭建需要的材料及搭建步骤。

第 3 课　我搭建的斜坡

⭐ **探究目标**

1. 根据最终设计方案，小组分工合作完成斜坡的搭建。

2. 小组成员积极动脑，采用多种方式解决搭建斜坡过程中的各类问题。

3. 通过合作完成斜坡的搭建，在发现问题、解决问题的过程中，提高幼儿解决问题的能力，并能根据斜坡的稳定性等方面的检测结果，对自己小组搭建的斜坡进行调整。

4. 本课的预期科学成果为幼儿通过分工合作搭建的斜坡。

⭐ **课时安排**

2 课时，50 分钟。

⭐ **材料选择**

木板、万能工匠、红砖等，部分材料和工具如图 1-9 所示。

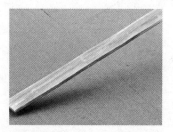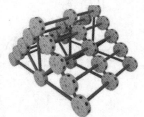

图　1-9

⭐ **科学探究**

活动 1：创意制作，我来搭建

小组合作，完成项目制作，如图 1-10 所示。

1. 回顾斜坡的基本结构，确定搭建的步骤。

2. 讨论问题：怎么确保斜坡的稳定性？

3. 各小组进行制作，教师巡回指导。

图　1-10

活动 2：我发现，我解决

1. 在搭建过程中，幼儿发现了很多问题，他们通过讨论，想到了解决策略，见表 1-3。

表　1-3

制作项目	发现的问题	解决策略
木板斜坡 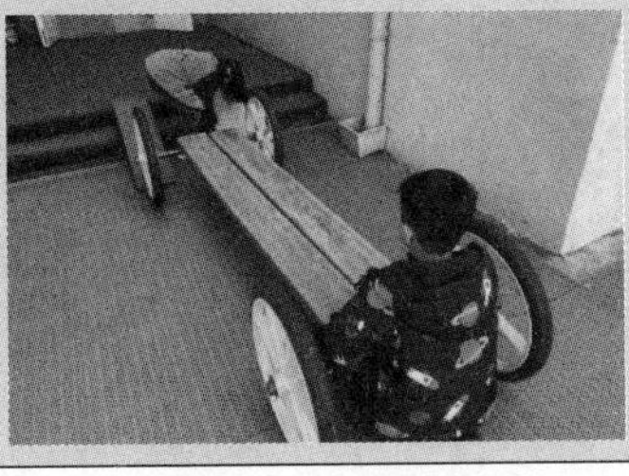	木板斜坡与小车车轮宽度不匹配	调节斜坡宽度，与小车的轮宽匹配
万能工匠斜坡 	滚筒很高	延长斜坡的长度
红砖斜坡 	斜坡怎么让轮子较宽的小车滚上去	测量小车两个轮胎间的距离，根据长度设计斜坡的宽度

2. 通过小组合作，问题得到了解决，最终完成了搭建。

第 4 课　展示我的斜坡

🌟 **探究目标**

1. 能在班里大胆地介绍自己小组搭建的斜坡，并分享搭建过程中的故事。

2. 能对本小组及他人小组搭建的斜坡进行客观评价。

3. 能对斜坡的稳定性、实用性有进一步的认知，小组成员针对评价结果进行总结，为接下来的优化再升级提出想法。

4. 本课的预期科学成果为幼儿根据展示总结的经验，分组制作的 2.0 版斜坡。

课时安排

1 课时，25 分钟。

活动 1：分享我搭建的斜坡

四个小组分别上台，展示汇报。

1. 各小组成员分别根据自己负责的部分进行介绍，见表 1-4，并请其他小组进行评价。

2. 教师对幼儿进行提问：在搭建过程中遇到了哪些困难？是如何解决的？有什么新的发现？

表　1-4

小组	斜坡作品	材料和工具	功能及特点
第一组	木板斜坡	木板等	斜坡分成两条道，可以根据轮子的宽窄进行调整
第二组	万能工匠斜坡	万能工匠等	斜坡可以随用随取，收起来也方便
第三组	红砖斜坡	红砖等	斜坡与地面连接在一起，结构较为稳定，上坡很轻松

活动 2：玩一玩，测一测

通过各小组互相测试，检验各小组斜坡的使用效果，并谈谈感受：斜坡能帮助我们吗？斜坡结构稳定吗？

1.幼儿在对比不同小组搭建的斜坡的过程中，发现不同组斜坡的优点。

2.针对测试中发现的问题，小组讨论，解决问题，迭代更新，搭建 2.0 版更优质的斜坡。

科学成果

孩子们，本项目学习到此就接近尾声了，最后请把自己的科学收获贴在或写在这里吧！

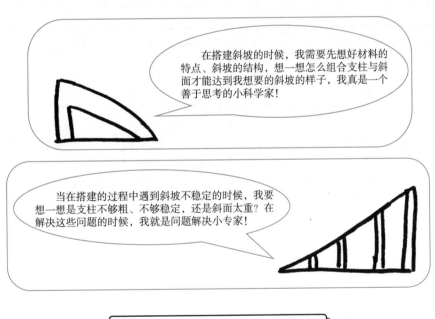

在搭建斜坡的时候，我需要先想好材料的特点、斜坡的结构，想一想怎么组合支柱与斜面才能达到我想要的斜坡的样子，我真是一个善于思考的小科学家！

当在搭建的过程中遇到斜坡不稳定的时候，我要想一想是支柱不够粗、不够稳定，还是斜面太重？在解决这些问题的时候，我就是问题解决小专家！

学习评价

教师对幼儿在调查、设计、制作、测试、分享、玩耍等过程中的表现情况进行表现性评价，并引导幼儿进行自评、互评，见表 1-5。

表　1-5

评价内容	评价等级 ☺☺☺☺☺		
	教师评价	幼儿自评	幼儿互评
能通过多种方式调查发现日常生活中有哪些地方运用了斜坡；能收集斜坡的相关资料，并将调查内容进行整理			
能根据特定场景的需要设计不同的斜坡；小组成员能各自绘制设计方案；经小组商量确定本组设计方案			
制作斜坡时，能选择合适的材料，搭建出结构稳定的斜坡；能在搭建过程中积极探讨解决问题的方案			
测试环节能对斜坡稳定性、实用性进行测试，总结发现的问题			
在活动中，对斜坡省力的科学现象和科学原理有探究兴趣，具备初步的探究能力；能围绕斜坡进行大胆猜测并积极验证			
总评			

注："优"为 5 个☺，"良好"为 4 个☺，"合格"为 3 个☺，"一般"为 1~2 个☺。

1.2　课例2："篷"里趣事

情 境 导 入

《指南》中指出，支持幼儿与同伴合作探究与分享交流，引导他们在交流中尝试整理、概括自己探究的成果，体验合作探究和发现的乐趣。如一起讨论和分享自己的问题与发现，一起想办法验证猜测和收集资料。幼儿的年龄特点和身心发展规律使得幼儿的学习方式是操作与探索。因此教师要为幼儿提供充分的探究环境与探究机会，鼓励幼儿在科学探索中发现问题，解决问题。

春天到了，幼儿园组织孩子们一起去春游踏青。当说到要带什么物品时，孩子们说得最多的就是帐篷。"我们可以在帐篷里休息。""我每次出去玩都要带帐篷。""我家里有帐篷，我见过。"孩子们纷纷讨论着帐篷，看到孩子们对帐篷有着如此高的热情，我们在与孩子们充分讨论后，决定开启探究帐篷之旅。

学 习 要 求

1. 了解帐篷的外形特点和基本结构，知道帐篷的基本作用，培养幼儿的探索能力。

2. 能够综合运用连接、组合、延长等搭建技能搭建帐篷骨架，运用捆、扎、系等方法固定帐篷布。

3. 能够运用绘画、讲述、手工制作等多种形式表达帐篷的初步设计与构想，并掌握搭建帐篷的简单技巧，能够设计、搭建结构稳定且美观，能容纳一定人数的帐篷。

4. 通过运用观察、比较、测量等方法制作帐篷骨架，并在动手动脑中发现不同造型的帐篷在稳定性上的差异。

◆ 教学流程

"'篷'里趣事"教学流程如图 1-11 所示。

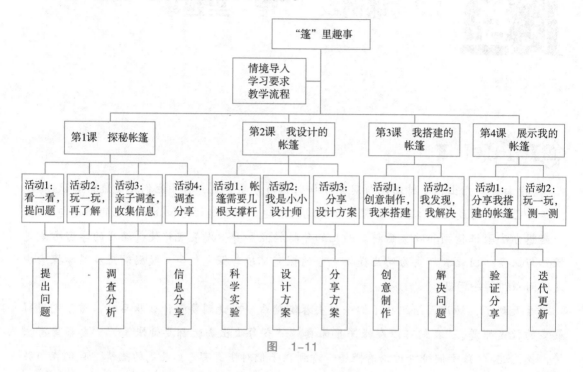

图 1-11

第 1 课 探秘帐篷

◆ 探究目标

1. 通过调查，幼儿了解帐篷的构造、特点和形状。

2. 对探究帐篷有兴趣，积极收集帐篷的相关资料信息。

3. 本课的预期科学成果为幼儿通过调查完成的我知道的帐篷调查表。

◆ 课时安排

2 课时，50 分钟。

◆ 科学探究

活动 1：看一看，提问题

1. 教师出示帐篷的图片，请幼儿说一说自己见过的帐篷。

2. 通过讨论交流，幼儿提出以下问题。

（1）帐篷都有哪些形状的？

（2）帐篷的结构是什么样的？

（3）帐篷有什么作用呢？

（4）在哪些时候需要用到帐篷？

活动 2：玩一玩，再了解

1. 师幼共同观察帐篷，如图 1-12 所示，探究帐篷的主要结构、特点等。

2. 教师引导幼儿观察帐篷的外形特点，底部、顶部、外表面都有什么。

3. 教师小结：帐篷主要由门、骨架、帐篷面等结构组成，并通过绳子将骨架与帐篷面进行固定。

图　1-12

活动 3：亲子调查，收集信息

1. 教师向幼儿发放"我知道的帐篷"调查表，见表 1-6。

2. 鼓励亲子运用多种方式（教师适当引导：上网查询、咨询相关人员、科技馆实地调查等）共同完成调查，进一步了解帐篷的种类、作用、结构和使用地方等。

表　1-6

"我知道的帐篷"调查表

姓名：

帐篷的种类	帐篷的作用	帐篷的结构	帐篷在哪些地方使用

活动 4：调查分享

1. 幼儿介绍自己的调查内容，如图 1-13 所示，并集体讨论帐篷的种类和结构。

图　1-13

2. 教师小结：帐篷的种类有很多，包括隧道帐篷、屋脊帐篷、金字塔帐篷、圆顶帐篷、球形帐篷等。大部分帐篷均由四个面构成，均设有门，顶部均呈尖状，且使用布料制作。

第 2 课　我设计的帐篷

探究目标

1. 探索影响帐篷稳定性的因素，通过实验发现结构稳定的帐篷的形态特点。
2. 运用多种表现形式绘制帐篷的设计方案。
3. 本课的预期科学成果为幼儿分组探讨后，共同绘制的帐篷设计方案。

课时安排

2 课时，50 分钟。

科学探究

活动 1：帐篷需要几根支撑杆

1. 幼儿分小组利用身边材料，如黏土、胶带、扭扭棒、一次性筷子、竹签、雪糕棒等，尝试搭建帐篷骨架。

2. 幼儿分小组记录本组用了几根支撑杆，稳定性如何，搭建出了什么形状的帐篷骨架。

3. 幼儿分小组介绍设计的帐篷，如图 1-14 所示，并总结搭建帐篷骨架的注意事项：帐篷侧面和底部至少需要三根支撑杆，这样的帐篷结构才会稳定。

图　1-14

活动 2：我是小小设计师

根据本组感兴趣的实验材料，小组成员将自己的设计方案绘制在表 1-7 中。部分幼儿作品如图 1-15 所示。

表　1-7

帐篷设计方案

所需材料
我的设计
搭建步骤

  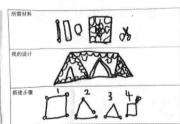

图　1-15

活动 3：分享设计方案

1.幼儿小组内介绍自己设计的方案内容，如图 1-16 所示。小组商量确定最终使用谁的设计方案，方案经完善后，在班级中分享，并对人员分工、材料选择、制作流程等进行确定。

图　1-16

2.分组进行分享。

（1）分享设计的帐篷的外形特点，大小形状以及帐篷能容纳的人数。

（2）介绍帐篷搭建需要的材料及搭建步骤。

第 3 课　我搭建的帐篷

探究目标

1.根据设计方案，小组分工合作完成帐篷的搭建。

2.小组成员积极动脑，采用多种方式解决搭建过程中的各类问题。

3.本课的预期科学成果为幼儿通过分工合作搭建的帐篷。

课时安排

2 课时，50 分钟。

材料选择

布、安全剪刀、万能工匠、扭扭棒、自由套装、透明胶带、彩虹伞等，部分材料和工具如图 1-17 所示。

图　1-17

科学探究

活动 1：创意制作，我来搭建

小组合作完成搭建帐篷，如图 1-18 所示。

1.回顾帐篷的基本结构，确定搭建的步骤。

2.讨论问题：帐篷的门在哪里？怎么满足人数需求？如何固定帐篷？

3.各小组进行制作，教师巡回指导。

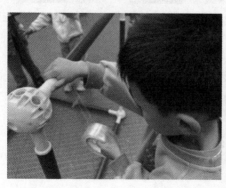

图　1-18

活动 2：我发现，我解决

在搭建过程中，幼儿发现了很多问题，他们通过讨论，想到了解决策略，见表 1-8。

表　1-8

制作项目	发现的问题	解决策略
一人帐篷 	帐篷骨架两边不一样长	支撑杆长短不一致，导致帐篷两边不对称，重新调整支撑杆长度
两人帐篷 	帐篷易晃动	在帐篷底部加上支撑杆，让底部更牢固
四人帐篷 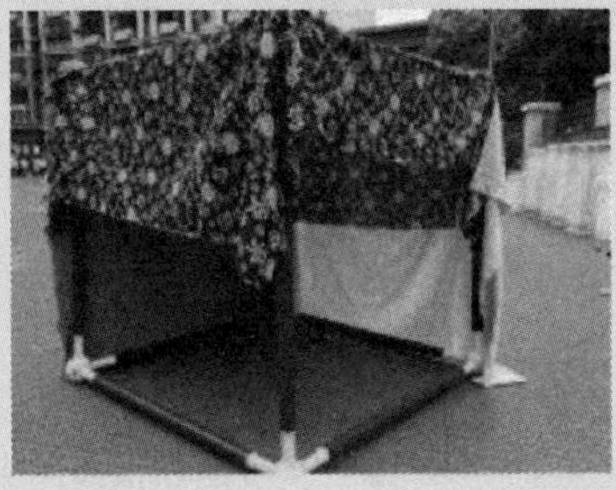	连接处易松	重新用胶带固定连接处，让结构更稳定

第 4 课　展示我的帐篷

探究目标

1. 展示本小组搭建的帐篷，介绍帐篷的搭建过程以及遇到的问题和解决方法。

2. 能够对本小组和他人小组的作品进行评价，并优化本小组的作品。

3. 本课预期学习成果为幼儿根据展示总结的经验，分组制作的 2.0 版帐篷。

1 课时，25 分钟。

活动1：分享我搭建的帐篷

三个小组分别上台，展示汇报。

1.各小组成员分别根据自己负责的部分进行介绍，见表1-9，并请其他小组进行评价。

2.教师对幼儿进行提问：在搭建过程中遇到了哪些困难？是如何解决的？有什么新的发现？

表 1-9

小组	帐篷作品	材料和工具	功能及特点
第一组	一人帐篷	自主套装、布、透明胶带、安全剪刀等	帐篷小巧轻便，可以根据需要放在任意位置
第二组	两人帐篷	万能工匠、彩虹伞、扭扭棒等	帐篷结构稳定，空间充足
第三组	四人帐篷	自主套装、布、透明胶带等	帐篷体积较大，可以满足多人游戏需要

活动 2：玩一玩，测一测

不同小组成员相互进入帐篷试一试。

1. 测试帐篷的稳定性。

2. 数一数帐篷里能进几个人。

3. 针对测试中发现的问题，小组讨论，解决问题，迭代更新，搭建 2.0 版更优质的帐篷。

科学成果

孩子们，本项目学习到此就接近尾声了，最后请把自己的科学收获贴在或写在这里吧！

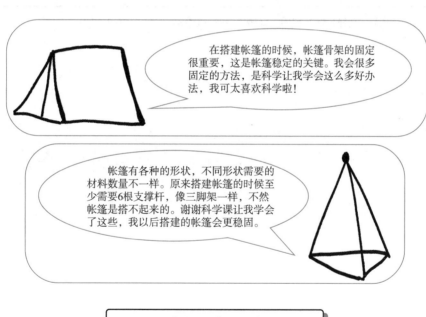

在搭建帐篷的时候，帐篷骨架的固定很重要，这是帐篷稳定的关键。我会很多固定的方法，是科学让我学会这么多好办法，我可太喜欢科学啦！

帐篷有各种的形状，不同形状需要的材料数量不一样。原来搭建帐篷的时候至少需要6根支撑杆，像三脚架一样，不然帐篷是搭不起来的。谢谢科学课让我学会了这些，我以后搭建的帐篷会更稳固。

学习评价

教师对幼儿在调查、设计、制作、测试、分享、玩耍等过程中的表现情况进行表现性评价，并引导幼儿进行自评、互评，见表1-10。

表 1-10

评价内容	评价等级 ☺ ☺ ☺ ☺ ☺		
	教师评价	幼儿自评	幼儿互评
收集信息，调查了解生活中的帐篷，明确帐篷的种类以及作用，完成调查表			
根据小组的讨论情况确定搭建的帐篷容纳人数的多少，绘制并确定小组设计方案			
根据设计方案小组成员分工合作完成帐篷的搭建，并对帐篷的稳定性进行探索			
测试环节能对帐篷稳定性以及能否达到预期设计进行测试			
积极探索帐篷的搭建方法，对帐篷的结构有认知；能积极探索问题并运用科学的方法解决问题			
总评			

注："优"为 5 个☺，"良好"为 4 个☺，"合格"为 3 个☺，"一般"为 1~2 个☺。

1.3　课例3：探秘龙

《指南》中指出：和幼儿一起发现并分享周围新奇、有趣的事物或现象，一起寻找问题的答案。因此，探索的过程就是孩子们不断遇到问题和解决问题的过程，也是不断持续、深入学习的过程，是综合获得多方面学习经验的过程。教师要根据幼儿的科学探索兴趣，与幼儿共同发现生活中的有趣现象，从而更好地培养幼儿的科学探究能力。

2024年元旦活动十分热闹，恰逢龙年，幼儿园内到处都是龙的元素。元旦活动结束后，孩子们热火朝天地讲述着元旦的所见所闻，其中，龙的话题尤为引人注目，他们对龙充满了探究的兴趣，纷纷讨论起新年的龙和恐龙有什么不一样，好奇地询问为什么会有龙年，龙究竟长什么样子，甚至问起："你们见过龙吗？"面对孩子们对中国传统文化的了解越来越少，我们意识到，尽管有些孩子在视频中见过动画龙，但对于龙并不是很了解。为了让孩子们通过亲身体验和实际操作来感受中国传统文化的魅力与民间民俗的丰富，我们决定共同去探究龙，就这样，我们的项目活动开始了。

学习要求

1.感受龙的外形特点，了解龙的各部位名称及其来历；能在探究过程中掌握测量、设计、绘制设计方案等技能，培养幼儿的科学探索能力。

2.能够掌握多种材料的搭建方法，掌握拼插、连接、组合、垒高、延长等搭建技能；能综合使用多种材料搭建龙；能根据设计方案内容与同伴合作完成小组任务。

3.能根据龙的外形特点设计出想要搭建的龙；能根据设计方案寻找适合的材料；能在搭建过程中优化并改进搭建方案；综合使用多种材料创造性地表现出龙的特点，装点龙；能制作出完整的、有一定美感的龙，培养幼儿的工程思维。

4.通过搭建活动，初步学习点数、对称等概念；通过设计和制作过程，初步感受从平面到立体的空间转换，并培养幼儿空间思维能力。

"探秘龙"教学流程如图 1–19 所示。

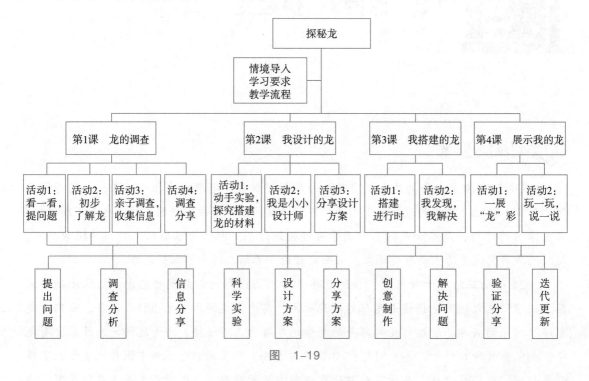

图 1–19

第 1 课 龙的调查

探究目标

1. 通过调查，让幼儿了解龙的外形特点，对龙的结构有初步的认知。
2. 激发幼儿探索龙的兴趣。
3. 本课的预期科学成果为幼儿通过调查完成的龙的调查表。

课时安排

2 课时，50 分钟。

科学探究

活动 1：看一看，提问题

1. 教师出示龙的图片，并与幼儿一同寻找身边的龙，如图 1–20 所示。

2. 通过讨论交流，幼儿提出以下问题。

（1）为什么有龙年？

（2）龙长什么样子？

（3）你在哪里见过龙？

活动2：初步了解龙

1.师幼共同查找资料，通过阅读绘本、观看视频（图片）等方式了解龙年的来历以及龙的传说。

2.教师问题预设：孩子们已有哪些经验？他们还想了解什么？他们还需拓展哪些相关经验？

3.师幼对以上问题展开了探讨，并对结果进行了梳理、汇总。

图 1-20

活动3：亲子调查，收集信息

1.教师发放龙的调查表见表1-11。

2.鼓励亲子通过上网查询视频和图片、咨询专业人士等方式再次深入探索龙，共同收集素材与资料，填写在表1-11中，支持项目的开展。

表 1-11

龙的调查表

姓名：

龙的来历	你在哪里听过或见过龙	画一画你眼中的龙	龙的外形特点	关于龙的故事或成语有什么

活动4：调查分享

幼儿分享调查的结果，教师记录。

1.幼儿分别介绍自己如图1-21所示的调查内容。

2.教师将幼儿分享的结果分类记录下来，并梳理调查结果，包括龙的外形特点以及各部位的名称等，明确龙的组成。

3.通过图片说明、PPT介绍、视频观看等方式加深对龙的外形的认知。

姓名：				
龙的来历	你在哪里听过或见过龙	画一画你眼中的龙	龙的外形特点	关于龙的故事或成语有什么
龙是中国禁东正域古代神话的神的动物,神物。	《画游记》《渔龙点晴》《叶公好龙》		鹿角,鱼鳞,猪,马,蛇,鹰,混沌混观。	龙凤戌祥(龙腾虎跃)生龙活虎龙争斗斗,龙跃凤飞,龙马精神,龙飞凤舞龙的传人(龙遇虎脑)(鲤跃龙门)(龙用风脑)(龙去成虹)(龙一凤一)(叶公好龙)

姓名：				
龙的来历	你在哪里听过或见过龙	画一画你眼中的龙	龙的外形特点	关于龙的故事或成语有什么
古代的神话故事	在书上见过龙		金黄色的鳞甲,长的光滑,雄伟的龙角	二月二龙抬头,端午节赛龙舟,龙年大吉,龙飞太晴,龙在天,龙争虎斗,生龙活虎,龙凤呈祥

图 1-21

第2课 我设计的龙

探究目标

1. 能自己绘制出搭建龙的设计方案。
2. 本课的预期科学成果为幼儿分组探讨后，小组共同绘制的龙的设计方案。

课时安排

2课时，50分钟。

科学探究

活动1：动手实验，探究搭建龙的材料

幼儿在STEM实验室对不同材质的搭建材料进行实验，在实验的过程中，他们发现卡纸、纸砖、纸杯、积木、雪花片、万能工匠等都有较好的支撑性，且不同材质由于其硬度、结构不同，可以搭建不同形状的龙。

活动2：我是小小设计师

1. 幼儿各自尝试绘制搭建龙的设计方案，如图1-22所示。

2. 幼儿根据自己的兴趣爱好，商量确定好小组成员，明确使用的材料以及数量以及小组成员分工，完成表1-12。

图 1-22

表 1-12

_____组		
小组成员		
材料		
设计图		

3. 教师巡回指导，帮助幼儿分组完成搭建龙的设计方案。

活动3：分享设计方案

分小组介绍本组设计方案内容，如图 1-23 所示。

1. 分享搭建材料，列举使用的材料，如积木、卡纸等；说明选择这些材料的原因，如形状、大小、结构以及适合搭建龙的哪个部位。

2. 各小组成员详细分解搭建的过程，如从龙的头部开始，逐步到躯干、四肢和尾巴等。

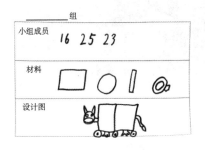  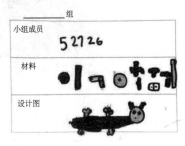

图 1-23

第 3 课 我搭建的龙

探究目标

1. 根据搭建方案，明确小组成员的任务及分工。
2. 小组成员相互合作进行龙的搭建。
3. 本课的预期科学成果为幼儿通过分工合作搭建的龙。

课时安排

2 课时，50 分钟。

⭐ **材料选择**

纸砖、纸杯、积木块、雪花片等，部分材料和工具如图 1-24 所示。

图　1-24

⭐ **科学探究**

活动1：搭建进行时

如图 1-25 所示，小组合作，尝试根据设计方案搭建龙，教师巡回指导。

图　1-25

活动2：我发现，我解决

通过尝试，每个小组可能会发现存在的问题，小组成员一起寻找解决策略（教师引导并提供必要的支持），见表 1-13。

表　1-13

发现的问题	解决策略
 龙头太重，雪花片无法支撑	增加龙头下方的雪花片

（续）

发现的问题	解决策略
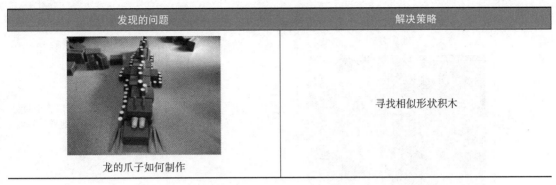　龙的爪子如何制作	寻找相似形状积木

第 4 课　展示我的龙

探究目标

1. 在班级中分享自己小组搭建的龙。

2. 欣赏他人小组搭建的龙，听取他人对自己小组搭建的龙的评价意见。

3. 本课的预期科学成果为幼儿根据展示总结的经验，分组制作的 2.0 版的龙。

课时安排

2 课时，50 分钟。

科学探究

活动 1：一展"龙"彩

两个小组分别上台，展示汇报。

1. 各小组成员分别根据自己负责的部分进行介绍，见表 1-14，并请其他小组进行评价。

2. 教师对幼儿进行提问：在搭建过程中遇到了哪些困难？是如何解决的？有什么新的发现？

表　1-14

小组	龙的作品	材料和工具	功能及特点
第一组	雪花片龙	雪花片等	龙的造型有设计感，龙整体结构完整、对称

（续）

小组	龙的作品	材料和工具	功能及特点
第二组	纸盒龙 	纸盒、纸杯、积木块等	龙的身体较大，可以让小朋友坐在上面进行游戏，趣味性较强

活动 2：玩一玩，说一说

1. 各小组用自己组搭建的龙进行游戏活动，可以推着龙游走，也可以比赛哪条龙坐的人数多。

2. 小组互评，发现问题，及时迭代更新，并说说理由，搭建 2.0 版龙。

科学成果

孩子们，本项目学习到此就接近尾声了，最后请把自己的科学收获贴在或写在这里吧！

在搭建龙的时候，需要提前计划好龙的身体各部分在空间中的位置和关系，画好设计图。原来，想成为"小科学家"，要先学会做计划，有了计划才能搭建得更好！

龙的头部是最难搭建的，我需要想清楚龙头的形状。可以先把龙头的每一部分拼好，最后一起组装起来。原来科学探究是可以分步骤完成的，科学真好玩！

学习评价

教师对幼儿在调查、设计、制作、测试、分享、玩耍等过程中的表现情况进行表现性评价，并引导幼儿进行自评、互评，见表1-15。

表　1-15

评价内容	评价等级 ☺ ☺ ☺ ☺ ☺		
	教师评价	幼儿自评	幼儿互评
查阅资料，与家长共同完成龙的调查：知道龙的外形特点以及龙身体各部位的名称，知道有关龙的传说，对龙年的来历有所了解			
根据龙的特点，各小组选择不同的材料进行搭建，小组成员商讨确定龙的搭建方案			
根据设计图搭建龙，在搭建过程中，小组成员相互合作，任务分工明确，各司其职			
能在班级中大胆介绍本小组搭建的龙以及搭建的注意事项			
积极学习各种搭建技能、技巧，对龙有科学探究欲望，能在搭建过程中吸取经验以及接受他人建议，能做出2.0版的龙			
总评			

注："优"为5个☺，"良好"为4个☺，"合格"为3个☺，"一般"为1~2个☺。

1.4　课例4：时间都去哪儿了

情·境·导·入

《指南》中指出，支持和鼓励幼儿在探究中积极动手动脑寻找答案或解决问题。教师应引导幼儿对周围的自然现象、科学实验、日常用品等进行细致观察，提出自己的疑问和想法。因此，要提供多样化的科学活动，包括实验、小组讨论、探究项目等，让幼儿在实践中遇到问题尝试自己解决，这样才能更好地发展他们的科学探索能力。

中班的孩子们已经开始练习跳绳，于是班级举行了一场1分钟的跳绳大比拼。在这场活动中，老师出示的沙漏引起了孩子们极大的兴趣。"这是什么？""为什么沙子流完了就是1分钟呢？""沙漏为什么无论倒着放还是正着放，沙子流完都是1分钟呢？"小小的沙漏引发了孩子们无数的疑问，于是，探究沙漏的秘密成了这次项目活动的主题。

学·习·要·求

1. 知道沙漏的工作原理，能仔细观察、比较，探究发现容器口的大小、中间管道的宽度与沙、谷粒等填充物流速之间的关系；发现不同的物质的流速不同，因此，1分钟倒计时内不同沙漏填充物所需的量也不同。这有助于培养幼儿的探究欲望与比较观察能力。

2. 了解沙漏的上下对称结构，制作出能准确计时到规定时间点的沙漏，根据时间需求调整沙子等填充物的多少，保证沙漏的计时准确性，培养幼儿的实践操作能力。

3. 能根据绘制的设计方案寻找适宜材料制作沙漏；能使用剪刀、胶带、矿泉水瓶等材料和工具保证沙漏组合紧密且沙子等不泄不漏；制作的沙漏造型美观，有创意。以此培养幼儿的工程思维。

4. 在制作过程中，会运用目测、比较等方法进行观察，发现不同沙漏的流速不同；能将不同沙漏的实验结果进行记录。这一过程培养幼儿的数学思维与观察记录能力。

教·学·流·程

"时间都去哪儿了"教学流程如图1-26所示。

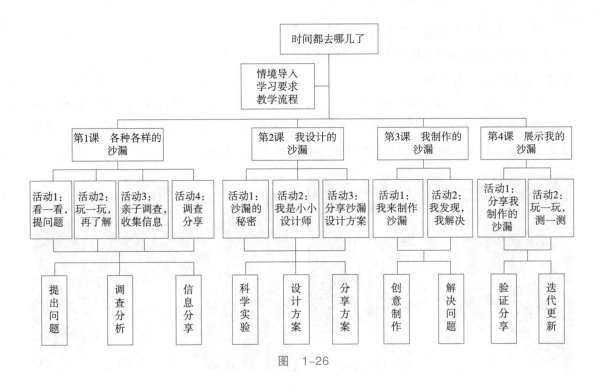

图 1-26

第 1 课 　各种各样的沙漏

探究目标

1. 对沙漏感兴趣，能积极探究生活中常见的沙漏。

2. 通过调查，幼儿认识沙漏的外形特点，知道沙漏是一种计时工具。

3. 本课的预期科学成果为幼儿通过调查完成的各种各样的沙漏调查表。

课时安排

2 课时，50 分钟。

科学探究

活动 1：看一看，提问题

1. 教师出示沙漏组图，如图 1-27 所示，引导幼儿认识、观察沙漏，初步了解沙漏的外形特点，知道沙漏是一种计时工具。

2. 通过讨论交流，幼儿提出以下问题。

（1）沙漏是怎样计时的？

（2）沙漏为什么要制作成上下一样的？

图 1-27

（3）容器口大小不同，它们计时的时间一样吗？

（4）沙漏里的沙子和我们平时玩耍时接触的沙子一样吗？

活动2：玩一玩，再了解

如图1-28所示，通过全班讨论后，幼儿带着已有的问题开始观察实物沙漏，探究沙漏里的沙子是如何流动的。师幼将若干不同沙漏同时倒转，观察不同沙漏的计时差异。鼓励幼儿发现不同沙漏里的沙子流速、沙子的总量可能是不一样的。

图 1-28

活动3：亲子调查，收集信息

1.教师发放各种各样的沙漏调查表，见表1-16。

2.鼓励亲子运用多种方式（教师适当引导：上网查询、咨询相关人员等）共同完成调查，填写在表1-16中，进一步感知沙漏的基本结构特点。

表 1-16

各种各样的沙漏调查表

姓名：

我见过的沙漏	这个沙漏计时多久	沙漏的制作步骤	你觉得还有什么材料能制作沙漏

活动 4：调查分享

1. 幼儿分别介绍自己的调查内容，如图 1-29 所示，并集体讨论沙漏的结构是什么样的？

各种各样的沙漏调查表			
姓名：			
我见过的沙漏	这个沙漏计时多久	沙漏的制作步骤	你觉得还有什么材料能制作沙漏
	3分钟	①粘瓶盖 ②瓶剪洞 ③瓶中装沙子	一次性杯子 内装大米·豆子

各种各样的沙漏调查表			
姓名：			
我见过的沙漏	这个沙漏计时多久	沙漏的制作步骤	你觉得还有什么材料能制作沙漏
	十三分钟	(2)将2个口的瓶口相接用胶带粘贴	立瓶十、胶带 剪刀 果冻包装壳水杯 橡皮

图 1-29

2. 教师小结：沙漏是由两个相互连通的透明容器、中间的管道以及容器内的填充物组成，如图 1-30 所示。在特定条件下，沙子从上面的容器完全流到下面的容器所需的时间相对稳定，所以沙漏可以用来计时。

图 1-30

第 2 课　我设计的沙漏

探究目标

1. 知道沙漏的流速与沙漏内填充物的多少、容器口大小等有关。

2. 根据幼儿园日常生活中的不同环节需要，设计相应时长的沙漏。同时，积极思考哪些材料可以制作沙漏。

3. 本课的预期科学成果为幼儿分组探讨后，小组共同绘制的沙漏设计方案。

课时安排

2 课时，50 分钟。

科学探究

活动 1：沙漏的秘密

1. 教师播放实验视频"30 秒沙漏"，引导幼儿观察、比较、发现相同时间的沙漏，其沙量与容器口的关系，如图 1-31 所示。

2. 教师拿几个不同的沙漏实物，让幼儿操作比较。师幼互动，引导幼儿观察沙漏，并提问：

（1）这些沙漏有什么不同？

（2）同样是计时 30 秒的沙漏，为什么有的沙子多，有的沙子少？

（3）同样是计时 30 秒的沙漏，为什么容器口大小不同，沙量也不一样了呢？

3. 幼儿经过讨论后总结：容器口大，沙子就流得快；容器口小，沙子就流得慢。同样要制作 30 秒的沙漏，容器口大的沙漏，就需要更多的沙子；容器口小的沙漏，则不需要那么多沙子了。

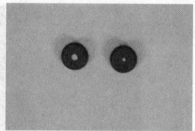

图　1-31

4. 鼓励幼儿大胆讨论。

提问：（1）如果沙漏的计时超过或不到 30 秒，我们应该如何调整以使其时间变短或变长呢？

教师小结：如果沙漏的计时超过 30 秒，我们可以把容器里的沙子倒出来一些，这样沙漏的时间就会变短；如果沙漏的计时不到 30 秒，我们可以往容器里添加一些沙子，沙漏的时间就会变长。

（2）怎样才能知道我们制作的沙漏是不是刚好能计时 30 秒呢？

教师小结：我们可以用秒表记录，当沙子从沙漏的上部完全流到下部时，如果秒表显示的时间正好是 30 秒，那么说明我们制作的沙漏计时是准确的。

活动 2：我是小小设计师

幼儿根据感兴趣的填充物，进行分组，小组成员将设计方案绘制在表 1-17 中。部分幼儿作品如图 1-32 所示。

表　1-17

_____时间设计方案

所需材料
我的设计
制作步骤

  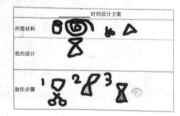

图　1-32

活动 3：分享沙漏设计方案

1.各个小组设计方案绘制完成后，小组成员介绍设计方案内容，如图 1-33 所示。

（1）介绍本小组选择的填充物，阐述为什么使用这种材料？

（2）介绍预设的沙漏的计时时间。

2.小组讨论、优化设计方案。

图　1-33

第 3 课 我制作的沙漏

探究目标

1. 根据设计方案，小组分工合作完成沙漏的制作。
2. 小组成员积极动脑，采用多种方式解决制作沙漏过程中的各类问题。
3. 本课的预期科学成果为幼儿通过分工合作制作的沙漏。

课时安排

2 课时，50 分钟。

材料选择

大米、盐粒、沙子、矿泉水瓶、安全剪刀、热熔胶枪、透明胶带等，部分材料和工具如图 1-34 所示。

图 1-34

科学探究

活动 1：我来制作沙漏

小组合作，完成沙漏的制作，如图 1-35 所示。

1. 回顾沙漏的基本结构，确定制作沙漏的步骤。

2. 讨论问题：怎样保证填充物不泄漏？

3. 突破难点：确定沙漏的计时时间的长短。

图 1-35

4. 各小组进行沙漏制作，教师巡回指导。

活动 2：我发现，我解决

各小组完成制作后进行测试。在测试的过程中，幼儿发现了很多问题，他们通过讨论，想到了解决策略，见表 1–18。

表 1–18

制作项目	发现的问题	解决策略
盐粒沙漏	盐粒从两个瓶盖连接处流出来了	用热熔胶枪重新加固沙漏，确保上下的孔对准
沙子沙漏	沙子无法流下来，被堵在了洞口	沙子太湿了，黏在一起堵住了洞口，可以把沙子晒一晒
大米沙漏	大米流得很慢，必需摇晃才能流下来	可以把洞再挖得大一些

第 4 课　展示我的沙漏

探究目标

1. 能在班级中大胆地介绍自己小组制作的沙漏，并能对本小组及他人小组制作的沙漏进行客观评价。

2. 总结发现自己小组在制作过程中遇到的问题。

3. 本课的预期科学成果为幼儿根据展示总结的经验，分组制作的 2.0 版沙漏。

课时安排

1 课时，25 分钟。

科学探究

活动 1：分享我制作的沙漏

三个小组分别上台，展示汇报。

1. 各小组成员分别根据自己负责的部分进行介绍，见表 1–19，并请其他小组进行评价。

2. 教师对幼儿进行提问：在制作过程中遇到了哪些困难？是如何解决的？有什么新的发现？

表 1–19

小组	沙漏作品	材料和工具	功能及特点
第一组	盐粒沙漏 	盐粒、矿泉水瓶、透明胶带、安全剪刀等	沙漏较为小巧，呈三角形，流速较慢，可以计时 5 分钟

（续）

小组	沙漏作品	材料和工具	功能及特点
第二组	沙子沙漏 00:00:42	沙子、矿泉水瓶、透明胶带、安全剪刀等	沙漏上下不对称，能计时 3 分钟
第三组	大米沙漏 00:00:09	大米、矿泉水瓶、透明胶带、安全剪刀等	大米颗粒较大，沙漏的容器口就大，能计时 1 分钟

活动 2：玩一玩，测一测

在日常生活中进行沙漏使用，并谈谈感受：制作的沙漏能够使用吗？感觉如何？

1. 各小组测试沙漏的使用时间，如图 1-36 所示。

2. 幼儿在日常生活中使用自制的沙漏计时，测试沙漏计时是否稳定、精准。

3. 针对测试中发现的问题，小组讨论，解决问题，迭代更新，制作 2.0 版的沙漏。

图　1-36

科学成果

　　孩子们，本项目学习到此就接近尾声了，最后请把自己的科学收获贴在或写在这里吧！

沙漏不是简单的组装起来就可以了，还需要考虑不同材料的流速、两个容器连接的密封情况等因素，一定要进行反复实验才可以。我真是一个严谨的"小科学家"！

原来不同沙漏里的沙子流速是不一样的。沙漏容器口越大流得就越快，容器口越小沙子流得就越慢。要根据不同沙漏设定的时间去调整容器口的大小。感谢科学实验让我制作出能精确计时的时间沙漏。

学习评价

教师对幼儿在调查、设计、制作、测试、分享、玩耍等过程中的表现情况进行表现性评价，并引导幼儿进行自评、互评，见表 1-20。

表　1-20

评价内容	评价等级 ☺☺☺☺☺		
	教师评价	幼儿自评	幼儿互评
了解沙漏是一种计时工具，收集沙漏的相关资料，并能在班级中进行分享			
知道沙漏的流速与容器口的大小等有关；能确定所设计的沙漏的使用时间，并根据需求进行人员分工			
根据设计方案制作沙漏，制作过程中小组成员相互合作，遇到问题时，不轻易放弃；能充分讨论，创造性地提出解决问题的策略			
在测试环节，能对沙漏进行多方面测试，总结发现的问题，制作出 2.0 版的沙漏			
对沙漏的探究充满兴趣，善于思考，发现问题，并积极寻找解决问题的策略，有一定的科学探究能力			
总评			

注："优"为 5 个 ☺，"良好"为 4 个 ☺，"合格"为 3 个 ☺，"一般"为 1~2 个 ☺。

第2章

科学探索，我能行

2.1　课例5：安全着陆

情境导入

《指南》中指出，成人要善于发现和保护幼儿的好奇心，充分利用自然和实际生活机会，引导幼儿通过观察、比较、操作、实验等方法，学习发现问题、分析问题和解决问题；帮助幼儿不断积累经验，并运用于新的学习活动，形成受益终身的学习态度和能力。科学能力的培养并非知识的简单传输，它更侧重于科学能力的培养，拥有这种能力，幼儿才能保持持续探索的精神。因此，教师应该充分发掘并利用身边的科学现象，引导幼儿对科学产生兴趣。

在一次绘本阅读活动中，小朋友认识了降落伞，在随后的户外活动中，很多小朋友拿起手中的纸巾从高处向下抛，还说着"我的降落伞下来啦。"……于是，更多的小朋友参与到了这个游戏中。看到小朋友对降落伞如此感兴趣，教师与小朋友商议："我们一起来探究降落伞吧！"这一提议得到了小朋友的热烈响应。就这样，一场关于降落伞的探究活动开始了。

学习要求

1. 了解降落伞的基本外形特征，知道降落伞的基本结构、用途以及功能，大胆探索、思考影响降落伞平稳降落和降落速度的因素，培养幼儿对科学探索的兴趣。

2. 能根据降落伞的基本结构特征选择适宜的材料制作降落伞，并通过调整伞面大小、悬挂物重量、伞绳长度等因素控制降落伞的降落速度，培养幼儿的动手操作能力。

3. 能根据降落伞的特点设计制作方案，完成制作，并在试飞后及时根据降落伞的降落情况不断调整优化降落伞；制作的降落伞造型美观有特点。培养幼儿发现问题及解决问题的能力。

4. 积极猜想并进行实验，通过目测、实际测量等多种方法测量伞绳的长度。

教学流程

"安全着陆"教学流程如图 2-1 所示。

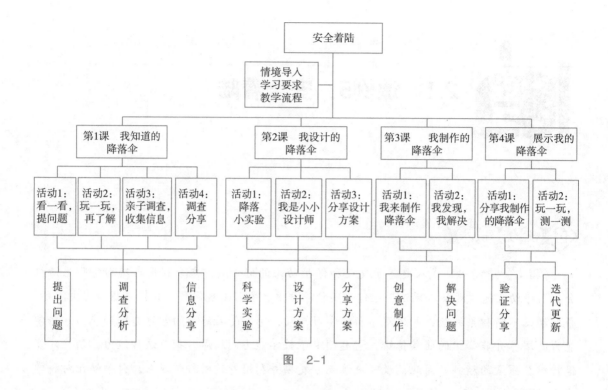

图　2-1

第1课　我知道的降落伞

探究目标

1.通过调查，幼儿了解降落伞的不同种类，知道降落伞的功能和作用。

2.了解降落伞的工作原理以及用途，知道降落伞的基本结构包括伞面、伞绳、悬挂物等。

3.本课的预期科学成果为幼儿通过调查完成的"我知道的降落伞"调查表。

课时安排

2课时，50分钟。

科学探究

活动1：看一看，提问题

1.教师出示跳伞兵图片及视频，如图2-2所示，请幼儿说说降落伞的用途。

2.通过讨论交流，幼儿提出以下问题。

（1）降落伞为什么能够让伞兵安全降落？

（2）降落伞的结构是怎样的？

图　2-2

（3）降落伞是用什么材料做的？

（4）降落伞可以用来做什么？

活动 2：玩一玩，再了解

1.幼儿带着已有的问题，师幼共同观察教师制作的简易降落伞，抛一抛玩一玩。

2.集体讨论：

（1）降落伞由哪些部分组成？

（2）降落伞是怎么落地的？

（3）这样落地安全吗？

（4）为什么伞面会鼓起来？

3.教师小结：降落伞下落时伞面打开，将降落伞周围的空气包裹起来，空气产生阻力使降落伞慢慢下落，人或者物品依靠降落伞从高空慢慢落地。

降落伞主要是由伞面、伞绳、悬挂物等组成，如图 2-3 所示。

活动 3：亲子调查，收集信息

1.教师发放"我知道的降落伞"调查表，见表 2-1。

2.鼓励亲子运用多种方式（教师适当引导：上网查询、咨询相关人员、科技馆实地调查等）共同完成调查，进一步了解降落伞的结构特点、在日常生活中的作用，以及可能影响降落伞降落速度的因素。

图　2-3

表　2-1

"我知道的降落伞"调查表

姓名：

你见过降落伞吗	你觉得哪些因素会影响降落伞的降落速度	如何制作降落伞	降落伞可以用来做什么

活动 4：调查分享

1.幼儿介绍自己的调查内容，如图 2-4 所示，并集体讨论可能会影响降落伞下降速度的因素。

2.教师总结：可能会影响降落伞下降速度的因素：包括伞面的大小、悬挂物的轻重等。

图　2-4

第 2 课 我设计的降落伞

探究目标

1.运用观察、比较的方法，探索并发现降落伞降落速度与伞面大小、悬挂物等之间的关系。

2.提高观察和动手能力，并能用完整的语言来表达自己的猜测与发现。

3.本课的预期科学成果为幼儿分组探讨后，共同绘制的降落伞设计方案。

课时安排

2 课时，50 分钟。

科学探究

活动 1：降落小实验

1.实验 1：感知降落伞降落速度快慢与伞面大小之间的关系。

（1）介绍实验操作材料，如图 2-5 所示，并引导幼儿进行猜想。

引导语：佩奇和乔治各自都找了一个塑料袋来制作降落伞，佩奇找的是大塑料袋，乔治找的是小塑料袋。他们都觉得自己的降落伞会降落得最慢，你们觉得谁的降落伞降落得最慢呢？为什么？

（2）幼儿自主探究不同伞面大小的降落伞的降落速度并进行观察、比较。

（3）教师小结：大的伞面接触的空气多，因此通常受到的阻力相对较大，所以降落速度相对较慢。

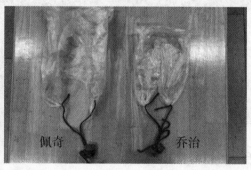

佩奇　　　乔治

图 2-5

2.实验 2：感知降落伞降落速度快慢与悬挂物轻重之间的关系。

（1）出示不同重量的悬挂物，如图 2-6 所示。

提出问题：同一个降落伞，如果分别悬挂重的物品和轻的物品，从同一高度自由降落，哪个会最先落地呢？

请幼儿大胆猜测结果及原因。

（2）共同实验，并进行观察。

（3）教师小结：一般情况下，同一高度，同一个降落伞，悬挂的物品越重就会越快落地。

轻的悬挂物　　　　　　重的悬挂物

图　2-6

活动 2：我是小小设计师

根据幼儿感兴趣的实验材料，进行分组，小组成员将设计方案绘制在表 2-2 中。

表　2-2

降落伞设计方案
所需材料
我的设计
制作步骤

活动 3：分享设计方案

1.幼儿小组内介绍设计方案内容，如图 2-7 所示。小组商量确定最终使用谁的设计方案，方案经完善后，在班级中分享，并对人员分工、材料选择等进行确定。

图　2-7

2. 分组进行分享

（1）介绍制作降落伞所需的材料，介绍伞面形状，如圆形、方形等，并解释每种形状的伞面可能对降落伞降落速度的影响。

（2）介绍预估的绳子的连接方式，确保绳子牢固不易脱落。

（3）介绍确定的悬挂物材料以及悬挂位置。

第 3 课　我制作的降落伞

探究目标

1. 根据设计方案，小组分工合作完成降落伞的制作。

2. 小组成员积极动脑，有合作意识，能发现问题并解决问题。

3. 本课的预期科学成果为幼儿通过分工合作制作的降落伞。

课时安排

2 课时，50 分钟。

材料选择

塑料袋、布、安全剪刀、绳子、玩具等，部分材料和工具如图 2-8 所示。

图 2-8

科学探究

活动 1：我来制作降落伞

小组合作，完成项目制作，如图 2-9 所示。

1. 回顾降落伞的基本结构，确定制作的步骤。

2. 讨论问题：选择什么形状的伞面，什么材料的悬挂物？

3. 各小组进行制作，教师巡回指导。

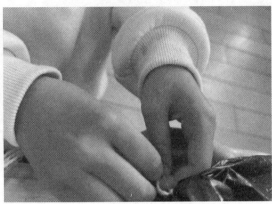

图　2-9

活动 2：我发现，我解决

在试飞过程中，幼儿发现了很多问题，他们通过讨论，想到了解决策略，见表 2-3。

表　2-3

制作项目	发现的问题	解决策略
降落伞 1	降落伞向一边偏	每条伞绳长度不同，重新调整伞绳长度
降落伞 2	降落效果不好	悬挂物过重，重新调整悬挂物的重量

（续）

制作项目	发现的问题	解决策略
降落伞 3	降落伞结构不稳定	将伞绳与伞面重新系紧
降落伞 4	降落伞伞绳打结	更换伞绳材料

第 4 课　展示我的降落伞

1. 能在班级中大胆地介绍自己小组制作的降落伞，并对本组及其他组的降落伞进行客观评价。

2. 总结发现自己小组在制作过程中遇到的问题。

3. 本课的预期科学成果为幼儿利用展示总结的经验，分组制作的 2.0 版降落伞。

课时安排

1 课时，25 分钟。

科学探究

活动 1：分享我制作的降落伞

四个小组分别上台，展示汇报。

1. 各小组成员分别根据自己负责的部分进行介绍，见表 2-4，并请其他小组进行评价。

2. 教师对幼儿进行提问：在制作过程中遇到了哪些困难？是如何解决的？有什么新的发现？

表　2-4

小组	降落伞作品	材料和工具	功能及特点
第一组	降落伞 1  	塑料袋、绳子、玩具、安全剪刀等	有 4 根伞绳，连接较紧；降落时速度较慢
第二组	降落伞 2  	塑料袋、绳子、玩具、安全剪刀等	与其他组降落伞相比，此降落伞伞面最大，降落速度最慢
第三组	降落伞 3  	塑料袋、绳子、玩具、安全剪刀等	与其他组降落伞相比，此降落伞伞绳最长，且有 2 根伞绳；降落速度适中
第四组	降落伞 4  	布、绳子、玩具、安全剪刀等	与其他组降落伞相比，此降落伞最重，降落速度最快

活动 2：玩一玩，测一测

　　各小组分别从同一高度对降落伞进行试飞，如图 2-10 所示，并检验各小组的降落伞是否能够让物品安全降落，降落过程是否平稳，并谈谈感受：降落速度如何？有没有打转飘走？

　　1. 幼儿在对比不同小组实验结果的过程中，发现不同组的降落伞的优点。

　　2. 针对测试中发现的问题，小组讨论，解决问题，迭代更新，制作 2.0 版更优质的降落伞。

图　2-10

科学成果

孩子们，本项目学习到此就接近尾声了，最后请把自己的科学收获贴在或写在这里吧！

降落伞的悬挂物越重，降落得就越快，悬挂物越轻，降落得就越慢，原来这与神奇的重力有关。科学真是太神奇了！

我知道为什么降落伞能让降落速度变慢了，原来是利用了空气的阻力。伞面越大，与空气的接触面积就越大，阻力也就越大，所以降落的速度就变慢了。空气阻力这么厉害，是不是宇宙飞船着陆也用到了类似的原理来辅助减速呢？科学真是太有趣了！

学习评价

教师对幼儿在调查、设计、制作、测试、分享、玩耍等过程中的表现情况进行表现性评价，并引导幼儿进行自评、互评，见表 2-5。

表　2-5

评价内容	评价等级 ☺☺☺☺☺		
	教师评价	幼儿自评	幼儿互评
了解降落伞的基本结构以及在生活中的用途；主动调查影响降落伞降落速度的原因，并能在班级中进行分享			
能参与降落伞降落实验，探索哪些原因会影响降落伞的降落速度；能根据自己的设想进行降落伞设计方案的绘制，并在小组内介绍自己的设计方案；经小组商量确定本组设计方案			
能根据设计方案制作降落伞，制作过程中小组成员相互合作，任务分工明确，各司其职			
能积极主动进行小组间的学习与交流，根据学习过程中的反馈和收获对本组的降落伞进行改进			
测试环节能对降落伞能否平稳降落进行试验，总结发现问题；制作的降落伞能减缓降落速度			
总评			

注："优"为 5 个☺，"良好"为 4 个☺，"合格"为 3 个☺，"一般"为 1~2 个☺。

2.2 课例6：弹力运动会

情 境 导 入

《指南》中指出，鼓励幼儿根据观察或发现提出值得继续探究的问题，或成人提出有探究意义且能激发幼儿兴趣的问题。因此面对幼儿的提问，教师应该及时挖掘其中的教育价值，通过提问等方式，引导幼儿思考并对事物进行比较观察和连续观察，这样才能更好地培养幼儿的科学探究能力。

户外活动时，孩子们正在跳橡皮筋，玩得不亦乐乎。这时，有个小朋友把沙包放在橡皮筋上使劲向后拉扯，然后手猛的一松，沙包向前飞去，打中了一旁的体育器械。这个玩法瞬间吸引了其他小朋友的注意，大家纷纷开始拉扯橡皮筋，比赛谁发射的沙包射得远。"这就像弹弓一样！""对呀，橡皮筋真有弹性啊！""看我的橡皮筋能拉这么长呢！"看到孩子们对橡皮筋充满兴趣，于是，一场关于橡皮筋的探索之旅拉开了帷幕。

学 习 要 求

1. 通过探索活动，发现橡皮筋的弹性秘密，了解橡皮筋的特征以及制作材料。通过这一过程激发幼儿对橡皮筋弹性现象的好奇心，引导他们操作学习和发现学习，进而培养幼儿创造性思维和对科学的探索精神。

2. 能够利用橡皮筋的弹力特性设计各类物品，并根据设计内容寻找适宜材料制作弹力物品；能够学会综合使用材料，运用连接、打结、系等技能完成制作，从而培养幼儿的动手操作能力。

3. 了解生活中很多物品都是利用橡皮筋的弹力特征进行设计的，知道橡皮筋在生活中的作用，能利用橡皮筋的特性设计并制作玩具，从而培养幼儿的将所学知识运用到实际生活中的能力。

4. 感知橡皮筋弹性，能进行橡皮筋弹性实验并记录不同橡皮筋的弹性差异，在制作过程中培养幼儿的数学思维。

教学流程

"弹力运动会"教学流程如图 2-11 所示。

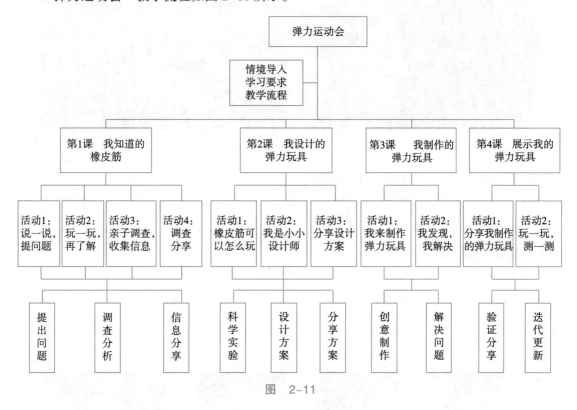

图 2-11

第 1 课 我知道的橡皮筋

探究目标

1. 通过调查，幼儿了解橡皮筋的弹性特征以及在生活中的运用。

2. 对橡皮筋充满探索兴趣。

3. 本课的预期科学成果为幼儿通过调查完成的"橡皮筋的秘密"调查表。

课时安排

2 课时，50 分钟。

科学探究

活动 1：说一说，提问题

1. 师幼共同找一找身上有没有橡皮筋，拉一拉、扯一扯感受橡皮筋的弹性，如图 2-12 所示。

图 2-12

2. 通过讨论交流，幼儿提出以下问题。

（1）橡皮筋为什么有弹性？

（2）有弹力的橡皮筋为什么会断？

活动2：玩一玩，再了解

橡皮筋物品展览会：师幼共同寻找身边常见的各类橡皮筋物品，并将其带入园内，举办橡皮筋物品展览会。师幼共同观察这些物品的特性，摸一摸，玩一玩，如图2-13所示。

1. 感受不同物品的弹力。

2. 用力拉扯后松开，感受它们的不同变化。

图 2-13

活动3：亲子调查，收集信息

1. 师幼根据总结的问题设计调查表，确定调查内容，发放"橡皮筋的秘密"调查表，见表2-6。

2. 鼓励亲子运用多种方式（教师适当引导：上网查询、咨询相关人员、科技馆实地调查等）共同完成调查，进一步了解橡皮筋的弹力原理以及橡皮筋为什么有弹性等，并理解橡皮筋的弹力特性。

表　2-6

"橡皮筋的秘密"调查表

班级：　　　　　　　姓名：

橡皮筋的制作材料是什么	橡皮筋为什么有弹性	在家中，哪些物品用到了橡皮筋	你想利用橡皮筋做什么	使用橡皮筋时应该注意什么

活动 4：调查分享

1.幼儿介绍自己的调查内容，如图 2-14 所示。

2.教师小结：橡皮筋是一种用橡胶制成的"绳子"或乳胶等为原材料制成的，有一定的弹力。橡胶、乳胶材料里面，有很多小小的"绳子"，这些"绳子"平时自然状态下是弯弯扭扭的。当我们把橡皮筋拉长时，这些小"绳子"就被我们慢慢拉直了，但是它们不喜欢被拉直，它们总想变回原来弯弯扭扭的样子。所以，当我们松开橡皮筋时，这些小"绳子"就会努力地往回跑，橡皮筋又变回原来的样子。如果我们的橡皮筋使用时间过长，慢慢地，橡皮筋的性能逐渐老化，弹性就会减弱，所以一拉就断。

3.教师说明使用橡皮筋时的注意事项：橡皮筋虽很好玩，但是不能靠近眼睛等脆弱部位，更不能套在身体的某些部位，如手指、胳膊等处。

图　2-14

第 2 课　我设计的弹力玩具

🔷 **探究目标**

1.根据橡皮筋的特性，大胆设计小组喜欢的弹力玩具。

2.确定小组成员以及小组想要设计的弹力玩具样式，并在班级中展示介绍经商量确定的小组设计方案。

3.本课的预期科学成果为幼儿分组探讨后，共同绘制的弹力玩具设计方案。

2 课时，50 分钟。

活动1：橡皮筋可以怎么玩

1.师幼共同收集各种各样的橡皮筋，拉一拉收集到的橡皮筋，并请幼儿思考：橡皮筋可以怎么玩？橡皮筋除了拉还可以做什么？橡皮筋在我们的生活中有哪些妙用呢？

2.教师小结：橡皮筋可以和生活物品结合制作玩具；橡皮筋可以捆绑物品，在我们的生活中有很多用处，比如，裤子的松紧、袖口的松紧都是利用橡皮筋制作的。

3.小组讨论：你想要用橡皮筋做什么弹力玩具呢？

请幼儿说一说自己的想法，并进行分组，有弹弓组、火箭组、弹力发射器组和旋转八爪鱼组，各组围绕自己组的创意进行设计。

活动2：我是小小设计师

小组初步尝试设计弹力玩具，将设计方案绘制在表 2-7 中，教师巡回指导。部分幼儿作品，如图 2-15 所示。

表　2-7

所需材料
我的设计
制作步骤

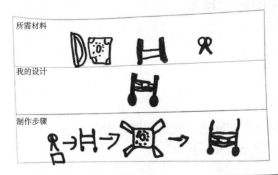

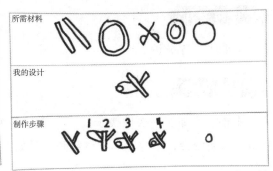

图 2-15

活动 3: 分享设计方案

1. 幼儿小组内介绍设计方案内容，如图 2-16 所示，小组商量确定最终使用谁的设计方案，方案经完善后，在班级中分享，并对人员分工、材料选择等进行确定。

2. 分组进行分享。

（1）介绍本组想要设计的弹力玩具的名称。

（2）介绍本组想要设计的弹力玩具的制作材料及制作方法。

图 2-16

第 3 课　我制作的弹力玩具

探究目标

1. 能根据设计方案，完成弹力玩具的制作。
2. 在制作过程中，积极发现问题并解决问题。
3. 制作完成后，通过玩一玩，发现弹力玩具存在的问题，根据问题进行改正。
4. 本课的预期科学目标为幼儿通过分工合作制作的弹力玩具。

课时安排

3 课时，75 分钟。

材料选择

木棍、麻绳、一次性筷子、橡皮筋、一次性纸杯、吸管、布、铁架、安全剪刀、热熔胶枪、透明胶带，纸等，部分材料和工具如图 2-17 所示。材料数量根据分组数量确定。

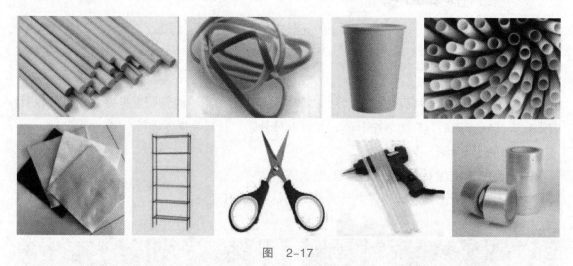

图　2-17

科学探究

活动 1：我来制作弹力玩具

小组合作，完成项目制作，如图 2-18 所示

1. 进一步确定制作的弹力玩具的形状、大小等。
2. 分工合作完成。
3. 小组讨论制作过程中遇到的问题以及相应的解决策略。
4. 各小组依据设计方案，利用收集到的材料，合作完成制作任务。
5. 各小组进行制作，教师巡回指导。

图　2-18

活动 2：我发现，我解决

1. 弹力玩具制作完成后，小组成员通过玩一玩检验玩具的初步制作效果，如图 2-19 所示。

图　2-19

2. 在玩一玩的过程中，幼儿发现了很多问题，他们通过讨论，想到了解决策略，见表 2-8。

表　2-8

制作项目	发现的问题	解决策略
弹力发射器  	发射器无法绑到铁架上	4根橡皮筋长度不一致，重新调整橡皮筋长度
旋转八爪鱼  	八爪鱼无法旋转	橡皮筋与一次性纸杯的接口没有固定住，重新打结固定
火箭  	橡皮筋不好从纸杯洞中穿过	将洞口挖大，选取细一些的橡皮筋
弹弓  	弹弓一用就散	弹弓接口处不稳定，重新用麻绳多缠绕几圈

第 4 课　展示我的弹力玩具

探究目标

1. 在班级中分享自己小组制作的弹力玩具。

2.欣赏他人的作品。

3.能够在班级中客观的对自己小组与他人小组的作品进行评价，小组成员针对评价结果总结制作经验，为接下来的优化再升级提出想法。

4.本课的预期科学成果为幼儿依据展示总结的经验，分组制作的 2.0 版弹力玩具。

2 课时，50 分钟。

活动 1：分享我制作的弹力玩具

四个小组分别上台，展示汇报。

1.各小组成员分别根据自己负责的部分进行介绍，见表 2-9，并请其他小组进行评价。

2.教师对幼儿进行提问：在制作过程中遇到了哪些困难？是如何解决的？有什么新的发现？

表　2-9

小组	弹力玩具作品	材料和工具	功能及特点
第一组	弹力发射器	布、橡皮筋、安全剪刀等	发射器可以随意移动，可以朝任何方向发射，弹力较大，射程远
第二组	旋转八爪鱼	一次性纸杯、吸管、橡皮筋、安全剪刀、纸等	操作简单，能旋转多圈，有时需要两人合作

（续）

小组	弹力玩具作品	材料和工具	功能及特点
第三组	火箭	一次性纸杯、纸、安全剪刀、橡皮筋、吸管等	小巧轻便，火箭弹力较小，飞的高度不高
第四组	弹弓	木棍、橡皮筋、麻绳等	弹弓射程较远，易操作，结构比较结实

活动 2：玩一玩，测一测

通过测试，检测玩具是否利用到了橡皮筋，如何利用橡皮筋使弹力玩具更加有趣，如图 2-20 所示。

1. 幼儿在对比不同小组制作的弹力玩具的过程中，了解不同小组弹力玩具的玩法。

2. 针对测试中发现的问题，小组讨论，解决问题，迭代更新，制作了 2.0 版更优质的弹力玩具。

图　2-20

科学成果

孩子们，本项目学习到此就接近尾声了，最后请把自己的科学收获贴在或写在这里吧！

学习评价

教师对幼儿在调查、设计、制作、测试、分享、玩耍等过程中的表现情况进行表现性评价，并引导幼儿进行自评、互评，见表 2-10。

表 2-10

评价内容	评价等级 😊😊😊😊😊		
	教师评价	幼儿自评	幼儿互评
主动调查橡皮筋的制作材料与特性，知道橡皮筋具有弹性；结合生活经验，发现生活中橡皮筋的用途，并乐于在班级中进行分享			
根据橡皮筋的弹性特性，能巧妙地结合生活中的玩具进行设计；小组间商讨并确定制作弹力玩具的样式			
能根据玩的要求，与橡皮筋的特性进行结合设计出适宜的玩具；能积极参与小组活动，在小组中大胆表达自己的想法，语言表达清晰			
测试环节能对玩具是否与橡皮筋有效结合进行测验，总结发现问题；能吸取经验以及接受他人建议，制作出 2.0 版弹力玩具			
对制作弹力玩具的过程充满兴趣，乐于参加小组活动；能够在班级中客观的对自己小组与他人小组的弹力玩具进行评价			
总评			

注："优"为 5 个 😊，"良好"为 4 个 😊，"合格"为 3 个 😊，"一般"为 1~2 个 😊。

2.3　课例7：污水变干净啦

《幼儿园教育指导纲要（试行）》中指出，科学应密切联系幼儿的实际生活进行，利用身边的事物与现象作为科学探索的对象。幼儿的科学探究源于生活，基于生活的探究更能吸引幼儿的兴趣。科技改变生活，感知常用科技产品与自己生活的关系，通过探究周围的实物与现象才能真正地把科学学习贯穿在幼儿的生活之中。

班级保育老师在洗拖把时，拖把池变得浑浊不堪。孩子们看着脏脏的水，纷纷发出疑问"这水也太脏了！""这么多水要是倒掉太浪费了！""对呀，要是能把这些水重新变干净就好了。""是呀，污水能变干净吗？"污水在生活中随处可见，幼儿只见过干净的水变脏，可是脏水怎么变干净，这个问题引发了孩子们的猜想与讨论。于是，在与孩子们共同讨论后，我们决定一起探究如何把污水变干净。

学习要求

1. 探究把污水变干净的方法，包括了解污水处理中常用的过滤方式及其工作原理，知道这些过滤方式在城市污水处理中的实际应用。培养幼儿科学探索能力，增强他们的环境保护意识。

2. 利用污水过滤原理，通过各种材料制作简易的污水过滤装置，掌握多层过滤的方法，以此培养幼儿分析和动手操作的能力。

3. 能根据绘制的设计方案寻找适宜材料制作净水器，尝试记录实验结果，并大胆尝试使用不同的过滤材料，勇于探索与发现。

4. 积极进行实验，通过目测和实验对比发现不同材料的过滤效果不同，进而探究过滤程度与材料空隙之间的关系，以此培养幼儿的实践操作能力。

教学流程

"污水变干净啦"教学流程如图 2-21 所示。

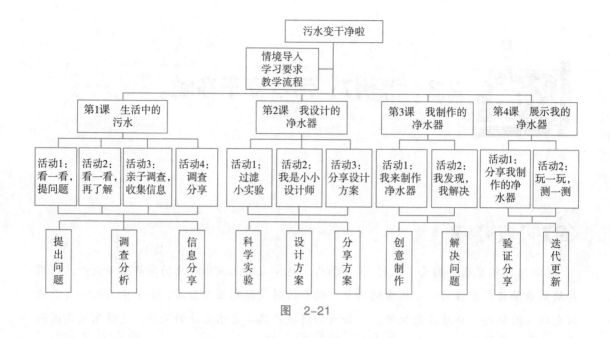

图 2-21

第 1 课 生活中的污水

1. 通过调查，幼儿了解生活中的污水有哪些，了解污水过滤原理。

2. 对污水处理有探究兴趣。

3. 了解生活中的污水会流向污水处理厂，并通过过滤的形式被净化；生活中有很多物质可用作过滤材料。

4. 本课的预期科学成果为幼儿通过调查完成的污水处理调查表。

2 课时，50 分钟。

科学探究

活动 1：看一看，提问题

1. 教师出示如图 2-22 所示的污水图片，请幼儿思考，在日常生活中有哪些常见的污水。

2. 通过讨论交流，幼儿提出以下问题。

（1）怎么才能让污水变干净？

（2）污水能够循环利用吗？

（3）生活中的污水都跑到哪里去了？

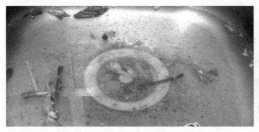

图　2-22

活动 2：看一看，再了解

1. 通过班级讨论后，幼儿带着已有的问题，师幼共同观看污水处理厂处理污水的视频，如图 2-23 所示，引导幼儿了解日常生活中污水处理的基本程序。

2. 班级再讨论以下问题。

（1）我们使用过的污水都去了哪里？

（2）污水处理厂是如何将污水净化至达标的？

图　2-23

3. 教师小结：污水处理的过滤方式广泛应用于污水处理厂。污水处理厂的污水来自工厂、小区、医院、学校等，包含了生产污水、生活污水等。这些污水经过遍布城市地下的污水管网（类似城市的血管系统）汇集后，流到了污水处理厂。在污水处理厂，经过一系列处理工艺，使污水达到排放标准后，才可以重新排放至自然环境中。

活动 3：亲子调查，收集信息

1. 教师发放污水处理调查表，见表 2-11。

2. 鼓励亲子运用多种方式（教师适当引导：上网查询、咨询相关人员、科技馆实地调查等）共同完成调查，进一步了解生活中哪些材料可以用于过滤，为什么过滤能够让污水变干净。

表　2-11

污水处理调查表

班级：　　　　　　　　姓名：

污水中有哪些物质	生活中能够过滤污水的材料	为什么这些材料能够过滤污水	你想制作什么样的过滤器

活动4：调查分享

1. 幼儿介绍自己的调查内容，如图2-24所示，并对调查内容进行讨论、分析、梳理。

2. 教师小结：污水过滤器中，沙子和棉花等起到筛子的作用，当水向下流动时，水里面比较大的物质就会被拦截下来，使水变得比原来清澈一点。日常生活中常见的用于过滤材料有纱布、棉花、活性炭、细沙、毛巾、石英砂等。

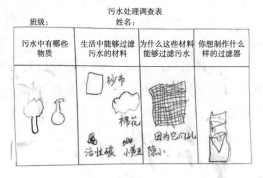

图　2-24

第2课　我设计的净水器

探究目标

1. 进行污水过滤实验，感知不同材料的过滤速度与过滤能力的不同。

2. 根据污水处理原理，尝试绘制净水器设计方案。

3. 本课的预期科学成果为幼儿分组探讨后，共同绘制的净水器设计方案。

课时安排

2课时，50分钟。

科学探究

活动1：过滤小实验

1. 实验问题：这里有一盆很脏的水，它和水龙头流出的自来水一样吗？怎样把水变干净？

2. 教师介绍细沙、豆子、纱布、活性炭、棉花等材料，并鼓励幼儿尝试探索把脏水变干净的方法。

3. 科学小实验

师幼共同将矿泉水瓶一分为二，上半部分做过滤斗，下半部分做盛水装置，在上半部分的瓶盖上戳出几个小孔，方便水渗下，再将不同的过滤材料放置在过滤斗上，进行过滤实验，观察盛水装置中水的净化程度，如图 2-25 所示。

第一组实验：沙子过滤。沙子放进过滤斗里，把脏水倒进去，水很快就渗透进盛水装置里了，但水还是很脏的。

第二组实验：棉花过滤。棉花放进过滤斗里，把脏水倒在棉花上，水缓慢地渗透进盛水装置里，盛水装置里的水比第一组实验要干净一点。

第三组实验：纱布过滤。纱布放进过滤斗里，把脏水倒在纱布上，水缓慢地渗透进盛水装置里，盛水装置里的水比第二组实验要更干净一点。

第四组实验：豆子过滤。豆子放进过滤斗里，把脏水倒在豆子上面，水慢慢地渗透进盛水装置里，盛水装置里的水比第一组实验干净一点。

第五组实验：活性炭过滤。活性炭放进过滤斗里，把脏水倒进装有活性炭的盛水装置中，水是五个实验中最干净的。

图　2-25

师幼分析：沙子里有灰尘，所以过滤的水很脏；纱布、棉花上的空隙比较小，能把脏东西拦住，所以，过滤的水比沙子要干净一点；豆子上的空隙比纱布、棉花的空隙大一些，脏水流的快一点也脏一点，但是比沙子过滤要干净点；活性炭里过滤出来的水最干净。

教师提问：活性炭这么黑为什么过滤出来的水却最干净呢？

教师引导幼儿看小视频再总结：因为活性炭是利用木炭、竹炭、各种果壳和优质煤等作为原料，通过物理和化学方法经过一系列工序制造而成，它具有物理吸附和化学吸附的双重特性，可以有选择的吸附水中的各种物质，以达到脱色、除臭和去除化学污染以及挥发有机物等目的，因此过滤效果最好。

过滤后教师提问：看上去很干净的水可以直接饮用吗？

教师小结：过滤后的水看上去很干净，其实其中包含很多细菌，是不可以直接饮用的。如图 2-26 所示。但是却可以用来洗拖把、洗抹布、擦桌椅等，进行二次利用，节约水资源。

 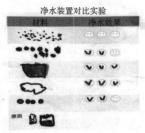 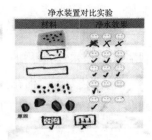

图 2-26

活动 2：我是小小设计师

根据幼儿感兴趣的实验材料，进行分组，小组成员将设计方案绘制在表 2-12 中，部分幼儿设计方案如图 2-27 所示。

表 2-12

净水器设计方案

所需材料
我的设计
制作步骤

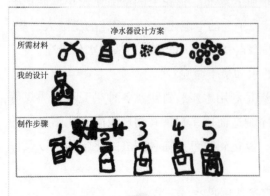 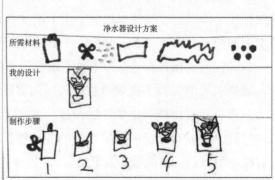

图 2-27

活动 3：分享设计方案

1. 幼儿小组内介绍设计方案内容，如图 2-28 所示。小组商量确定最终使用谁的设计方案，方案经完善后，在班级中分享，并对人员分工、材料选择等进行确定。

图 2-28

2. 分组进行分享。

1. 分享设计的净水器的结构，阐述其材料分布的顺序与原因。

2. 介绍预期的净化效果。

第 3 课 我制作的净水器

探究目标

1. 根据设计方案，小组分工合作完成净水器的制作。

2. 小组成员积极动脑，采用多种方式解决制作净水器过程中的各类问题。

3. 通过合作完成净水器的制作，在发现问题、解决问题的过程中，提高幼儿解决问题能力。

4. 本课的预期科学成果为幼儿通过分工合作制作的净水器。

课时安排

2 课时，50 分钟。

材料选择

纱布、棉花，活性炭、豆子、矿泉水瓶、安全剪刀、热熔胶枪、透明胶带、大头针等，部分材料和工具如图 2-29 所示。

图 2-29

科学探究

活动 1：我来制作净水器

小组合作，完成项目制作，如图 2-30 所示。

1. 回顾净水器的基本结构，确定制作的步骤。

2. 讨论问题：净水器中过滤材料放置的顺序是什么样的？

3. 各小组进行制作，教师巡回指导。

图 2-30

活动 2：我发现，我解决

在制作过程中，幼儿发现了很多问题，他们通过讨论，想到了解决策略，见表 2-13。

表 2-13

制作项目	发现的问题	解决策略
二层过滤净水器 1	瓶子较硬，难以戳洞	除了小刀以外，还可以使用大头针戳洞
二层过滤净水器 2	活性炭不够	活性炭不够，可以用一些较小的豆子，如绿豆，加在活性炭上，效果更好

（续）

制作项目	发现的问题	解决策略
三层过滤净水器 	三层过滤装置不稳	重新调整过滤芯的材料顺序，把较重的放在下面，这样瓶子就能保持平衡了
四层过滤净水器 	四层过滤装置不知道要在哪些地方戳洞，方便水流下来	请教老师，先尝试把过滤装置一层一层组装好，再确定要在哪些瓶子上戳洞

第 4 课　展示我的净水器

探究目标

1. 能在班级中大胆地介绍自己小组制作的作品。

2. 总结发现自己小组在制作中遇到的问题。

3. 能够对自己小组与他人小组的作品进行客观评价，对比发现不同净水器的净水效果，小组成员针对评价结果小组进行总结，为接下来的优化再升级提出想法。

4. 本课的预期科学成果为幼儿利用展示总结的经验，分组制作的 2.0 版净水器。

课时安排

1 课时，25 分钟。

科学探究

活动 1：分享我制作的净水器

四个小组分别上台，展示汇报。

1. 各小组成员分别根据自己负责的部分进行介绍，见表 2-14，并请其他小组进行评价。

2.教师对幼儿进行提问：在制作过程中遇到了哪些困难？是如何解决的？有什么新的发现？

表 2-14

小组	净水器作品	材料和工具	功能及特点
第一组	二层过滤净水器 1	棉花、豆子、矿泉水瓶、安全剪刀、大头针等	净水效果明显，操作简单方便，净水装置体积也较小
第二组	二层过滤净水器 2	活性炭、豆子、矿泉水瓶、安全剪刀、大头针等	有两种过滤材料，过滤速度比第一组慢，净水效果明显
第三组	三层过滤净水器	纱布、棉花、豆子、矿泉水瓶、安全剪刀、大头针等	有三种过滤材料，过滤速度比第二组慢，但净水效果比第二组好
第四组	四层过滤净水器	纱布、豆子、活性炭、棉花、矿泉水瓶、安全剪刀、大头针等	有四种过滤材料，过滤速度是四组中最慢的，但是净水效果最好

活动 2：玩一玩，测一测

通过污水净化实验，各小组检验净水器使用效果，并谈谈感受：制作的净水器能使用吗？感觉如何？

1.幼儿在对比不同小组的净水器的过程中，发现不同组的净水器的过滤效果的差异，如图 2-31 所示。

图 2-31

2. 针对测试中发现的问题，小组讨论，解决问题，迭代更新，制作 2.0 版更优质的净水器。

科学成果

孩子们，本项目学习到此就接近尾声了，最后请把自己的科学收获贴在或写在这里吧！

通过过滤可以把污水变成干净的水，过滤的时候可以吸附脏物质。原来生活中的污水可以回收再利用，我终于知道生活中的污水到哪里去了，科学让我们的生活更美好！

生活中的很多材料也能过滤水，而且不同的材料过滤能力也不一样。通过分层放置不同过滤材料可以更好地净化水，从大颗粒到小颗粒逐步净化。科学真的帮了我们的大忙！

学习评价

教师对幼儿在调查、设计、制作、测试、分享、玩耍等过程中的表现情况进行表现性评价，并引导幼儿进行自评、互评，见表 2-15。

表 2-15

评价内容	评价等级 ☺☺☺☺☺		
	教师评价	幼儿自评	幼儿互评
了解生活中常见的污水有哪些，知道一些过滤的方法可以净化污水；主动调查哪些材料可以过滤污水，并能在班级中进行分享			
知道不同过滤材料的过滤能力不同；能积极进行净水实验探究，记录实验内容，总结实验结果			
根据设计方案制作净水器，在制作过程中小组成员相互合作，任务分工明确，各司其职			
能积极主动进行小组间的学习与交流，根据学习过程中的反馈和收获对净水器进行改进			
能对本组的净水器和他人小组的净水器进行评价；能听取其他人的意见；测试环节能对净水效果进行测验，总结发现的问题			
总评			

注："优"为 5 个☺，"良好"为 4 个☺，"合格"为 3 个☺，"一般"为 1~2 个☺。

2.4 课例8：风筝奇遇记

情 境 导 入

　　小组探究是科学能力培养的重要方式，《指南》中指出，支持幼儿与同伴合作探究与分享交流，引导他们在交流中尝试整理、概括自己探究的成果，体验合作探究和发现的乐趣。如一起讨论和分享自己的问题与发现，一起想办法收集资料和验证猜测。在小组科学活动中，教师要准备充足且多样化的材料，以激发幼儿的好奇心和探究欲望，为小组探究提供物质支持。同时，也要营造宽松的科学探索氛围，鼓励小组中的幼儿勇于提出问题，并大胆做出假设，从而进一步培养他们的思考能力。

　　春天来临，又是一年放风筝的好时节。周末，许多家长带着孩子在野外放风筝，风筝因此也就成了孩子们讨论的话题。他们分享着自己放过什么样的风筝，有没有成功放飞，还疑惑地问着"为什么我的风筝放不起来？"并满怀期待地计划着下次想和谁一起放风筝。"要是我能做一个风筝就好啦！""我也想做一个！"看到孩子们七嘴八舌地讨论着风筝，并且想要自制风筝，于是在孩子们的提议下，我们提出了开展"制作风筝"的活动倡议。这一提议瞬间点燃了孩子们的激情，一场关于风筝的探索旅程开始了……

学 习 要 求

　　1.了解风筝的结构，知道各结构的名称；在探究中了解风筝为什么能够飞起来，以及怎么才能让风筝成功起飞；在制作风筝的过程中，体会不同材料在制作时的特性不同。

　　2.能够掌握裁剪、粘贴、捆绑等多方面技能，能够制作出稳固的风筝骨架。

　　3.能够根据风筝的结构特性制作不同部位并完成组合；能够在对比材料特性后，选择适宜材料；能够设计出造型各异地风筝，并确保其造型美观；在制作过程中，能够不断发现问题并尝试解决问题。

　　4.知道风筝的对称结构；在制作过程中，会用尺子等进行测量，同时能够灵活运用目测、比较等方法。

教 学 流 程

"风筝奇遇记"教学流程如图 2-32 所示。

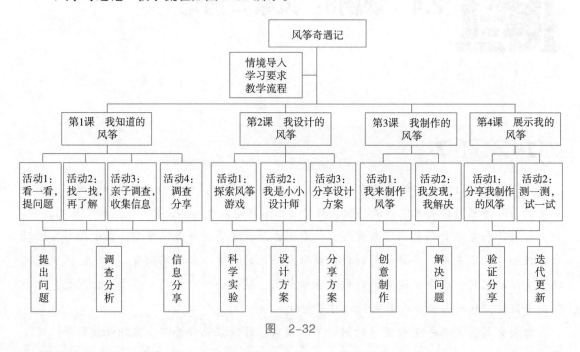

图　2-32

第 1 课　我知道的风筝

探究目标

1. 对探索及制作风筝有兴趣。

2. 通过调查，幼儿了解风筝的基本结构包括哪些，为接下来的制作进行经验积累。

3. 本课的预期科学成果为幼儿通过调查完成的"探秘风筝"调查表。

课时安排

2 课时，50 分钟。

科学探究

活动 1：看一看，提问题

1. 教师提出问题：你见过什么样的风筝？在哪里见到的？风筝的大小颜色是怎样的？这些风筝有什么共同特点？

师幼共同讨论见过的风筝，如图 2-33 所示。

图　2-33

2.通过交流讨论，幼儿提出以下问题。

（1）风筝的外形特征有哪些？

（2）风筝的结构应该包括哪些？

活动2：找一找，再了解

1.师幼共同查找资料，了解风筝的基本结构、各部位名称以及形状等，如图2-34所示。

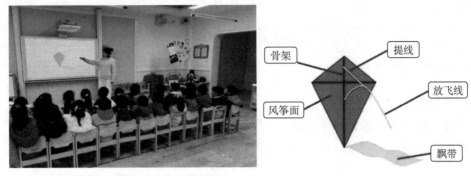

图　2-34

2.师幼探讨：孩子们已有哪些经验？他们还想了解什么？还需拓展哪些相关经验？为此，师幼展开了深入探讨，并对结果进行了梳理、汇总。

活动3：亲子调查，收集信息

1.教师发放"探秘风筝"调查表，见表2-16。

2.资料收集：鼓励家长们陪同孩子再次深入探究风筝，共同收集素材与资料，以支持项目的开展。

3.鼓励幼儿通过绘本阅读、家庭调查、上网查询，包括图片和视频，以及咨询相关人员等方式，了解风筝的来历和起源等，并将收集到的资料整理出来。

表　2-16

"探秘风筝"调查表

班级：　　　　　　　姓名：

风筝的来历	为什么风筝能飞	制作风筝需要哪些材料	风筝的制作步骤	我喜欢的风筝样式

（续）

我放过的风筝（图片或绘画）

活动4：调查分享

幼儿分享调查的结果，教师记录。

1.根据调查情况，幼儿分别介绍近期对风筝的调查结果，如图2-35所示。

图 2-35

2.教师将幼儿分享的结果分类记录下来，师幼共同梳理制作风筝的材料和步骤，如图2-36所示。

3.通过图片说明、PPT介绍、视频观看等多种方式加深对风筝的认知。

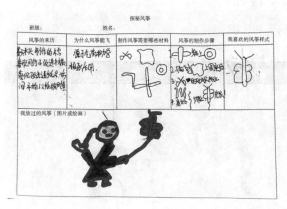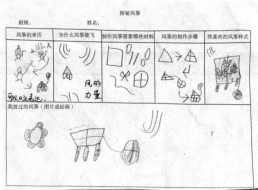

图 2-36

第 2 课　我设计的风筝

探究目标

1. 根据风筝的基本结构设计出自己喜欢的风筝。
2. 能在班级中大胆介绍自己小组确定后的风筝设计方案。
3. 本课的预期科学成果为幼儿分组探讨后，小组共同绘制的风筝设计方案。

课时安排

2 课时，50 分钟。

科学探究

活动 1：探索风筝游戏

1. 教师出示不同生活场景，如公园、操场、山坡、草地等，请幼儿根据已知风筝的种类，选择适合相应情境的风筝，并请幼儿说一说为什么要选择这种风筝，准备用什么材料制作等。

2. 引导幼儿在 STEM 教室，通过对各种材料的实验，感知材料的软硬度及特点，寻找适宜做风筝骨架和风筝面的材料。

3. 引导幼儿观察不同的风筝模型及实物，并找一找风筝的骨架在哪里。

4. 引导幼儿思考风筝骨架的作用和特点（支撑风筝面，轻且对称）。

活动 2：我是小小设计师

1. 幼儿分组初步尝试风筝的设计，将设计方案绘制在表 2-17 中，部分幼儿的设计方案如图 2-37 所示。

2. 教师巡回指导，帮助幼儿绘制风筝设计方案。

表　2-17

_____组

小组成员
材料和工具

设计图

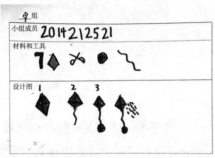

图　2-37

活动 3：分享设计方案

1.风筝设计方案完成后，幼儿组内分别介绍自己的设计方案，如图 2-38 所示。

（1）介绍风筝的形状特点，如三角形、圆形等。

（2）介绍制作风筝的材料及制作方法。

图　2-38

2.再次研讨，优化设计方案。小组根据自己的兴趣爱好，选出相应的设计方案，商量确定好小组成员，明确使用的材料、数量以及小组成员分工，如图 2-39 所示。

图　2-39

3. 各小组确定风筝制作流程及步骤，如图 2-40 所示。

图 2-40

第 3 课 我制作的风筝

探究目标

1. 能根据设计方案，小组分工合作完成风筝的制作。

2. 在制作风筝的过程中，积极发现问题并解决问题。

3. 本课的预期科学成果为幼儿通过分工合作制作的风筝。

课时安排

2 课时，50 分钟。

材料选择

各个项目所需的制作材料，见表 2-18，材料数量根据分组数量确定。

表 2-18

项目	材料和工具	部分材料和工具图
骨架	吸管、扭扭棒、木棍、竹条等	
风筝面	布、塑料袋、卡纸、纸板等	
提线	鱼线、棉线、麻绳等	

（续）

项目	材料和工具	部分材料和工具图
制作工具	热熔胶枪、安全剪刀、胶带等	   

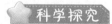

科学探究

活动1：我来制作风筝

小组合作，完成项目制作，如图2-41所示。

1. 进一步确定制作对象的形状、大小等。

2. 小组确定讨论制作中遇到的问题以及相应的解决策略。

3. 各小组依据设计图纸，利用收集到的材料，合作完成制作任务。

4. 各小组进行制作，教师巡回指导。

图　2-41

活动2：我发现，我解决

1. 风筝制作完成后，小组成员通过试飞检验风筝初步制作效果，如图2-42所示。

图　2-42

2. 在试飞过程中，幼儿发现了很多问题，他们通过讨论，想到了解决策略，见表2-19。

表 2-19

制作项目	发现的问题	解决策略
蝴蝶风筝 	风筝飞不起来	由于蝴蝶翅膀不对称，两边重量不一致，所以风筝飞不起来。可以把纸张对折然后一起剪下来，这样两边翅膀大小一致
四边形风筝 	风筝线断了	选择的线不够结实，换成鱼线
圆形风筝 	风筝飞不起来	圆形风筝的纸板太厚了，换成薄一些的纸板
三角形风筝 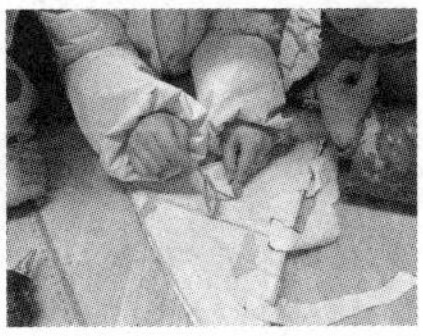	风筝线不够长	加长风筝线，选择适宜的线

第 4 课 展示我的风筝

探究目标

1. 在班级中分享本小组制作的风筝。

2. 能够客观地对自己小组与他人小组的风筝进行评价，小组成员针对评价结果总结制作经验，为接下来的优化再升级提出想法。

3. 本课的预期科学成果为幼儿根据展示总结的经验，分组制作的 2.0 版风筝。

课时安排

2 课时，50 分钟。

科学探究

活动 1：分享我制作的风筝

四个小组分别上台，展示汇报。

1. 各小组成员分别根据自己负责的部分进行介绍，见表 2-20，并请其他小组进行评价。

2. 教师对幼儿进行提问：在制作过程中遇到了哪些困难？是如何解决的？有什么新的发现？

3. 小组分别进行三次试飞，如图 2-43 所示。

表 2-20

小组	风筝作品	材料和工具	功能及特点
第一组	蝴蝶风筝  	卡纸、鱼线、扭扭棒、热熔胶枪等	风筝是蝴蝶造型，满足孩子的兴趣需求，蝴蝶翅膀对称
第二组	四边形风筝  	塑料袋、竹条、鱼线、热熔胶枪等	风筝的材质最轻巧，放飞时比较方便，风筝造型呈四边形
第三组	圆形风筝  	纸板、吸管、鱼线、热熔胶枪等	风筝是圆形的，风筝线很长，能够飞得较高
第四组	三角形风筝  	布、麻绳、竹条、热熔胶枪等	风筝是三角形，风筝的结构比较稳定，便于操作

图　2-43

活动 2：测一测，试一试

1.师幼讨论制定风筝展示环节小组间的评价表，见表 2-21。

2.师幼共同试飞，小组根据评价表对试飞结果进行评价，根据评价情况进行迭代更新。

表　2-21

评价标准	评价星级		
	★	★★	★★★
风筝结构	风筝结构不完整	风筝结构基本完整	风筝结构完整
风筝试飞	飞不了	能飞一定高度，保持一会儿后坠落	能飞一定高度，并能较长时间的保持不坠落
风筝造型	造型较为普通	造型有一定的创意	造型奇特
与设计符合度	与设计图不同	与设计图大部分相同	与设计图基本相同
试飞结果	3 次都不成功	2 次成功	3 次均成功

3.教师引导幼儿分享项目开展心得，回顾项目初始阶段提出的问题是否已解决，是如何解决的，通过迭代更新，制作出 2.0 版更优质的风筝，如图 2-44 所示。

图　2-44

科学成果

孩子们，本项目学习到此就接近尾声了，最后请把自己的科学收获贴在或写在这里吧！

我知道了风筝的结构，包括骨架、风筝面、放飞线等。看似有一定重量的风筝居然能飞起来，这是因为风筝的独特形状和倾斜角度能够巧妙地利用空气的力量。看不见的空气也能展现强大的力量，让我对科学充满了热爱。

想要让风筝飞起来，需要了解风的风向和风速的大小，并且选择轻一些的材料制作风筝。小风筝里藏着大学问，想让风筝飞起来可不是简单的事。科学学习真是无处不在！

学习评价

　　教师对幼儿在调查、设计、制作、测试、分享、玩耍等过程中的表现情况进行表现性评价，并引导幼儿进行自评、互评，见表2-22。

表　2-22

评价内容	评价等级 ☺☺☺☺☺		
	教师评价	幼儿自评	幼儿互评
结合生活经验，分享自己见过的风筝有什么特点；主动调查身边风筝的形状、颜色等			
结合调查结果，设计出自己感兴趣的风筝；能与小组成员共同商讨确定风筝设计方案，并积极发表自己的想法			
知道风筝的制作步骤，能选择适宜材料进行风筝制作；能积极参与小组活动，在小组中大胆表达自己的想法，语言表达清楚			
能根据试飞的情况及时总结发现制作风筝过程中存在的问题，并想办法解决问题			
测试环节能对风筝的稳定性进行测验，总结发现问题；能吸取经验以及接受他人建议，分组制作出2.0版风筝。			
总评			

　　注："优"为5个☺，"良好"为4个☺，"合格"为3个☺，"一般"为1～2个☺。

第3章

自然探索，我成长

3.1　课例9：小葱温暖计划

情境导入

　　《指南》中指出，和幼儿一起通过户外活动、参观考察、种植和饲养活动，感知生物的多样性和独特性，以及生长发育、繁殖和死亡的过程。教师要支持幼儿在接触自然、生活事物和现象中积累有益的直接经验和感性认识。通过这种方式激发幼儿的科学探究兴趣，发展他们的科学探究能力。

　　近期，一场突如其来的降温，让班级植物角种植的小葱遭到了极大的损害。孩子们发现小葱不仅长势变慢，而且遭到冷风吹后也变得东倒西歪，如图 3-1 所示。孩子们针对这一情况纷纷讨论起来："小葱是因为太冷了才变成这样的。""我们都穿上厚衣服了，可小葱没有。""要不，我们也给小葱加件'衣服'吧！""我知道，可以做个大棚，我见过！"孩子的"大棚"提议很快得到了大家的一致认可，大家都觉得要给小葱穿上"衣服"进行保暖。为了满足孩子们的探究欲望，一场针对小葱的"温暖计划"就这样开始了……

图　3-1

学习要求

　　1.通过多种方式了解大棚的结构特点及其基本构成，知道大棚在农业生产中的作用，探索影响支撑柱稳定性的因素，以此培养幼儿的科学探索能力。

　　2.通过剪、贴、捆、夹等多种方式搭建大棚，以此培养幼儿的动手能力。

　　3.尝试绘制大棚设计图，并美化大棚的外观；通过测量小葱生长的高度、设置对照种植试验组等方法，判断大棚能否起到保护小葱生长的作用。

　　4.运用目测、测量、记录等多种方法，探索不同材料制作大棚支撑柱时的稳定性表现，并选择适宜材料稳定大棚结构。

"小葱温暖计划"教学流程如图 3-2 所示。

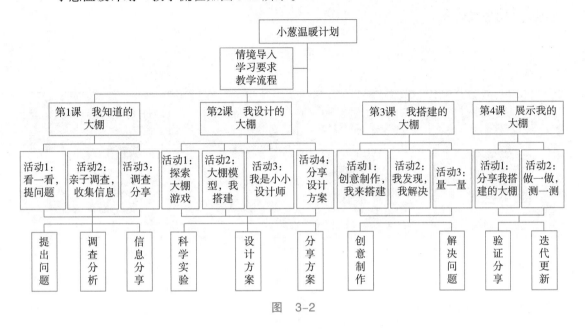

图　3-2

第 1 课　我知道的大棚

探究目标

1. 对大棚感兴趣，幼儿通过调查，了解生活中的大棚，并了解大棚的作用与功能。

2. 亲子完成"我知道的大棚"调查表，进一步丰富大棚的相关知识。

3. 本课的预期科学成果为幼儿通过调查完成"我知道的大棚"调查表。

课时安排

2 课时，50 分钟。

科学探究

活动 1：看一看，提问题

1. 教师出示各种各样大棚的图片及视频，让幼儿了解生活中常见的大棚样式，引导幼儿多方面了解大棚的外形特点，感受大棚的结构造型。

2. 鼓励幼儿积极探讨大棚制作的相关问题，如大棚的结构是什么样的？怎么让大棚"立"起来？在幼儿园里有哪些地方适合搭建大棚？通过启发性提问帮助幼儿梳理搭建大棚的关键问题，为接下来的搭建做经验铺垫。

活动 2：亲子调查，收集信息

1.师幼讨论，确定调查内容，见表 3-1。

2.鼓励亲子运用多种方式（教师适当引导：上网查询、咨询相关人员、科技馆实地调查等）共同完成调查。

表　3-1

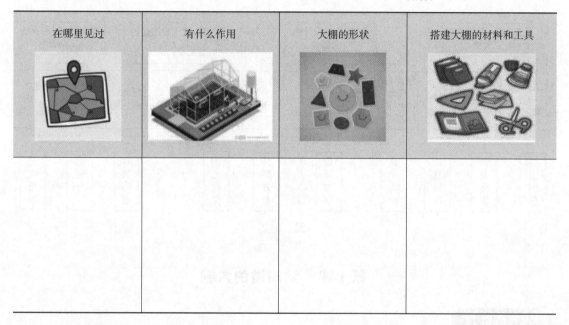

活动 3：调查分享

根据调查结果，鼓励幼儿采用多种形式进行分享，如图片、音频、视频、PPT 等（幼儿可在家长的协助下完成相关资料的收集）。

1.幼儿展示调查表，如图 3-3 所示，分别介绍近期对于大棚的调查结果。

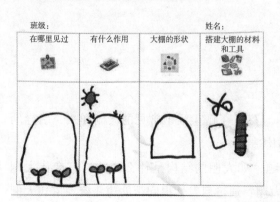 

图　3-3

2.教师将幼儿的调查结果进行记录梳理，帮助幼儿进一步了解大棚的外形特点以及结构等。

第 2 课　我设计的大棚

探究目标

1.根据调查结果，初步绘制大棚设计方案，并搭建大棚模型。
2.与小组成员积极探讨想设计的大棚的形状及制作材料，并与他人进行分享。
3.本课的预期科学目标为幼儿分组探讨后，共同绘制的大棚设计方案。

课时安排

2 课时，50 分钟。

科学探究

活动 1：探索大棚游戏

1.教师引导幼儿思考：选择大棚材料时，需要考虑哪些因素？如大棚棚顶的遮阳功能，能否防晒、防紫外线等；大棚支撑柱需要选择坚固的材料等。

2.引导幼儿分别进行隔热实验和透光实验，以此选择出具备大棚遮阳效果的棚顶材料。

（1）隔热实验方法：将搭建好的大棚放置在阳光下，把大棚支架四周用不同材料围起来，形成一个封闭的小环境。待 30 分钟后，将温度计置于其中，记录温度计读数，并比较度数的高低，度数越低说明棚顶材料隔热性越好。

（2）透光实验：幼儿以小组合作的形式开展实验，并做好记录。教师出示塑料袋、防雨布、透明袋等不同材料，幼儿拿手电筒从材料的一边照射，观察另一边是否有光透过去。

活动 2：大棚模型，我搭建

1.有位小朋友提出："楼房都有模型图，我们也给大棚搭个模型吧！"于是，在了解了大棚的外形与构造之后，孩子们自主收集多种材料，尝试根据调查结果模拟搭建大棚模型，如图 3-4 所示。幼儿分组在班级中纷纷展示并介绍本组大棚模型的特点以及搭建方法。通过此活动，对于大棚的外形和结构更加熟悉了，对搭建大棚时所需材料的选择也更有把握了。

2.引导幼儿讨论以下话题。

（1）大棚的支撑柱需要多少？

（2）大棚的外形可以是什么形状？

通过班级讨论，幼儿们进一步丰富了相关搭建经验，明确了搭建对象的结构特点等。

图 3-4

活动 3：我是小小设计师

1. 通过模型搭建，幼儿进一步掌握了大棚的外形特点，根据自己的兴趣，幼儿进行大棚设计方案的绘制并分组讨论：你想做一个什么样的大棚，打算用什么材料？

2. 幼儿绘制设计方案，填写在表 3-2 中。

通过绘制设计方案，幼儿明确自己的搭建对象、所需的材料以及人员分工等。

表　3-2

我的大棚设计方案

班级：　　　　　　　　　　　　　　　　　　　　　　　　姓名：

需要的材料	设计图

活动 4：分享设计方案

1. 幼儿小组内介绍自己的设计方案内容，如图 3-5 所示。小组商量确定最终使用谁的设计方案，方案经完善后，在班级中分享，并对人员分工、材料选择进行确定。

2. 分组进行分享。

（1）介绍大棚的框架结构、选择的支撑柱。

（2）介绍大棚制作所需的材料及制作流程。

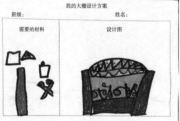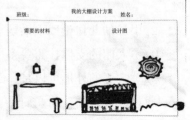

图　3-5

第 3 课　我搭建的大棚

探究目标

1. 根据设计方案，小组分工合作完成大棚的搭建。
2. 小组成员积极动脑，采用多种方式解决搭建过程中的各类问题。
3. 通过多种方式测量小葱的生长高度，检验大棚的保温效果。
4. 本课的预期科学成果为幼儿通过分工合作搭建的大棚。

课时安排

2 课时，50 分钟。

材料选择

透明胶带、吸管、竹签、塑料布、安全剪刀、绳子、毛根、泡沫箱、燕尾夹等，部分材料和工具如图 3-6 所示。

图　3-6

科学探究

活动 1：创意制作，我来搭建

小组合作，完成项目制作，如图 3-7 所示。

1. 回顾大棚的基本结构，确定大棚的搭建步骤。

2. 讨论搭建大棚需要做哪些事情？根据每个幼儿的能力特长，做好分工。

3. 小组确定搭建的大棚样式，选择并确定棚顶和支撑柱的材料及所需数量，讨论如何稳固支撑柱与棚顶的连接。

4.各小组进行，教师巡回指导。

图　3-7

活动 2：我发现，我解决

在搭建大棚的过程中，幼儿发现了许多问题，他们通过讨论，想到了解决策略，见表 3-3。

表　3-3

制作项目	发现的问题	解决策略
毛根大棚	虽然能够任意地改变毛根造型，但是毛根太软，无法支撑起棚顶的塑料布	通过多根毛根固定在一起来实现支撑柱的稳定，但是仍然不够稳固，与目标效果有差距

（续）

制作项目	发现的问题	解决策略
竹签大棚 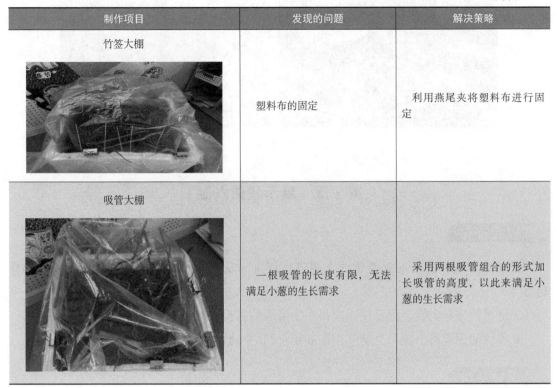	塑料布的固定	利用燕尾夹将塑料布进行固定
吸管大棚	一根吸管的长度有限，无法满足小葱的生长需求	采用两根吸管组合的形式加长吸管的高度，以此来满足小葱的生长需求

活动 3：量一量

吸管大棚、竹签大棚搭建成功，毛根大棚失败，如图 3-8 所示。

图 3-8

通过小组间的分工合作实验，幼儿发现了不同材料的特性，如毛根太软，吸管不够长等，进一步感受不同材料对大棚搭建结果的影响。虽然大棚已经搭建完成，但是大棚能否帮助小葱生长，怎么确定大棚的作用呢？孩子们积极动脑想到了通过测量小葱生长高度来检验，如图 3-9 所示。在测量过程中，他们不仅丰富了测量工具的使用经验，还进一步掌握了科学的测量方法。

图　3-9

第4课　展示我的大棚

探究目标

1. 能够客观、公正地对搭建的大棚进行评价，发展幼儿的逻辑思维能力及团队协作能力。

2. 通过探究和实践，感受项目取得成功带来的喜悦。

3. 本课的预期科学成果为幼儿根据展示总结的经验，分组制作的 2.0 版大棚。

课时安排

2 课时，50 分钟。

科学探究

活动 1：分享我搭建的大棚

三个小组分别上台，展示汇报。

1. 各小组成员分别根据自己负责的部分进行介绍，见表 3-4，并请其他小组进行评价。

2. 教师对幼儿进行提问：在搭建过程中遇到了哪些困难？是如何解决的？有什么新的发现？

表　3-4

小组	大棚作品	材料和工具	功能及特点
第一组	毛根大棚	毛根、塑料布等	大棚的结构不稳定

（续）

小组	大棚作品	材料和工具	功能及特点
第二组	竹签大棚 	竹签、塑料布、燕尾夹、泡沫箱等	有泡沫箱支撑，大棚的结构很稳定，能够起到很好的保温防寒效果；竹签太细，需要加固；使用时轻便易操作
第三组	吸管大棚 	吸管、塑料布、燕尾夹、泡沫箱等	有吸管支撑，大棚的结构很稳定；能够起到很好的保温防寒效果；吸管较短，不能满足小葱生长需求

活动 2：做一做，测一测

1. 幼儿通过展示、评价和讨论，解决了发现的问题，积累了相关的搭建经验，迭代更新，搭建出 2.0 版大棚，如图 3-10 所示。

图　3-10

2. 师幼讨论如何判断大棚的温暖效果？

得出结论：通过测量大棚内、外的温度差，确定大棚是否有保温效果，如图 3-11 所示。

日期	天气	棚内温度	棚外温度	变化
11·13		9	7	2
11·14		7	5	2
11·15		11	8	3
11·16		12	9	3

图　3-11

科学成果

孩子们，本项目学习到此就接近尾声了，最后请把自己的科学收获贴在或写在这里吧！

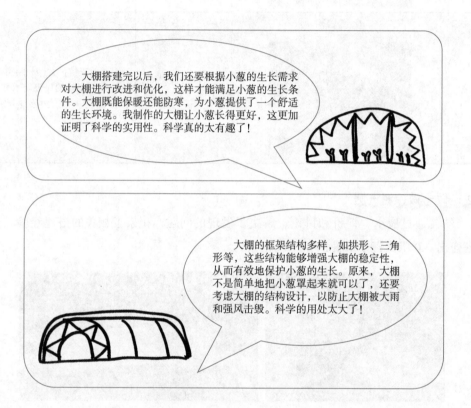

大棚搭建完以后，我们还要根据小葱的生长需求对大棚进行改进和优化，这样才能满足小葱的生长条件。大棚既能保暖还能防寒，为小葱提供了一个舒适的生长环境。我制作的大棚让小葱长得更好，这更加证明了科学的实用性。科学真的太有趣了！

大棚的框架结构多样，如拱形、三角形等，这些结构能够增强大棚的稳定性，从而有效地保护小葱的生长。原来，大棚不是简单地把小葱罩起来就可以了，还要考虑大棚的结构设计，以防止大棚被大雨和强风击毁。科学的用处太大了！

学习评价

教师对幼儿在调查、设计、制作、测试、分享、玩耍等过程中的表现情况进行表现性评价，并引导幼儿进行自评、互评，见表3-5。

表　3–5

评价内容	评价等级 ☺☺☺☺☺		
	教师评价	幼儿自评	幼儿互评
了解生活中常见大棚的种类以及大棚的作用；主动调查大棚的相关资料，并能在班级中进行分享			
根据已有知识经验尝试搭建大棚模型，对搭建对象有一定的了解；积极参与小组活动，小组商量确定绘制的大棚设计方案			
根据设计方案搭建，搭建过程中成员间相互合作，分工明确，各司其职			
遇到问题时，不轻易放弃，充分讨论，表达想法，创造性地提出解决问题的策略			
尝试用多种材料做长度标记；会熟练使用科学测量的方法比较长短；能通过记录温度差进一步感受数的运算			
总评			

注：“优”为 5 个☺，“良好”为 4 个☺，“合格”为 3 个☺，“一般”为 1~2 个☺。

3.2　课例10：蛋宝宝大变身

《指南》中指出，初步了解和体会动植物和人们生活的关系。科学学习蕴含在探究认识周围事物和现象中，因此教师需要结合幼儿的生活需要，引导他们体会人与自然、动植物的依赖关系。

春分时节，班级开展了"立蛋"活动，孩子们乐此不疲地尝试用多种方法让蛋宝宝站立起来。可是，有的小朋友失败了，鸡蛋不小心破了，蛋液流了出来，孩子们纷纷围过来，"这和我们吃的鸡蛋不一样""对呀，这是生的鸡蛋！""可是外表看起来都一样呀！"很快，小小的鸡蛋引发了孩子们的大讨论：鸡蛋里面有什么？怎么区分生、熟鸡蛋呢？就这样，一场关于鸡蛋的探究开始了。

学 习 要 求

1. 通过观察、操作，初步认识鸡蛋的构造和特点；尝试自己想办法辨别生、熟鸡蛋，并大胆表达自己的发现；了解鸡蛋的作用，知道鸡蛋除了可以吃，蛋壳还有清除水垢、作为植物肥料为植物提供养分等其他作用。通过以上活动培养幼儿探索的能力。

2. 学习制作鸡蛋美食的方法，通过擦、洗、晒、浸泡、煮等方法制作茶叶蛋、染蛋、腌蛋，培养幼儿的动手操作能力。

3. 探索让鸡蛋站立的方法，发展幼儿的思维能力和动手操作能力。

4. 观察比较鸡蛋的颜色、大小、种类、重量的不同，能用图画、数字或其他符号来记录探究过程。

教 学 流 程

"蛋宝宝大变身"教学流程如图 3-12 所示。

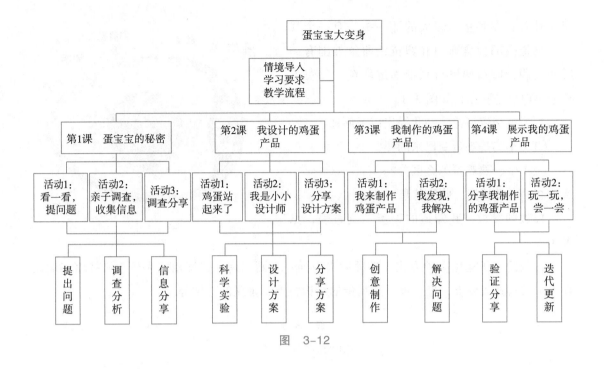

图　3-12

第 1 课　蛋宝宝的秘密

⭐ 探究目标

1. 通过调查，幼儿初步认识鸡蛋的构造和特点，尝试自己想办法辨别生、熟鸡蛋。

2. 幼儿对探索鸡蛋有兴趣，积极完成调查。

3. 本课的预期科学成果为幼儿通过调查完成的"我知道的鸡蛋"调查表。

⭐ 课时安排

2 课时，50 分钟。

⭐ 科学探究

活动 1：看一看，提问题

1. 分组探究，观察鸡蛋的外形特点。

小结：鸡蛋有不同颜色，有的是青色的，有的是白色的，有的是偏红的；鸡蛋一头大，一头小；蛋壳表面还有小孔。

2. 观看鸡蛋构造解说视频，了解鸡蛋内部构造。

引导语：鸡蛋里面是什么样的，小朋友们知道吗？老师今天带来了一个视频，我们一起看看鸡蛋内部构造是什么样的。

教师小结：鸡蛋的最外层是坚硬的卵壳，敲碎卵壳并轻轻剥除后，我们能看到白色的卵壳外膜；在鸡蛋比较大的那一头，有一个气室。鸡蛋内部包含卵白和卵黄，卵黄外围有一层卵黄膜，卵黄两侧有系带固定卵黄，卵黄上有个小白点是胚盘，如图 3-13 所示。

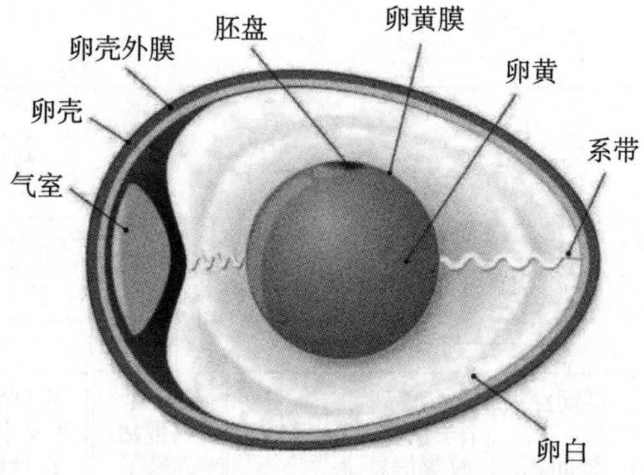

图中标注：卵壳外膜　胚盘　卵黄膜　卵黄　卵壳　系带　气室　卵白

图　3-13

3.通过交流讨论，幼儿提出以下问题。

（1）小鸡是鸡蛋变出来的吗？

（2）生、熟鸡蛋怎么区分？

活动 2：亲子调查，收集信息

1.教师发放"我知道的鸡蛋"调查表，见表 3-6。

2.鼓励亲子运用多种方式（教师适当引导：上网查询、咨询相关人员、科技馆实地调查等）共同完成调查，进一步了解鸡蛋的结构特点、蛋壳的作用等。

表　3-6

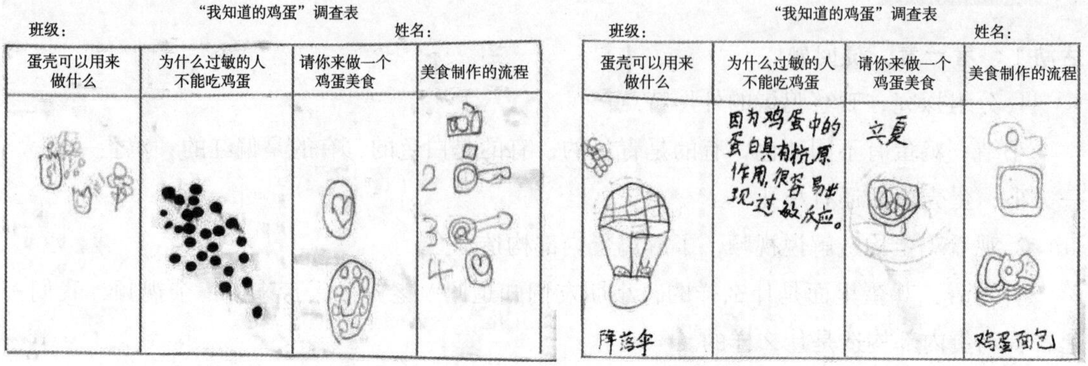

"我知道的鸡蛋"调查表

班级：　　　　　　　　　　　　　　　　　　　　　　　　　　　　　　　姓名：

蛋壳可以用来做什么	为什么过敏的人不能吃鸡蛋	请你来做一个鸡蛋美食	美食制作的流程

活动 3：调查分享

1.幼儿分别介绍自己的调查内容，如图 3-14 所示。并就调查内容进行集体讨论。

图　3-14

2. 教师小结：鸡蛋不仅可以食用，其蛋壳也有很多用途，如可以用来养花、除水垢、治疗烫伤等。但需要注意，鸡蛋中的某些蛋白质成分对部分人群来说，有可能引发过敏反应。

第 2 课　我设计的鸡蛋产品

⭐ **探究目标**

1. 幼儿在游戏中探索让鸡蛋站立的方法。
2. 幼儿学会借助上网查询、书籍阅读等了解茶叶蛋、染蛋、腌蛋的制作方法。
3. 本课的预期科学成果为幼儿分组探讨后，共同绘制的鸡蛋产品设计方案。

⭐ **课时安排**

2 课时，50 分钟。

⭐ **科学探究**

活动 1：鸡蛋站起来了

1. 实验：让蛋宝宝站起来。

（1）教师出示"百宝箱"（内含盐粒、瓶盖、沙包、积木、毛巾、纸团和"鸡蛋站立"记录表），介绍材料并进行演示。幼儿尝试利用多种材料进行实验，并记录实验结果和体会，如图 3-15 所示。

图　3-15

（2）教师小结：鸡蛋宝宝圆溜溜的，难以在站立的时候保持平衡。这时候，我们就可以使用一些材料帮助鸡蛋宝宝站起来，并且，我们要及时记录下每次尝试的结果，在成功让蛋宝宝站起来的材料后面打"√"。

2. 分组探究，辨别生、熟鸡蛋。

小组尝试运用各种方法区分生、熟鸡蛋，如图 3-16 所示。

图　3-16

（1）幼儿说一说用什么方法找出了熟鸡蛋。

（2）教师现场验证并小结辨别生、熟鸡蛋的方法。

①转一转：把鸡蛋放在平整的桌子上转一转，转得快的是熟鸡蛋，转得慢的是生鸡蛋。

②摇一摇：鸡蛋在煮熟以后，蛋液凝固，摇起来几乎感觉不到内部晃动，生鸡蛋则会晃动。

③照一照：用手电筒照一照，生鸡蛋是透光的，可以照到里面，熟鸡蛋因内部凝固，几乎不透光。

活动 2：我是小小设计师

根据本组感兴趣的鸡蛋产品分组：茶叶蛋、染蛋和腌蛋，小组成员进行设计，并将设计方案绘制在表 3-7 中。部分幼儿作品如图 3-17 所示。

表　3-7

产品：＿＿＿＿＿＿＿＿＿

所需材料
我的设计
制作步骤

1. 幼儿小组内介绍设计方案内容，如图 3-18 所示。小组商量确定最终使用谁的设计方案，方案经完善后，在班级中分享，并对人员分工、材料选择等进行确定。

2. 分组分享。

（1）介绍要制作的鸡蛋产品的名称及特点。

（2）介绍制作鸡蛋产品所需的材料、工具及制作步骤。

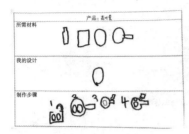

图　3-17

活动 3：分享设计方案

各个小组介绍本组设计图内容，如图 3-18 所示，小组成员讨论完善设计方案。

图　3-18

第 3 课　我制作的鸡蛋产品

探究目标

1. 根据设计方案，小组分工合作完成鸡蛋产品的制作。

2. 小组成员积极动脑，采用多种方式解决制作过程中的各类问题。

3. 本课的预期科学成果为幼儿通过分工合作制作的鸡蛋产品。

课时安排

2 课时，50 分钟。

材料选择

各个项目所需的制作材料，见表 3-8，材料数量根据分组数量确定。

表　3-8

项目	材料和工具	部分图片
茶叶蛋	茶叶、桂皮、八角、盐、酱油、锅、水、鸡蛋等	  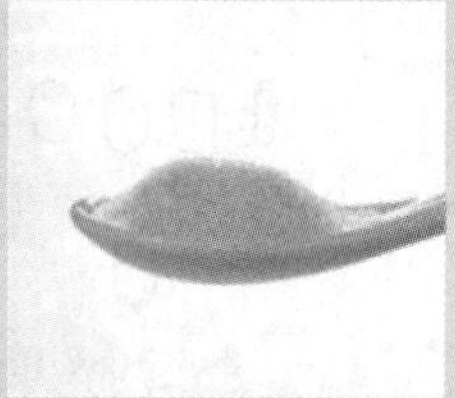  
染蛋	洋葱皮、绿叶、鸡蛋、网兜、水等	  
腌蛋	盐、酒、保鲜膜、鸡蛋等	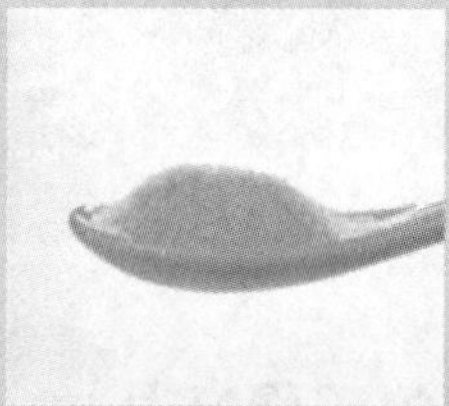   

🌟 科学探究

活动1：我来制作鸡蛋产品

　　小组合作，完成鸡蛋产品的制作，如图3-19所示。

　　1. 回顾相关鸡蛋产品的制作步骤。

　　2. 讨论制作时应该注意什么？

3. 各小组制作自己的鸡蛋产品，教师巡回指导。

图 3-19

活动 2：我发现，我解决

在制作的过程中，幼儿发现了许多问题，他们通过讨论，想到了解决策略，见表 3-9。

表 3-9

制作项目	发现的问题	解决策略
茶叶蛋	鸡蛋没有上色	将鸡蛋壳敲碎
染蛋	颜色不够深	加入一些天然色素增强颜色深度，如紫薯汁、酱油等

（续）

制作项目	发现的问题	解决策略
腌蛋 	鸡蛋咸味不足	腌渍时间久一些

第4课　展示我的鸡蛋产品

探究目标

1. 能在班级中大胆地介绍自己小组制作的鸡蛋作品。

2. 发现自己在制作过程中遇到的问题，总结制作经验。

3. 本课的预期科学成果为幼儿根据展示总结的经验，分组制作的 2.0 版鸡蛋产品。

课时安排

1 课时，25 分钟。

科学探究

活动 1：分享我制作的鸡蛋产品

三个小组分别上台，展示汇报。

1. 各小组成员分别根据自己负责的部分进行介绍，见表 3-10，并请其他小组进行评价。

2. 教师对幼儿进行提问：在制作过程中遇到了哪些困难？是如何解决的？有什么新的发现？

表　3-10

小组	鸡蛋产品	材料和工具	功能及特点
第一组	茶叶蛋 	茶叶、桂皮、八角、盐、酱油、锅、水、鸡蛋等	香气扑鼻的茶叶蛋散发着茶叶香味，已熟透

（续）

小组	鸡蛋产品	材料和工具	功能及特点
第二组	染蛋	洋葱皮、绿叶、鸡蛋、网兜、水等	蛋壳上染出了不同叶子的图案，颜色、花纹各异
第三组	腌蛋	盐、酒、保鲜膜、鸡蛋等	鸡蛋腌渍时间充足，能吃出咸味

活动 2：玩一玩，尝一尝

不同小组相互玩一玩，尝一尝制作的鸡蛋产品，如图 3-20 所示。

1.尝一尝鸡蛋产品后，谈一谈茶叶蛋、腌蛋的味道。

2.针对玩一玩、尝一尝中发现的问题，小组讨论，解决问题，迭代更新，制作 2.0 版更优质的鸡蛋产品。

图　3-20

科学成果

孩子们，本项目学习到此就接近尾声了，最后请把自己的科学收获贴在或写在这里吧！

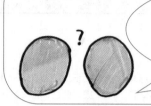

以前，我不会区分生、熟鸡蛋，现在会了，以后就可以帮助家长分鸡蛋啦。小小的鸡蛋不仅可以品尝，还能通过不同的烹饪方式展现出各种美味。我已经学会了制作这些美味，原来小小鸡蛋里也蕴含着丰富的科学知识，科学真的无处不在！

原来鸡蛋壳也有很大的用途呢！首先鸡蛋壳有吸附作用，所以能染上颜色，变成各种颜色的蛋。此外，鸡蛋壳能保护鸡蛋内部，还能让盐分进入鸡蛋，从而制作出美味的腌蛋，鸡蛋的科学秘密真是既有趣又实用！

学习评价

　　教师对幼儿在调查、设计、制作、测试、分享、玩耍等过程中的表现情况进行表现性评价，并引导幼儿进行自评、互评，见表3-11。

表　3-11

评价内容	评价等级 😊😊😊😊😊		
	教师评价	幼儿自评	幼儿互评
通过探索、比较等多种方法发现生、熟鸡蛋的区别；查阅资料，与家长共同完成鸡蛋的相关调查			
积极参与探究，尝试用多种方法让鸡蛋站起来；了解不同鸡蛋产品的制作流程，尝试绘制设计方案			
根据设计方案制作相应的鸡蛋产品，制作过程中小组成员相互合作，任务分工明确，各司其职			
积极主动进行小组间的学习与交流，根据学习过程中的反馈和收获对鸡蛋作品进行改进，制作出2.0版鸡蛋作品			
对鸡蛋的科学探索有兴趣，乐于进行科学探索；测试环节能对制作的鸡蛋产品进行测验，总结发现问题			
总评			

　　注："优"为5个😊，"良好"为4个😊，"合格"为3个😊，"一般"为1~2个😊。

3.3　课例11：与"艾"同行

情 境 导 入

《指南》中指出，认识常见的动植物，能注意并发现周围的动植物是多种多样的。教师应该和幼儿一起通过户外科学活动，如参观考察、种植和饲养等，感知生物的多样性和独特性，以及它们生长发育、繁殖和死亡的过程。植物的生长变化不仅能让幼儿感受生命的力量，同时也能让他们感受植物与人们生活之间的关系。

一天中午散步时，小小的艾草吸引了孩子们的注意力。"这种草有特殊的味道！""我知道，这个叫艾草！""我家门口挂过艾草。"孩子们纷纷观察起了艾草，时不时摸一摸、闻一闻。看到孩子们强烈的探究欲望，于是，我们一起开始探究艾草。

学 习 要 求

1.知道艾草的基本知识，尝试通过观察、比较、分析与思考等办法，了解艾草的外形特点。食用价值及药用价值，以此培养幼儿的科学探究能力。

2.通过摘、洗、晒、卷、包、捆等制作工序，幼儿亲手制作艾草的相关产品，如艾条、艾草香包、艾草驱蚊液等；尝试用多种方式进行艺术创作，体验简单的扎染艺术。以此培养幼儿的动手操作能力。

3.了解艾条、艾草香包、艾草驱蚊液等艾草产品的基本制作流程，尝试与小组合作进行制作，以此培养幼儿的工程思维。

4.能用图画、数字或其他符号来记录制作过程。

教 学 流 程

"与'艾'同行"教学流程如图3-21所示。

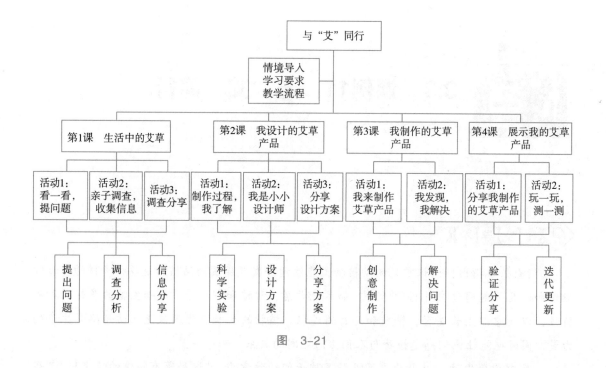

图 3-21

第 1 课 生活中的艾草

1. 通过调查，幼儿知道艾草的基本知识，了解艾草的外形特点与功效。
2. 幼儿对探索艾草有兴趣。
3. 本课的预期科学成果为幼儿通过调查完成的"我知道的艾草"调查表。

2 课时，50 分钟。

活动 1：看一看，提问题

1. 教师出示艾草图片，如图 3-22 所示，请幼儿看一看，说说艾草的外形特点。

2. 通过讨论交流，幼儿提出以下问题。

（1）艾草为什么会有奇特的味道？

（2）为什么艾草要挂在门口？

（3）艾草生长在哪里？

（4）艾草有什么用途？

图 3-22

活动2：亲子调查，收集信息

1. 教师发放"我知道的艾草"调查表，见表3-12。

2. 鼓励亲子运用多种方式（教师适当引导：上网查询、咨询专业人员、实地调查等）共同完成调查，进一步了解艾草食用价值、药用价值等，了解艾草在传统文化中的作用等。

表 3-12

"我知道的艾草"调查表

班级：　　　　　　　　　姓名：

艾草可以用来做什么	关于艾草的美食有哪些	你想制作什么样的艾草产品	制作的流程

活动3：调查分享

1. 幼儿介绍自己的调查内容，如图3-23所示。并就调查内容进行集体讨论。

图 3-23

2. 教师小结：艾草具有较大的药用价值，不仅可以作为中药材使用，还能做香草驱蚊；艾草泡澡，具有预防疾病的功效。艾草还能用于制作染料以及美味的食物；如青团等。小小的艾草蕴含着很多的用处。

第2课 我设计的艾草产品

🌟 探究目标

1. 学会借助上网查询、书籍阅读等了解艾草产品的制作方法。

2. 与小组确定制作的产品，合作绘制艾草香包、艾草驱蚊液、艾条熏香、艾汁染布的制作过程。

3. 本课的预期科学成果为幼儿分组探讨后，共同绘制的艾草产品设计方案。

课时安排

2 课时，50 分钟。

科学探究

活动 1：制作过程，我了解

1. 师幼共同观察艾草，并请幼儿摸一摸，闻一闻，近距离感受艾草，从色、香、味、形等方面探究艾草的外形特点，如图 3-24 所示。

图　3-24

教师与幼儿共同观看有关艾草的视频，了解艾草的别名、外形、分布、生长习性等，全面了解艾草。

2. 师幼共同投票选出大家最想制作的艾草产品，随后幼儿与教师共同查找资料，了解不同产品的制作流程，并总结制作流程。

艾草香包：采摘→清洗→晾晒→剪碎→包。

艾草驱蚊液：采摘→清洗→剪碎→加酒精→过滤→装瓶。

艾条熏香：将晒干的艾草叶搓碎成艾绒→筛出杂质→将艾绒放在准备好的纸上→用纸包好艾绒后，压实→将压实后的纸卷成纸条。

艾汁染布：采摘→清洗→榨汁→过滤→浸染→晒干。

活动 2：我是小小设计师

根据本组感兴趣的实验材料，小组成员进行设计，并将设计方案绘制在表 3-13 中。部分幼儿作品如图 3-25 所示。

表　3-13

产品：＿＿＿＿＿＿＿＿＿

所需材料	
我的设计	
制作步骤	

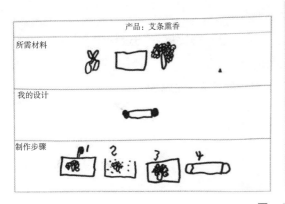
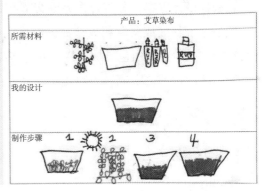

图　3-25

活动 3：分享设计方案

1. 幼儿小组内介绍设计方案内容，如图 3-26 所示。小组商量确定最终使用谁的设计方案，方案经完善后，在班级中分享，并对人员分工、材料选择等进行确定。

2. 分组分享。

（1）介绍要制作的艾草产品的名称及特点。

（2）介绍制作艾草产品所需的材料、工具及制作步骤。

图 3-26

第 3 课 我制作的艾草产品

探究目标

1. 根据设计方案，分工合作完成艾草产品的制作。

2. 通过合作完成艾草相关产品的制作，在发现问题、解决问题的过程中，提高幼儿解决问题能力，学会使用包、揉、摘、卷等多项技能。

3. 本课的预期科学成果为幼儿通过分工合作制作的艾草产品。

课时安排

2 课时，50 分钟。

材料选择

各个项目所需的制作材料，见表 3-14，材料数量根据分组数量确定。

表 3-14

项目	材料和工具	部分图片
艾草香包	安全剪刀、布、针、艾草等	

（续）

项目	材料和工具	部分图片
艾草驱蚊液	安全剪刀、布、酒精、榨汁机、艾草等	
艾条熏香	纸、筛子、安全剪刀、艾草等	
艾汁染布	布、安全剪刀、艾草等	

⭐ 科学探究

活动 1：我来制作艾草产品

小组合作，完成艾草产品的制作，如图 3-27 所示。

1. 回顾艾草相关产品的基本结构，确定制作的步骤。

2. 讨论制作时应该注意什么？

3. 幼儿分组进行制作，教师巡回指导。

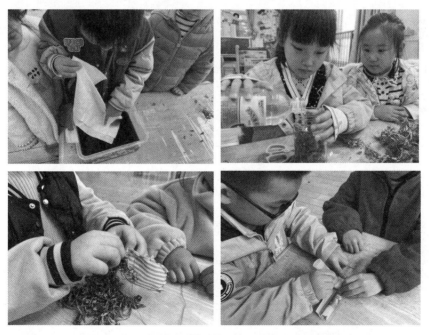

图 3-27

活动 2：我发现，我解决

1.在制作过程中，幼儿发现了很多问题，他们通过讨论，想到了解决策略，见表 3–15。

表　3–15

制作项目	发现的问题	解决策略
艾草香包 	不会使用针线	向家长、老师寻求帮助，学习使用针线
艾草驱蚊液 	找不到酒精	到医务室向保健医生寻求帮助
艾条熏香 	艾草把包装纸浸湿了	艾草不够干，将艾草重新晾晒
艾汁染布 	颜色很淡	将晒干的艾叶剪碎，并用手揉搓出颜色

2.通过小组合作，问题得到了解决，最终完成了制作，作品如图 3–28 所示。

图 3-28

第 4 课　展示我的艾草产品

⭐ **探究目标**

1. 能在班级中大胆地介绍自己小组制作的艾草作品。

2. 发现自己在制作中遇到的问题，总结制作经验。

3. 本课的预期科学成果为幼儿根据展示总结的经验，分组制作的 2.0 版艾草产品。

⭐ **课时安排**

1 课时，25 分钟。

⭐ **科学探究**

活动 1：分享我制作的艾草产品

四个小组分别上台，展示汇报。

1. 各小组成员分别根据自己负责的部分进行介绍，见表 3-16，并请其他小组进行评价。

2. 教师对幼儿进行提问：在制作过程中遇到了哪些困难？是如何解决的？有什么新的发现？

表　3-16

小组	艾草产品	材料和工具	功能及特点
第一组	艾草香包	安全剪刀、布、针、艾草等	香包有艾草香味，可以提神，可以悬挂在班级门口、自家车上

（续）

小组	艾草产品	材料和工具	功能及特点
第二组	艾草驱蚊液	安全剪刀、布、酒精、榨汁机、艾草等	驱蚊液有艾草的香味，小朋友去户外活动时可以涂抹
第三组	艾条熏香	纸、筛子、安全剪刀、艾草等	艾条熏香可以燃烧，用于驱蚊
第四组	艾汁染布	布、安全剪刀、艾草等	艾汁颜色明显，可以将布染色，进而制作扎染衣服等

活动 2：玩一玩，测一测

不同小组相互使用制作的艾草产品，如图 3-29 所示。

1. 使用过后说一说使用感受。

2. 针对测试中发现的问题，小组讨论，解决问题，迭代更新，制作了 2.0 版更优质的艾草产品。

图 3-29

科学成果

孩子们，本项目学习到此就接近尾声了，最后请把自己的科学收获贴在或写在这里吧！

艾草散发的特殊气味能够干扰蚊子的嗅觉，所以艾草能够驱蚊。是科学让我知道艾草也有这么大的作用，原来科学还藏在植物里，真是生活处处有科学！

艾草能驱蚊，能做艾条，能做中药，艾草甚至还能做好吃的，小小的艾草有这么多的用途，大自然太奇妙了，我喜欢大自然的神奇和科学的奇妙。

学习评价

教师对幼儿在调查、设计、制作、测试、分享、玩耍等过程中的表现情况进行表现性评价，并引导幼儿进行自评、互评，见表3-17。

表　3–17

评价内容	评价等级 ☺☺☺☺☺		
	教师评价	幼儿自评	幼儿互评
主动调查艾草的食用价值、药用价值等，并能在班级中进行分享；知道艾草的基本知识，尝试通过观察、比较、分析与思考，了解艾草的外形特点与功效			
绘制艾草产品制作流程，并能在小组内介绍分享；能积极参与小组活动，在小组中大胆表达自己的想法，语言表述清晰			
根据设计方案制作艾草产品，在制作过程中小组成员相互合作，任务分工明确，各司其职			
测试环节能对制作的艾草产品进行测试，总结发现问题			
能够在班级中客观的对自己小组与他人小组的艾草作品进行评价，谈谈使用感受；针对评价，小组成员进行总结，能迭代升级，制作出 2.0 版艾草作品			
总评			

注："优"为 5 个☺，"良好"为 4 个☺，"合格"为 3 个☺，"一般"为 1~2 个☺。

3.4　课例12："柿柿"如意

情境导入

《指南》中指出，初步了解人们的生活与自然环境的密切关系，知道尊重和珍惜生命，保护环境。因此教师要培养幼儿爱护植物、珍惜资源的意识，让他们懂得植物对人类和地球的重要性，从而为可持续发展的理念在幼儿心里埋下萌芽的种子。通过这些科学理念的渗透，小朋友能够在探索植物生长的过程中获得初步的科学认知和思维能力的发展。

秋天到了，幼儿园的柿子树大丰收，孩子们兴致勃勃地摘了很多柿子回来。柿子摘回来后，大家都说想尝尝，孩子们迫不及待地尝起了柿子，如图3-30所示。然而，与想象中的香甜可口不同，柿子虽然外表看起来黄绿色，但是吃起来却很涩嘴，"哎呀，这个怎么和我吃过的柿子不一样""对呀，一点都不好吃，是不是没熟呀！""这柿子好硬！"柿子到底熟没熟，为什么柿子不好吃，一系列的问题引起了孩子们的兴趣，他们七嘴八舌地讨论着。于是一场关于"柿子"的探索就这样开始了……

图　3-30

学习要求

1. 在看一看、闻一闻、尝一尝、摸一摸的探索中，知道生、熟柿子的外形结构、特点以及营养价值。

2. 收集催熟柿子的方法并尝试催熟柿子。

3. 能观察柿子的变化，并通过探究记录柿子的变化过程，总结实验结果。

4. 通过探究和实践，尝试用数学表征方式记录实验结果，同时感受科学探究带来的乐趣。

 教学流程

"'柿柿'如意"教学流程如图 3-31 所示。

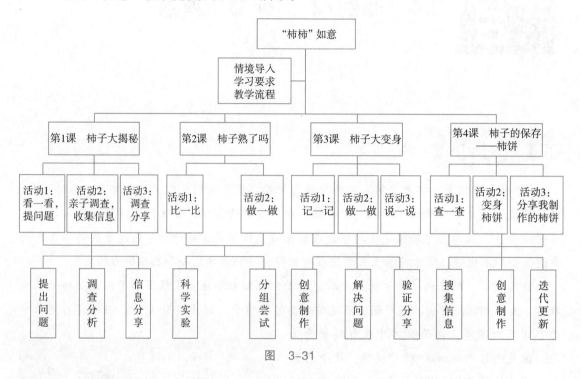

图 3-31

第 1 课　柿子大揭秘

探究目标

1. 通过调查，幼儿知道柿子的基本结构、生长环境以及营养价值。

2. 查阅相关资料，幼儿了解生、熟柿子的区分方法。

3. 本课的预期科学成果为幼儿通过调查完成的"柿子大秘密"调查表。

课时安排

2 课时，50 分钟。

科学探究

活动 1：看一看，提问题

1. 师幼共同探秘柿子。

（1）教师出示柿子实物，师幼共同了解柿子的外形特点，初步了解柿子的颜色、形状、大小、口感等。

（2）教师出示柿子生长视频、绘本等，了解柿子的结构组成以及营养价值，并通过亲身感知了解柿子有果皮、果肉、叶、蒂等结构，了解食用柿子对身体的好处。

（3）通过视频等知道柿子生长的季节、生长条件与食用方法，知道柿子不能和哪些食物一起食用，吃多柿子的危害。

2. 通过讨论交流，幼儿提出以下问题。

（1）为什么有生柿子，有熟柿子？

（2）柿子怎么从生变熟？

活动2：亲子调查，收集信息

1. 教师发放"柿子大秘密"调查表，见表3-18。

2. 鼓励亲子运用多种方式（教师适当引导：上网查询、咨询专业人员等），进一步了解柿子催熟和保存的方法。

（1）师幼共同确定调查内容。

（2）教师指导幼儿学会留存调查资料（照片，音、视频均可）。

表　3-18

"柿子大秘密"调查表

我知道的柿子催熟法	我知道的柿子保存法

活动3：调查分享

1. 幼儿分别用图片及视频、家长协助做的PPT等形式介绍近期对于催熟柿子的方法的调研结果，如图3-32所示。

2. 教师将幼儿分享的关于催熟柿子的调查结果记录下来，便于幼儿接下来进行分组实验。

"柿子大秘密"调查表

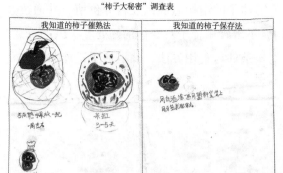

"柿子大秘密"调查表

图 3-32

第2课 柿子熟了吗

探究目标

1.通过实验了解不同催熟方法的效果。

2.本课的预期科学成果为幼儿催熟的柿子。

课时安排

2课时，50分钟。

科学探究

活动1：比一比

1.教师发放"区分生、熟柿子"记录表。鼓励幼儿通过看一看、闻一闻、摸一摸、尝一尝等方式感受生、熟柿子的区别，并尝试记录实验结果，如图3-33所示。

2.分享实验结果。

区分生、熟柿子

方法	生柿子	熟柿子
👀		
👃		
✋		
👄		

图 3-33

活动 2：做一做

1. 自由讨论：你觉得哪种方法能够成功催熟柿子，为什么？

2. 根据讨论结果，将幼儿划分成不同的催熟实验小组。

3. 小组初步尝试自己收集材料，并进行实验，如图 3-34 所示。

大米催熟　　　　　　　　　　　白酒催熟

水果催熟　　　　　　　　　　　温水催熟

图　3-34

第 3 课　柿子大变身

探究目标

1. 各小组分别记录柿子的变化情况。

2. 探寻保存柿子的方法。

3. 通过一系列活动，发展幼儿仔细观察、分析问题、探究问题的习惯与能力，感受与同伴合作的快乐。

4. 本课的科学学习成果为幼儿通过分工合作实验探索不同的柿子催熟方法。

课时安排

2 课时，50 分钟。

⭐ 材料选择

大米、白酒、水果、温水、柿子、保鲜盒等。

⭐ 科学探究

活动1：记一记

幼儿根据调查到的不同柿子催熟方法分为四组进行柿子的催熟实验：包括大米催熟、白酒催熟、水果催熟和温水催熟。针对每种方法，幼儿定时记录柿子的变化情况，以评估每种方法的催熟效果以及所需时间。

活动2：做一做

1. 幼儿集体讨论：如何观察并对比柿子在不同催熟方法下的变化？
2. 师幼共同设计记录表，见表3-19，并将柿子的变化记录填写在表中。

表　3-19

催熟方法　日期				
柿子变化 				

3. 在实验结束后，师幼共同总结不同催熟方法的结果，见表3-20。

表　3-20

催熟方法	是否成功	天数（天）
大米催熟 	成功	11

（续）

催熟方法	是否成功	天数（天）
白酒催熟	成功	14
水果催熟	成功	9
温水催熟	失败	/

活动 3：说一说

不同催熟方法得到的结果各不相同，为什么有的方法成功了，有的方法却失败了，有的速度快，有的速度慢，如图 3-35 所示。师幼通过查找资料以及向专业人员请教等方式，了解不同催熟方法的科学原理后，说一说各自收集的信息。

图 3-35

第 4 课 柿子的保存——柿饼

探究目标

1.尝试制作柿饼。

2.通过探究和实践，感受动手劳动取得成功带来的喜悦。

3.本课的预期科学成果为幼儿小组分工合作制作的柿饼。

课时安排

2 课时，50 分钟。

⭐ 科学探究

活动1：查一查

1.幼儿好奇地提问：催熟后的柿子该如何保存呢？经过讨论，幼儿认为制作柿饼以后，更容易长时间保存。于是，幼儿开始收集材料制作柿饼。

2.通过查询资料了解柿饼制作流程：洗、刮皮、晾干、挂柿子、捏柿子。

活动2：变身柿饼

1.幼儿根据调查到的柿饼制作流程尝试制作柿饼，如图3-36所示。

图　3-36

2.教师针对制作过程进行有效提问：在制作柿饼的过程中遇到了哪些困难？是如何解决的？有什么新的发现？

3.幼儿小结：削柿子皮有点困难，需要老师的帮助，在晾晒时要放在通风处，这样柿饼制作得更快，如图3-37所示

活动3：分享我制作的柿饼

1.幼儿每天记录柿子的变化，经常给柿子翻一翻面，捏一捏。鼓励幼儿通过绘画等形式记录表征柿饼的制作过程以及柿子的具体变化情况。

2.幼儿分组分享制作体会，介绍本组制作的成果，见表3-21。

图　3-37

表　3-21

小组	柿子产品	材料和工具	功能及特点
第一组	柿饼	柿子、削皮刀、水、阳光等	柿饼味道香甜，柿饼上的柿霜具有清热润燥、化痰止咳的功效

（续）

小组	柿子产品	材料和工具	功能及特点
第二组	熟柿子 	柿子、大米、白酒、水果、温水等	熟柿子味道甘甜爽口，富含丰富的果胶、有机酸、维生素 C、胡萝卜素和碘元素，营养比较丰富

科学成果

孩子们，本项目学习到此就接近尾声了，最后请把自己的科学收获贴在或写在这里吧！

　　我知道了怎么区分生、熟柿子，也知道了原来柿子有这么多的催熟方法。特别是用苹果、香蕉等催熟柿子更快，居然是因为苹果、香蕉等能够释放乙烯气体，从而加速柿子成熟过程。原来，水果也能释放气体，植物界中的科学真是太奇妙啦！

　　柿饼之所以甜甜的很好吃，是因为在晒柿子的时候，柿子里的水分逐渐蒸发，水分变少了，柿子自然就更甜了。此外，较低的水分可以让柿子保存得更久。传统的晒柿子方法结合现代科学知识，让柿子得以更好地保存，真是帮了我们的大忙呀！

学习评价

教师对幼儿在调查、设计、制作、测试、分享、玩耍等过程中的表现情况进行表现性评价，并引导幼儿进行自评、互评，见表 3-22。

表　3-22

评价内容	评价等级 ☺☺☺☺☺		
	教师评价	幼儿自评	幼儿互评
通过多种方式调查，知道柿子的外形结构，了解柿子的特点与营养价值			
能根据记录表内容按时观察、记录柿子的变化情况			
能探索了解不同催熟方法的催熟效果，并了解其背后的科学原理			
能记录柿饼的变化情况，并进行充分讨论；能积极表达想法，并创造性地提出解决问题的策略			
在活动中，对身边的事物有探究兴趣，喜欢科学探索，乐于尝试新鲜事物			
总评			

注："优"为 5 个 ☺，"良好"为 4 个 ☺，"合格"为 3 个 ☺，"一般"为 1~2 个 ☺。

· 科学与工程精品课程资源丛书 · 丛书主编 光善慧

精品课例教学指导

幼儿园大班

◎ 光善慧 夏 伟 著

助你成为
幼儿科学教育
高手

机械工业出版社
CHINA MACHINE PRESS

本书分为小班、中班和大班3册,以《3-6岁儿童学习与发展指南》中科学领域的要求为编写指导,致力提升幼儿园教师的科学教学设计能力,通过以科学为核心的跨学科学习,让幼儿玩中学、做中学,提高幼儿科学素养。本分册为大班分册,有 "生活真有趣""工程大探究"和"科学妙妙妙"3章,共12个精品课例教学指导,它们均是来自一线教师实践过的优秀课例。这些课例教学指导一方面注重培养幼儿的科学核心技能,落实五大领域素养;另一方面,实现了教学评一体化,侧重于幼儿高阶思维的培养。

本分册可作为幼儿园大班教师开展科学教育和跨学科教学的参考资料,为其开展科学教育提供脚手架。

图书在版编目(CIP)数据

边玩边学的科学:精品课例教学指导.幼儿园大班 /
光善慧,夏伟著. -- 北京:机械工业出版社,2024.
12. -- ISBN 978-7-111-77212-5

Ⅰ. G613.3
中国国家版本馆CIP数据核字第2024U6Y345号

机械工业出版社(北京市百万庄大街22号 邮政编码100037)
策划编辑:熊 铭   责任编辑:熊 铭 彭 婕
责任校对:潘 蕊 牟丽英   责任印制:张 博
北京联兴盛业印刷股份有限公司印刷
2024年12月第1版第1次印刷
184mm×260mm·7.75印张·123千字
标准书号:ISBN 978-7-111-77212-5
定价:129.00元(共3册)

电话服务   网络服务
客服电话:010-88361066   机 工 官 网:www.cmpbook.com
        010-88379833   机 工 官 博:weibo.com/cmp1952
        010-68326294   金 书 网:www.golden-book.com
封底无防伪标均为盗版   机工教育服务网:www.cmpedu.com

目 录

第 1 章

生活真有趣

1.1　课例1：香香的茶香包

◆ 情 境 导 入

《3–6 岁儿童学习与发展指南》（以下简称《指南》）中指出，支持幼儿在接触自然、生活事物和现象中积累有益的直接经验和感性认识。能通过观察、比较与分析，发现并描述不同种类物体的特征或某个事物前后的变化。周一的早上，李安然一进教室就开始跟好朋友分享她从老家带回来的茶叶。孩子们围着李安然，纷纷讨论："叶子也能吃吗？"

"叶子是毛毛虫吃的吧？我们不能吃的。"

"不对不对，这是茶叶，能泡茶喝的，用热水泡开叶子会变大。"

"我在家喝过茶，好苦的。"

"我也喝过，我觉得香香的。"

大多数孩子都对茶叶十分感兴趣，中国是茶文化的发源地，茶叶除了用来泡水喝，还可以做什么？关于茶叶的探索、创造便开始了……

◆ 学 习 要 求

1. 通过探究了解植物和香料散发香气的原理，探讨香包中使用的香料是如何释放香气的，探索香料的特性、布料的吸附性能及香料的挥发性等。

2. 探索不同的设计方案，比较它们的留香效果和实用性。能通过观察、比较与分析，发现并描述茶叶的特征和浸泡前后的变化。在设计和制作香包的过程中，培养幼儿的创造力和解决问题的能力。

3. 计算香料的用量，学习测量和比较的概念。理解比例关系，在制作香包时保持香料的平衡性和稳定性。

"香香的茶香包"教学流程如图1-1所示。

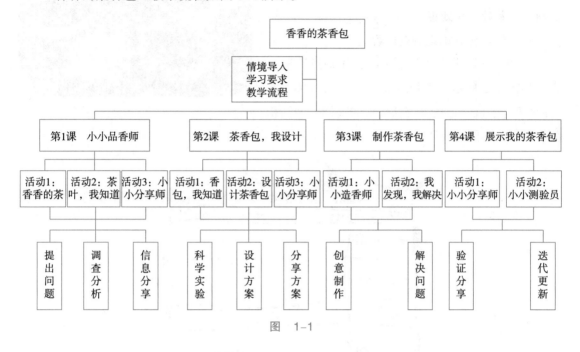

图 1-1

第 1 课 小小品香师

1. 能够运用多种感官了解茶,观察茶叶颜色、气味和泡开后的样子。

2. 通过调查研究了解中国的茶文化,了解茶艺中的礼仪,如仪态端庄、先客后主等。

3. 本课的预期科学成果为幼儿通过调查完成的"关于茶叶,我知道"调查表。

课时安排

2 课时,50 分钟。

科学探究

活动 1:香香的茶

教师引导幼儿观察桌面上的各种茶叶、香包、茶壶等,激发兴趣,导入活动。

1. 教师捕捉幼儿的好奇心与求知欲,引导幼儿运用感官观察比较茶的外形特征及气味特征。

2. 通过闻一闻、捏一捏,猜猜它是什么茶? 了解茶的由来。提出问题:我能做一个香包吗？如图 1-2 所示。

3. 幼儿通过观察和讨论，逐步发现茶叶的多种功能和奥秘。

活动 2：茶叶，我知道

1. 师幼讨论并确定调查内容。

2. 师幼共同设置"关于茶叶，我知道"调查表，如图 1-3 所示。教师鼓励亲子运用多种方式（计算机、手机、音频等信息技术的支持，询问相关人员等）共同完成调查。

图　1-2

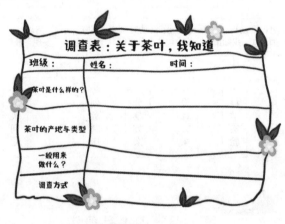

图　1-3

活动 3：小小分享师

幼儿分享调查的结果、教师记录。

1. 幼儿分别介绍近期自己了解到的茶叶的相关信息，如图 1-4 所示。

图　1-4

2. 教师将幼儿分享的结果分类记录下来，方便幼儿经验的梳理。记录内容包括各种茶叶的形状、颜色、气味、用途、储存方式等。

3. 通过调查对茶叶有初步的了解，了解中国的茶文化和茶艺中的礼仪。

第 2 课　茶香包，我设计

探究目标

1. 根据调查资料梳理香包的类型，幼儿自由组成项目小组。
2. 小组共同讨论设计，培养幼儿的合作能力与创新意识。
3. 本课的预期科学成果为幼儿分组探讨后，共同绘制的茶香包设计方案。

课时安排

2 课时，50 分钟。

科学探究

活动 1：香包，我知道

1. 师幼共同归纳总结，了解香包的各种形状、组成等。

香包是日常生活中常见的物品，里面有哪些东西呢？（橘子皮、红茶、绿茶、干花、香皂片等）通过闻、看、数、称等方法进行对比试验，幼儿了解到香包材料填充的多少会影响香味的淡与浓。

2. 教师将各种香包的图片用 PPT 展示，并对香包的样式、气味、储存方式及细节进行重点标注和放大。

3. 了解茶香包：幼儿通过摸一摸、闻一闻、捏一捏，了解茶香包的内容和包装特点，如图 1-5 所示；通过观察和教师的讲解，了解如何将茶叶与香包混合。

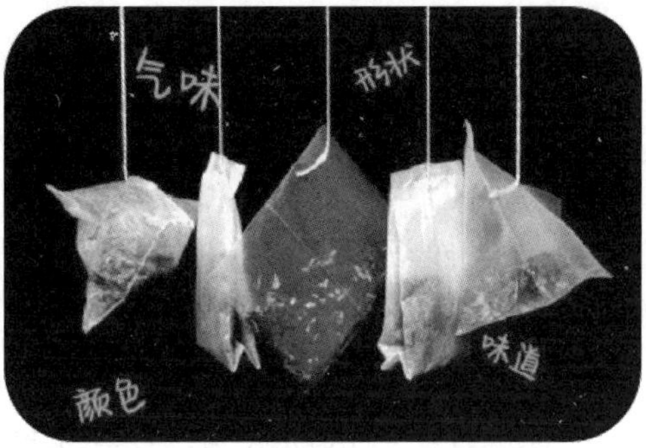

图　1-5

活动 2：设计茶香包

幼儿分组绘制茶香包设计图。

1. 幼儿通过合作讨论，发现设计茶香包的难点：选择什么样的材料，才能让香味更好地飘散出来？

2. 幼儿分组讨论：①茶香包如何散味？②生活中哪些材料可以用来做茶香包？

经过讨论了解可以做茶香包袋子的材料：旧衣服、废旧口罩、旧丝袜、零碎布头、废纸盒等。选择废物利用，可以更好地培养幼儿的环保意识。

3. 幼儿向教师求助如何筛选废旧材料，教师给予及时支持，用记号笔帮助幼儿标记出所列举的废旧材料。

活动 3：小小分享师

小组成员上台分享，介绍本组的茶香包设计图，如图 1-6 所示。

1. 介绍本组设计的茶香包款式、内容、颜色、香味等。

2. 介绍本组准备使用的材料，材料的特点及选择的原因。

图　1-6

第 3 课　制作茶香包

探究目标

1. 根据设计方案制作茶香包，通过观察、比较与分析，发现留香持久的方法，合作解决出现的问题。

2. 小组收集整理所需材料，分工合作制作茶香包。

3. 本课的预期科学成果为幼儿通过分工合作制作的茶香包。

课时安排

2 课时，50 分钟。

材料选择

香皂片、一次性茶包、各类茶叶、晒干的果皮、干花、口罩、布袋、纸盒等，如图 1-7 所示。

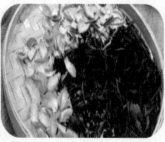

图　1-7

⭐ 科学探究

活动 1：小小造香师

小组合作，完成项目制作。

1. 回顾对于茶叶的各种认知。

2. 讨论问题：制作茶香包需要做哪些事情？

3. 突破难点：如何让茶香包方便佩戴，留香持久呢？

4. 各小组依据设计图，利用收集到的材料合作制作茶香包，并进行香味测试，如图 1-8 所示。

图　1-8

活动 2：我发现，我解决

1. 通过测试作品，小组合作发现作品存在的问题，寻找解决策略（教师引导并提供必要的支持），见表 1-1。

表　1-1

制作项目	发现的问题	解决策略
纸盒茶香包	纸盒透气性弱，香味无法溢出；填充物不易替换	纸盒扎小孔，增加透气性，封口使用活口系绳法，容易替换材料

（续）

制作项目	发现的问题	解决策略
口罩茶香包 	口罩边缘缝隙较大，在往里面塞填充物时，容易向两边溢出	将两边缝隙较大的地方用绳子系住或粘紧，以保证填充物的位置正确
布袋茶香包 	果皮大小难以控制，容易潮湿	在收集材料时，筛选大小一致的果皮，将果皮晒干后再放入

2. 幼儿针对制作过程中发现的问题，对茶香包进行改良，在活动中相互协作，加强小组之间的合作，培养了合作意识及解决问题的能力。

第4课　展示我的茶香包

探究目标

1. 能在班级中大胆介绍自己小组的作品，并进行评价。

2. 各小组进行展示汇报，并分享自己制作茶香包过程中的快乐和收获。

3. 本课的预期科学成果为幼儿根据展示总结的经验，分组制作的 2.0 版茶香包。

课时安排

1 课时，25 分钟。

科学探究

活动 1：小小分享师

三个小组分别上台，展示汇报。

1.各小组成员分别根据自己负责的部分进行介绍，见表 1-2，并请其他小组进行评价。

2.教师对幼儿进行提问：在制作过程中遇到了哪些困难？是如何解决的？有什么新的发现？

表　1-2

小组	香包作品	材料和工具	功能及特点
第一组	纸盒茶香包 	废旧纸盒、安全剪刀、透明胶带、绳子、茶叶、香皂片等	香味清新宜人，纸盒可以保护香包不受损坏，幼儿自主创意，激发他们的创造力和设计能力
第二组	口罩茶香包 	废旧口罩、安全剪刀、透明胶带、绳子、茶叶、干花等	有股茶叶的幽香，同时通过回收再利用废旧口罩，教育幼儿重视环境保护和资源再利用
第三组	布袋茶香包 	废旧布袋、安全剪刀、透明胶带、绳子、茶叶、果皮等	果香具有安眠效果，根据幼儿的喜好和创意进行设计和装饰，激发他们的想象力

活动 2：小小测验员

不同小组试戴茶香包，并进行简单的操作演示，进行留香测试。

1.检验茶香包的留香程度。

2.试验茶香包是否方便佩戴。

3.测试中发现的问题，教师引导幼儿讨论解决，迭代更新，制作更留香、更方便的 2.0 版茶香包。

科学成果

孩子们，本项目学习到此就接近尾声了，最后请把自己的科学收获贴在或写在这里吧！

我发现茶香包材料填充的多少会影响香味的淡与浓，而且用泡过并风干后的茶叶做茶香包，留香更持久哦！

在纸盒上扎小孔，是利用空气流动的原理，将香味扩散，科学真有趣！

学习评价

教师对幼儿在调查、设计、制作、测试、分享、玩耍等过程中的表现情况进行表现性评价，并引导幼儿进行自评、互评，见表1-3。

表　1-3

评价内容	评价等级 ☺☺☺☺☺		
	教师评价	幼儿自评	幼儿互评
幼儿和家长共同调查收集茶叶的资料，并进行探索与记录，对茶叶的形状、味道、用途等产生兴趣和探究的欲望			
利用身边熟悉的物质资源，对茶香包进行材料选取。组成项目小组，小组共同讨论，设计本组的茶香包			
小组分工合作制作茶香包，通过观察、比较、操作、实验等方法，解决制作茶香包中的问题，体验合作的快乐			
制作完成后，通过佩戴茶香包，在反复尝试和调整中发现并解决茶香包散味等问题			
在展示汇报中分享本组在制作过程中出现的问题及解决的思路，在游戏中感知科学的有用与有趣，发展认知能力、动手能力、创造力和表达能力			
总评			

注："优"为 5 个☺，"良好"为 4 个☺，"合格"为 3 个☺，"一般"为 1~2 个☺。

1.2 课例2：创意花盆

《幼儿园教育指导纲要（试行）》（后简称为《纲要》）中指出，引导幼儿对身边常见事物和现象的特点、变化规律产生兴趣和探究的欲望。作为教师要善于及时捕捉幼儿的兴趣，成为幼儿探索活动的助力者，引导大班幼儿察觉到动植物的外形特征、习性与生存环境的适应关系，通过观察、比较、操作、实验等方法，学习发现问题、分析问题和解决问题的能力，帮助幼儿建立良好的科学探究素养。

春节假期结束，孩子们回到了幼儿园，在散步经过班级植物角的时候，发现好多植物枯萎了，花盆也有破损，他们就此展开了激烈的讨论。

歆歆说："我的小花都凋谢了，花盆也碎了一角！"

茜茜说："我妈妈好厉害，很多花盆都是她自己做的呢……"

孩子们带着浓厚的兴趣，想拥有一个独一无二的花盆。于是，一场关于花盆的奇妙之旅开始了……

⬦ 学习要求

1. 通过调查、观察，认识和了解花盆的结构及特点。了解花盆的形状、材料、装饰、用途等。能够通过废旧物品再利用寻找适宜的制作材料，设计和制作出自己想要的花盆。

2. 根据花盆结构探索花盆的透气性与植物生长的关系，在花盆设计与制作过程中对不同材料进行运用与比较，如钻孔、粘贴、剪裁等，在不断的失误与纠错中提高动手能力。

3. 在真实情境中，通过设计、修改、制作、反馈、迭代的过程，培养幼儿分析、归纳、解决问题的能力和创新意识。

"创意花盆"教学流程如图1-9所示。

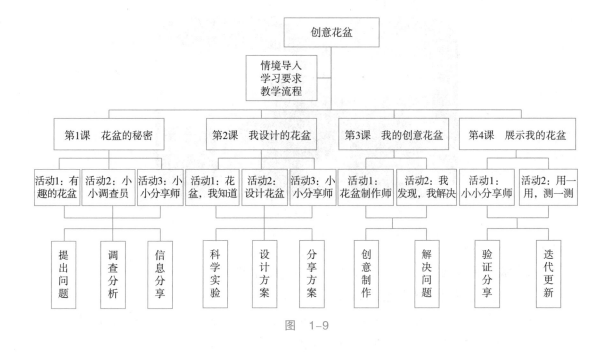

图 1-9

第 1 课 花盆的秘密

探究目标

1. 通过观察实物花盆，认识花盆的各种材质与形状。

2. 关注花盆的底部与普通盆子的区别，初步了解花盆的结构与花草生长条件的关系。

3. 本课的预期科学成果为幼儿通过调查完成的"花盆的秘密"调查表。

课时安排

2 课时，50 分钟。

科学探究

活动 1：有趣的花盆

1. 教师出示实物花盆，带领幼儿共同探讨，激发兴趣。

2. 幼儿观察花盆，共同研讨：花盆底下为什么有一个洞？有什么作用？如图 1-10 所示。通过交流和教师引导，幼儿明白了一个科学原理：花盆底下的洞可以排水通风，避免浇水过多引起土壤缺氧，使根部的呼吸受到阻碍，导致根部腐烂而死；花盆底下的洞还可以将多余的水渗出，使泥土的温度、湿度适宜，让花健康生长。

3. 通过圆桌交流，幼儿跃跃欲试，提出自己的话题：花盆的结构和功能有哪些？如果要做一个花盆，需要准备哪些材料与工具？

图 1-10

活动 2：小小调查员

1. 师幼提出展开调查，讨论调查内容，确定调查表格。

2. 小组讨论，策划调查的地点和形式。

3. 教师发放"花盆的秘密"调查表，见表 1-4。教师鼓励收集相关资料，调动家长资源，亲子共同完成调查表，为后期活动开展提供参考。

表 1-4

"花盆的秘密"调查表

班级： 姓名：

花盆的形状	花盆的材料	花盆的构造	花盆的用途

活动 3：小小分享师

幼儿分组上台介绍调查的内容，分析花盆的形状、材料、构造和用途，如图 1-11 所示。教师将幼儿分享的结果记录下来，方便幼儿经验的梳理。

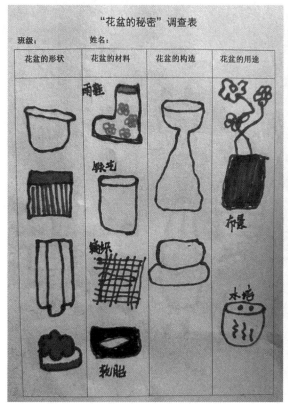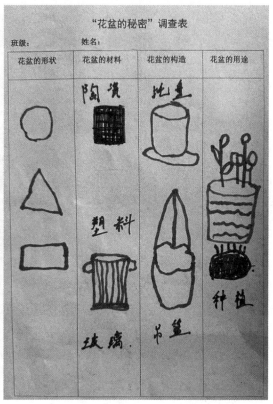

图　1-11

第 2 课　我设计的花盆

🌟 **探究目标**

1. 自由选择自己感兴趣的花盆形成项目小组。

2. 小组讨论，能用数字、图画、图表或其他符号记录，绘制本组的花盆设计方案。

3. 本课的预期科学成果为幼儿分组探讨后，共同绘制的花盆设计方案。

🌟 **课时安排**

2 课时，50 分钟。

🌟 **科学探究**

活动 1：花盆，我知道

1. 幼儿观察不同类型的花盆，通过触摸、轻轻敲打、观察等形式，讨论花盆的颜色、材质、结构等，加强对花盆的认识，如图 1-12 所示。

图 1-12

2.根据师幼共同的测试和归纳总结，确定自己要制作的花盆的基本结构和花盆的形状、材料。

3.幼儿分组讨论：生活中还有哪些废旧材料可以拿来做花盆呢？

活动 2：设计花盆

幼儿合作思考，开始花盆的设计。

1.做好小组分工，根据每个幼儿的特点分派任务：如材料收集员、设计师、制作师、装饰师等。

2.合作设计，集思广益。

3.教师来回巡视指导。

活动 3：小小分享师

小组成员上台分享，介绍花盆设计方案，如图 1-13 所示。

1.介绍本组设计的花盆形状、结构、用途及特点。

2.介绍本组创意花盆的制作材料及选择该材料的原因。

图 1-13

第 3 课　我的创意花盆

⭐ **探究目标**

1. 根据设计方案分享制作思路, 尝试解决发现的问题。

2. 从设计到制作创意花盆, 在探究的过程中积极动手动脑寻找答案或解决问题。

3. 本课的预期科学成果为幼儿通过分工合作制作的创意花盆。

⭐ **课时安排**

2 课时, 50 分钟。

⭐ **材料选择**

废旧洗脸盆、废旧烧水壶、废旧灯串、双面胶、丝带、黏土、扭扭棒、麻绳、丙烯颜料等, 如图 1–14 所示。

图　1–14

⭐ **科学探究**

活动 1：花盆制作师

小组合作, 完成项目制作。

1. 共同回顾前期的准备以及花盆的基本结构。

2. 讨论问题：制作花盆我们需要了解哪些事情？根据每个成员的特点做好分工。

3. 突破难点：设计与众不同的花盆。

4. 各小组依据设计方案, 利用收集到的材料, 合作制作花盆, 如图 1–15 所示。

图 1–15

活动2：我发现，我解决

1.通过测试作品，小组合作发现作品存在的问题，寻找解决策略（教师引导并提供必要的支持），见表1–5。

表 1–5

制作项目	发现的问题	解决策略
水壶花盆	黏土作品无法粘在水壶上，水壶手柄部位用扭扭棒交接的地方容易划伤手	黏土作品没干透，不成型，等待作品风干定型，使用黏性更强的热熔胶枪进行粘贴；手柄部位用透明胶带缠一下，变得光滑不伤手
包包花盆	包包的开口部分是软的，总会合在一起，开口较小，难以进行种植活动	在开口部分用冰棒棍或木棍进行支撑，保证开口的大小

（续）

制作项目	发现的问题	解决策略
脸盆花盆 	花盆太大，没有把手，不方便移动	用麻绳制作两边的手柄，便于移动

2. 对在创意花盆制作中发现的问题，幼儿合作商讨解决方案，体验解决问题的快乐。

第 4 课　展示我的花盆

⭐ 探究目标

1. 能在班级中大胆介绍自己小组的作品，并进行评价。

2. 小组进行作品汇报，分享项目实施的心得和收获。

3. 本课的预期科学成果为幼儿根据展示总结的经验，分组制作的 2.0 版花盆。

⭐ 课时安排

1 课时，25 分钟。

⭐ 科学探究

活动 1：小小分享师

三个小组分别上台，展示汇报。

1. 各小组成员分别根据自己负责的部分进行介绍，见表 1–6，并请其他小组进行评价。

2. 教师对幼儿进行提问：在制作过程中遇到了哪些困难？是如何解决的？有什么新的发现？

表　1-6

小组	花盆作品	材料和工具	功能及特点
第一组	水壶花盆 	扭扭棒、透明胶带、钉子、锤子、黏土、颜料等	可以进行水培，方便拿取。使用废旧水壶制作花盆，富有创意，形状美观，通过扭扭棒串联等有助于幼儿精细动作的发展
第二组	包包花盆 	丝带、胶棒、热熔胶枪、木棍、颜料、黏土、安全剪刀等	包包花盆小巧可爱，可以放在桌面，比较美观。使用废旧包包制作花盆，运用观察、比较的方法了解花盆的构成
第三组	脸盆花盆 	热熔胶枪、塑料球、黏土、丙烯颜料、麻绳等	脸盆花盆比较大，可以种很多植物，形成景观。幼儿具有一定的探究意识，会选择合适的工具或材料制作花盆的手柄

活动 2：用一用，测一测

幼儿尝试用制作的花盆开展种植活动。

1. 检测花盆是否可以装土种植。

2. 观察花盆是否留有出水口，方便后期浇水。

3. 针对测试问题小组进行讨论，迭代更新，生成 2.0 版花盆。

科学成果

孩子们，本项目学习到此就接近尾声了，最后请把自己的科学收获贴在或写在这里吧！

我发现花盆底部的洞原来有特殊的作用，可以用来排水和透气，真是有趣。

动动脑筋，不要的水壶、皮包、脸盆等废旧材料也有大用途，让我们用自己灵巧的小手来创造吧！

学习评价

教师对幼儿在调查、设计、制作、测试、分享、玩耍等过程中的表现情况进行表现性评价，并引导幼儿进行自评、互评，见表 1-7。

表 1-7

评价内容	评价等级 😊😊😊😊😊		
	教师评价	幼儿自评	幼儿互评
初步认识花盆的形状和结构，用图文的形式记录结果，进行讨论和改进，主动在集体前进行分享			
能分组合作，并根据需求进行人员分工。乐于分享，可以大胆表达本组的设计思路，语言表述清楚			
运用分析、测量等方法，确定花盆底部打孔的位置和工具。掌握锤子、钉子、安全剪刀、热熔胶枪等工具的应用，在实践过程中不断研究、改进方法和技术			
按计划制作花盆，懂得调试并改进，小组探讨制作中遇到的问题并寻找解决方法，进行反思与总结			
大胆介绍作品，并对本组及其他组进行评价，发展语言表达能力，能够使用简单的评价量表进行互评及自评			
总评			

注："优"为5个😊，"良好"为4个😊，"合格"为3个😊，"一般"为1~2个😊。

1.3　课例3：有趣的笔筒

情 境 导 入

　　《指南》中指出，引导幼儿注意事物的形状特征，尝试用表示形状的词来描述事物，体会描述的生动形象性和趣味性。大班幼儿在对自然事物的探究和运用数学解决实际生活问题的过程中，不仅获得丰富的感性经验，充分发展形象思维，而且在观察和探索的基础上，尝试进行简单的分类、概括，为其他领域的深入学习奠定基础。

　　大班的大部分幼儿家中都有笔筒，在一次点名的时候，睿睿发现桌子上的笔摆得乱七八糟，于是提出大家来做笔筒，给"笔宝宝"制作一个家。

学 习 要 求

　　1. 了解笔筒的材质、外形和装饰特点，会用表示形状的词来描述笔筒，了解笔筒的多样性和美感。

　　2. 能用设计图表达自己的想法，通过测量、比较长短等方法，用常见的几何图形有创意地设计笔筒的造型。

　　3. 创造性地运用废旧材料，如塑料瓶、纸盒等制作笔筒，运用分割、分隔、组合等方法，对自己设计的作品进行调试和改进，制作出美观实用的笔筒。

教 学 流 程

　　"有趣的笔筒"教学流程如图 1–16 所示。

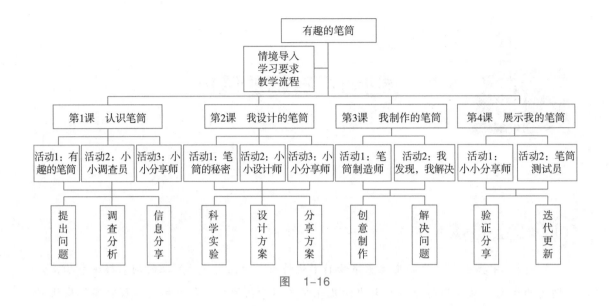

图　1-16

第1课　认识笔筒

 **探究目标**

1.通过调查和观察实物，关注不同笔筒的外观及结构。初步感受笔筒文化，了解笔筒的用处。

2.对身边的事物有好奇心和求知欲，代入任务情境，探究问题。

3.本课的预期科学成果为幼儿通过调查完成的"有趣的笔筒"调查表。

课时安排

2课时，50分钟。

科学探究

活动1：有趣的笔筒

1.展示笔筒的讲解视频和模型，让幼儿观察，引导幼儿了解笔筒的特点，丰富幼儿对笔筒的认知。

2.引导幼儿思考，小组讨论，鼓励幼儿大胆地说出自己心中的笔筒。

3.兴趣驱动，幼儿提出问题：如果自己做一个笔筒，需要做哪些准备？怎么做？

活动2：小小调查员

1.师幼讨论，确定调查内容。

2.教师发放"有趣的笔筒"调查表，见表1-8。教师鼓励亲子运用多种形式（如网络搜索、手机、音视频等信息技术的支持；询问相关人员等）完成调查。

表　1-8

"有趣的笔筒"调查表

班级：　　　　　　　　　　　　　　　　　姓名：

调查方式
笔筒的用处
笔筒的基本构造
制作笔筒需要哪些材料

活动 3：小小分享师

幼儿分享调查结果，如图 1-17 所示。教师将幼儿对笔筒的构造与材料的需求记录下来，方便幼儿经验的梳理。

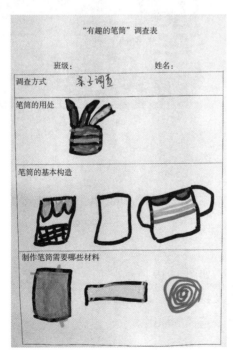

图　1-17

第 2 课 我设计的笔筒

探究目标

1. 根据调查到的笔筒进行梳理，自由投票，选择自己感兴趣的笔筒组成项目小组。

2. 能用设计图表达自己的想法，通过测量、比较笔筒的长短、装饰方法，小组讨论，用常见的几何图形有创意地设计笔筒的造型。

3. 本课的预期科学成果为幼儿分组探讨后，共同绘制的笔筒设计方案。

课时安排

2 课时，50 分钟。

科学探究

活动 1：笔筒的秘密

1. 教师展示各种各样的笔筒，幼儿观察讨论，了解笔筒的构成，如图 1-18 所示。

2. 检测科学室里面的各种材料，如玻璃、木头、橡皮泥等。通过摸一摸、闻一闻、捏一捏等方式，来了解这些材质的特性。

3. 通过集体讨论，幼儿大胆表述感受，确定制作笔筒的材料。

图 1-18

活动 2：小小设计师

1. 小组讨论，设计笔筒的图纸。

2. 解决难点：怎样才能设计出与众不同的笔筒呢？

3. 幼儿讨论：笔筒都有什么形状呢？生活中哪些材料可以用来做笔筒？根据讨论结果，幼儿分组设计出自己满意的笔筒设计图。

活动 3：小小分享师

图纸设计完成后，小组成员介绍图纸内容，如图 1-19 所示。

1. 介绍本组设计的笔筒款式、结构、用途及特点等。

2. 介绍本组笔筒的制作材料、材料的特点及选择的原因。

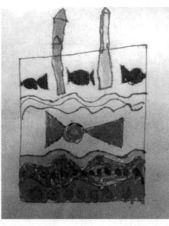

图　1–19

第 3 课　我制作的笔筒

探究目标

1. 根据设计图分享制作思路，尝试解决制作中发现的问题。
2. 对照设计图，各小组分工，用薯片桶、纸盒、冰棒棍等材料合作制作笔筒。
3. 本课的预期科学成果为幼儿运用分割、分隔、组合等方法分工合作的制作笔筒。

课时安排

2 课时，50 分钟。

材料选择

废旧水瓶、废旧纸盒、一次性水杯、扭扭棒、纽扣、仿真眼睛、彩色棉球、黏土等，如图 1–20 所示。

图　1–20

⭐ 科学探究

活动1：笔筒制造师

小组合作，完成项目制作。

1. 回顾笔筒的基本结构。

2. 讨论问题：制作笔筒我们需要了解哪些知识？

3. 各小组依据设计图纸，利用收集到的材料合作制作笔筒并进行插笔测试。

4. 幼儿制作笔筒，教师巡回指导，如图1-21所示。

图　1-21

活动2：我发现，我解决

1. 通过测试作品，小组合作发现作品存在的问题，寻找解决策略（教师引导并提供必要的支持），见表1-9。

表　1-9

制作项目	发现的问题	解决策略
纸盒笔筒	黏土作品无法粘上；纸盒太深，笔放进去后看不见笔	黏土作品没干透，不成型，等待作品风干定型，使用黏性更强的热熔胶枪进行粘贴；用安全剪刀将纸盒上面的一部分剪掉，使深度变浅
冰棒棍笔筒	笔筒上冰棒棍粘黏不紧，容易松动	使用双面胶将其上端粘黏并用热熔胶枪固定
薯片桶笔筒	笔筒太轻，放笔时笔筒会倒	用黏土、扭扭棒等加重笔筒，并为笔筒进行装饰

2. 小组合作完成笔筒制作，在发现问题的过程中一起探讨解决问题的方法。

第 4 课　展示·我的笔筒

探究目标

1. 在游戏情境中进行角色扮演，模拟使用笔筒，同时进行进一步的测试。
2. 在测试过程中，发现问题并通过合适的方式及时解决。
3. 本节课的预期科学成果为幼儿根据展示总结的经验，分组制作的 2.0 版笔筒。

课时安排

1 课时，25 分钟。

科学探究

活动 1：小小分享师

三个小组分别上台，展示汇报。

1. 各小组成员分别根据自己负责的部分进行介绍，见表 1-10，并请其他小组进行评价。

2. 教师对幼儿进行提问：在制作过程中遇到了哪些困难？是如何解决的？有什么新的发现？

表 1-10

小组	笔筒作品	材料和工具	功能及特点
第一组	纸盒笔筒 	黏土、废旧纸盒、彩纸、安全剪刀、双面胶等	纸盒笔筒承载量大，可以放很多文具，摆放在桌面上具有观赏价值，废物利用还可以培养幼儿的环保意识
第二组	冰棒棍笔筒 	冰棒棍、废旧矿泉水瓶、彩纸、纽扣、仿真眼睛等	冰棒棍制作笔筒创意十足，使用多种材料装饰笔筒，使人眼前一亮。还可以挂在墙上，节约空间

（续）

小组	笔筒作品	材料和工具	功能及特点
第三组	薯片桶笔筒	各色黏土、薯片桶、扭扭棒、彩纸、安全剪刀等	该笔筒高大美观，使用黏土装饰加重笔筒的重量，让笔筒变得更加稳固，能承载多种文具，如大支毛笔等

活动 2：笔筒测试员

各组对笔筒进行装笔测试。

1. 检验笔筒的稳定性，是否容易歪倒。

2. 数数能装多少支笔。

3. 在测验中发现问题并小组商讨解决，迭代更新，生成更稳固耐装的 2.0 版笔筒。

科学成果

　　孩子们，本项目学习到此就接近尾声了，最后请把自己的科学收获贴在或写在这里吧！

　我知道了笔筒的形状、大小和重量都会影响笔筒的稳定与平衡，做科学实验太有趣了。

　原来在笔筒里进行分隔、组合，可以帮助我们更好地收纳哦！懂科学，用处大！

学习评价

　　教师对幼儿在调查、设计、制作、测试、分享、玩耍等过程中的表现情况进行表现性评价，并引导幼儿进行自评、互评，见表 1–11。

表　1–11

评价内容	评价等级 😊😊😊😊😊		
	教师评价	幼儿自评	幼儿互评
能够认真完成亲子调查任务，了解不同笔筒的外观及结构。资料收集全面且丰富，活动中交流积极、有条理			
自由投票，选择自己感兴趣的笔筒形成项目小组。小组讨论，发挥想象力与创造力，设计与众不同的笔筒			
根据分工，在笔筒的制作过程中，能够将发现的问题通过合适的方式及时地解决			
能够在游戏情境中进行角色扮演，模拟使用笔筒，同时进行进一步的测试			
小组合作意识强，能够较好地展示汇报，并分享项目实施的心得和收获			
总评			

　　注："优"为 5 个😊，"良好"为 4 个😊，"合格"为 3 个😊，"一般"为 1~2 个😊。

1.4　课例4：自制座位牌

情 境 导 入

《纲要》中指出，强调幼儿教育的生活化，体现"数学源于生活，用于生活"的思想。幼儿园数学教育要从幼儿的生活经验和已有的知识背景出发，充分利用环境资源，挖掘生活中的教育内容，使生活经验数学化，数学知识生活化，积极培养幼儿的数学思维和探索精神。

在开展皮影区域活动时，孩子们经常争抢座位，有孩子提议把座位编上号，像看电影那样，凭票坐就不会乱了，于是孩子们对座位牌展开热烈的讨论……对于"皮影区"座位牌的一切充满了好奇心与求知欲。借此契机我们开启对座位牌的探索、创作，引导幼儿感知和体会与自己生活密切相关的数的信息，一起寻找、发现生活中用数字做标识的事物，体会数学的有趣。

学 习 要 求

1. 运用课件、视频、亲子调查等途径，通过观察、交流、讨论比较等了解座位牌的由来及结构。

2. 掌握安全剪刀、热熔胶枪、刻刀等工具的使用，学习根据二维坐标找到合适的位置，小组合作解决技术问题，运用多种材料制作出美观、实用的座位牌。

3. 在座位牌设计过程中运用各类几何图形，会用工具测量材料之间的比例、长短等。制作的座位牌能体现"×排×座"。

教 学 流 程

"自制座位牌"教学流程如图 1-22 所示。

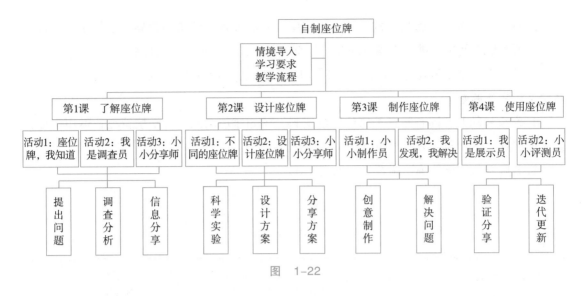

图 1-22

第 1 课 了解座位牌

探究目标

1. 关注与自己生活密切相关的座位牌，掌握座位牌的基本功能和作用。

2. 了解座位牌在日常生活中的使用，代入任务情境，探究问题。

3. 本课的预期科学成果为幼儿通过调查完成的座位牌调查表。

课时安排

2 课时，50 分钟。

科学探究

活动 1：座位牌，我知道

1. 教师出示生活中常见的座位牌实物，如图 1-23 所示，引导幼儿观察，说一说座位牌的组成。

签到座位牌

席卡座位牌

图 1-23

2.进一步了解座位牌的结构，关注不同座位牌的外观及结构的差异，了解座位牌常在生活中哪些地方使用，进一步激发幼儿的好奇心与求知欲，拓展生活经验。

3.幼儿在观察中发现并提出问题：制作座位牌要做好哪些准备工作？

活动2：我是调查员

1.家长和幼儿共同查阅有关座位牌的资料，感知座位牌的基本结构特点，运用多种方式完成调查，留存调查资料，如照片、视频等。

2.教师发放"座位牌"调查表，见表1-12。

表 1-12

"座位牌"调查表

班级：　　　　　姓名：

幼儿经验调查了解		
座位牌是什么	座位牌的用途	座位牌有什么特点

活动3：小小分享师

1.师幼讨论，梳理近期对座位牌的调查结果（家长可协助做PPT汇报：如座位牌的构成、制作流程、材料、作用等），如图1-24所示。

2.教师将幼儿分享的结果分类记录，方便幼儿经验的梳理。

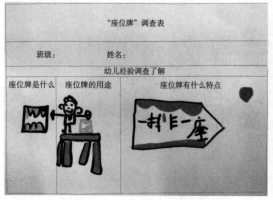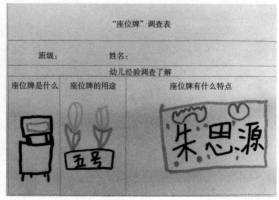

图 1-24

第 2 课 设计座位牌

探究目标

1.根据调查到的座位牌进行梳理,选择自己感兴趣的座位牌形成项目小组。

2.小组讨论,绘制本组座位牌设计方案。

3.本节课的预期科学成果为幼儿分组探讨后,共同绘制的座位牌设计方案。

课时安排

2 课时,50 分钟。

科学探究

活动 1:不同的座位牌

1.引导幼儿仔细观察:不同的场景,座位牌的用途是否一样?进一步认识座位牌。

2.幼儿根据调查,了解关于常见座位牌的用途。

在办公区域:座位牌常被用于标识员工的工位,有助于快速找到相应人员。

在电影院:座位牌用于表示观众的座位号,观众可以根据自己的票面信息找到相应的座位,避免坐错引起纠纷。

在公共交通中:座位牌用于表示乘客的座位,有助于乘客快速找到座位。

3.幼儿自由谈论,说出自己独到的看法。

想要制作什么样的座位牌?生活中哪些材料可以用来做座位牌?

活动 2:设计座位牌

1.幼儿根据分组,合作思考,提出需要攻克的难点,设计座位牌图纸。

2.探索座位牌材料,常见的有纸质、金属、亚克力板等。

活动 3:小小分享师

设计绘制完成后,小组成员上台介绍图纸内容,如图 1-25 所示。

1.介绍本组座位牌的类型、特点及用途。

2.介绍座位牌使用的材料及选择该材料的原因。

图 1-25

第 3 课　制作座位牌

🌟 探究目标

1. 根据设计图制作座位牌，在制作过程中，观察发现座位牌的规律。

2. 在小组合作中完成座位牌的制作，培养团队合作精神和沟通能力。

3. 本课的预期科学成果为幼儿通过分工合作制作的座位牌。

🌟 课时安排

2 课时，50 分钟。

🌟 材料选择

本次活动分三组，材料由三个小组自主选择。

卡纸、KT 板、圆木片、黏土、松果、热熔胶枪、画纸、排刷、锯子等，如图 1—26 所示。

图　1—26

🌟 科学探究

活动 1：小小制作员

1. 根据每个小组成员的特点和优势，小组内做好分工。

2. 回顾座位牌的基本结构，幼儿开始制作，如图 1—27 所示。教师巡回指导，引导幼儿思考共性问题。

图　1—27

3.突破难点。木棍座位牌：探究固定方法；圆木片座位牌：探究圆木片与雪糕棍之间的衔接方法；KT 板座位牌：探寻合适的板块大小，找到割板技巧。

活动 2：我发现，我解决

1.通过测试作品，小组合作发现作品存在的问题，寻找解决策略（教师引导并提供必要的支持），见表 1–13。

表　1–13

制作项目	发现的问题	解决策略
KT 板座位牌 	KT 板制作出的座位牌，不够立体美观	幼儿讨论后决定使用黏土材料进行装饰，增强座位牌立体感的同时，也增加了美感
木棍座位牌 	木棍与椅子之间难以贴合，座位牌容易脱落	由于木棍是圆柱体，衔接处与椅背接触面积小，可以增加接触面，选择更加牢固安全的材料进行固定
圆木片座位牌 	圆木片难以上色，色彩不够鲜亮，座位牌不醒目	尝试用各种材料装饰，决定采用色彩鲜艳的黏土进行装饰，使座位牌更加醒目

2.幼儿在小组合作中，完成座位牌的制作，提升了创造性思维及动手能力。

第 4 课　使用座位牌

⭐ 探究目标

1.在游戏情境中进行角色扮演，模仿生活中人们找座位，进行进一步的测试，发现问题并通过合适的方式及时解决。

2. 小组进行展示汇报，并分享项目实施的心得和收获。

3. 本课的预期科学成果为根据展示总结的经验，分组制作的 2.0 版座位牌。

 课时安排

1 课时，25 分钟。

科学探究

活动 1：我是展示员

三个小组分别上台，展示汇报。

1. 各小组成员分别根据自己负责的部分进行介绍，见表 1–14，并请其他小组进行评价。

2. 教师对幼儿进行提问：在制作过程中遇到了哪些困难？是如何解决的？有什么新的发现？

表　1–14

小组	座位牌作品	材料和工具	功能及特点
第一组	KT 板座位牌 3排2座	KT 板、铁丝、安全剪刀、美工刀、颜料、黏土、热熔胶枪等	KT 板座位牌保存时间较长，有防水、防潮、耐磨损等优点，是可以长期使用的座位牌。由于比较轻便、平整，适合幼儿发挥想象大胆创作，具有观赏性
第二组	木棍座位牌 2排1座	木棍、卡纸、丙烯马克笔、安全剪刀、锯子、黏土、热熔胶枪等	卡纸座位牌成本低、易制作，选择木棍当作座位牌底座，富有创意，充满童趣，方便悬挂

（续）

小组	座位牌作品	材料和工具	功能及特点
第三组	圆木片座位牌 	圆木片、冰棒棍、黏土、热熔胶枪等	使用圆木片制作特殊少见的座位牌，能充分发挥幼儿的创造性思维及想象力，且座位牌经久耐用，不容易破损

活动 2：小小评测员

开展皮影戏表演，各组按位置就座观看，检测座位牌的实际应用效果。

1. 检测座位牌是否可以帮助观众快速找到座位。

2. 检测贴在椅子上的座位牌是否容易脱落。

3. 根据出现的问题，小组研讨解决，生成更牢固的 2.0 版座位牌。

科学成果

孩子们，本项目学习到此就接近尾声了，最后请把自己的科学收获贴在或写在这里吧！

有了座位牌，就更方便我们找到座位啦，座位牌真有用。

座位牌上的数字是有规律的，根据规律可以更加快速地找到座位哦！

学习评价

教师对幼儿在调查、设计、制作、测试、分享、玩耍等过程中的表现情况进行表现性评价，并引导幼儿进行自评、互评，见表1-15。

表　1-15

评价内容	评价等级 😊😊😊😊😊		
	教师评价	幼儿自评	幼儿互评
对座位牌有好奇心和求知欲，愿意了解座位牌。通过观察，能够关注不同座位牌的外观及结构			
小组讨论，绘制设计本组座位牌的图纸。在合作设计中，具有发现问题与解决问题的能力			
根据座位牌设计图纸分享制作思路，尝试解决发现的问题，小组分工合作制作座位牌			
能够在皮影区域游戏中对座位牌进行进一步的测试。在测试过程中，能够将发现的问题通过合适的方式及时地解决			
作品能够达到项目预期目标，能帮助观众快速找到座位。小组合作意识强，能够较好地展示汇报，并分享项目实施的心得和收获			
总评			

注："优"为5个😊，"良好"为4个😊，"合格"为3个😊，"一般"为1~2个😊。

第 **2** 章

工程大探究

2.1　课例5：好玩的房车

《指南》中指出，引导幼儿根据常见物质、材料的特性和物体的结构特点，推测和证实它们的用途。成人要善于发现和保护幼儿的好奇心，充分利用自然和实际生活机会，提供丰富的材料和适宜的工具，支持幼儿在游戏过程中探索并感知常见物质、材料的特性和物体的结构特点。

暑假回来，孩子们讨论热烈，"我暑假的时候出去玩了，我还看到有人住在车子里面。"

"我知道，那个叫房车。"

"我记得在动画片里面也看到过房车，太好玩了。"

孩子们都很想要一辆这样的房车，可是问题也随之而来：怎样制作房车？用什么材料制作？我们能制作出什么样的房车呢？带着一连串的问题，孩子们展开了激烈的讨论，到底要先解决什么问题呢？此时，作为老师我及时介入，帮助幼儿分析，确定需要解决的首要问题。于是，"自制房车"的旅程就这样开始了……

◆ 学习要求

1.通过访问网络、实地调查等方式，了解房车结构；在房车的调查、设计、制作等环节中，能动手动脑发现问题、解决问题；用图文的形式记录调查结果，进行讨论和改进；制作出美观、科学的房车。

2.绘制设计图纸——操作实践，制订测量计划并实施；在房车设计过程中运用各类几何图形，根据需要讨论房车的大小及材料的数量等。

3.掌握安全剪刀、热熔胶枪、卷尺、美工刀、锤子等工具的应用，在实践过程中寻找制作房车的方法，遇到困难知道向老师、家长寻求帮助。

◆ 教学流程

"好玩的房车"教学流程如图2-1所示。

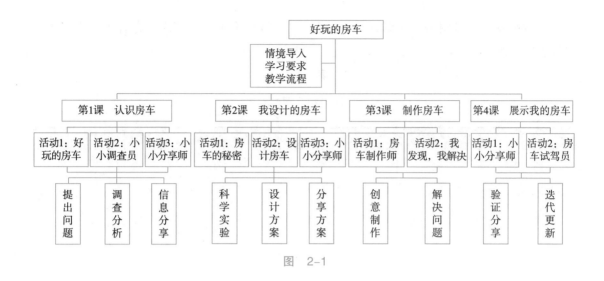

图　2-1

第 1 课　认识房车

探究目标

1.通过观看房车图片，关注不同房车的外观及结构。

2.在家长的帮助下进行房车调查，能大胆地在集体面前用较为连贯的语言讲述调查的结果。

3.本课的预期科学成果为幼儿通过调查完成的自制房车调查表。

课时安排

2 课时，50 分钟。

科学探究

活动 1：好玩的房车

1.教师带领幼儿观察房车图片，导入情境，激发幼儿兴趣，共同探讨房车的结构，如图 2-2 所示。

2.通过观察，请幼儿分组讨论：

（1）房车有哪些组成部分？

（2）房车里有什么？各有什么功能？

（3）你见过的房车是什么样子的？

活动 2：小小调查员

1.小组讨论，确定调查的形式和内容。

图　2-2

2.教师发放"自制房车"调查表，见表2-1，鼓励亲子合作完成，为后期活动的开展提供想法和建议。

表 2-1

"自制房车"调查表

班级：   姓名：

幼儿经验调查了解		
你在哪里见过房车	你见到的房车是什么样子的	房车由哪些部分组成

活动3：小小分享师

1.谈话导入，调动幼儿前期经验，激发幼儿兴趣。

2.幼儿展示调查表，介绍调查表内容，加强幼儿对房车的认识，如图2-3所示。

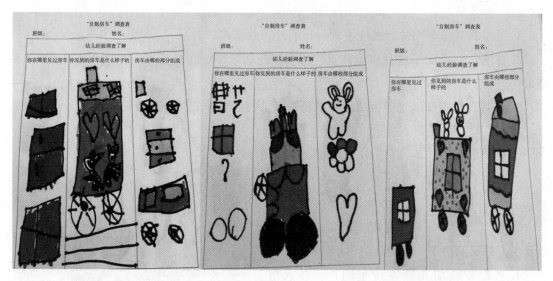

图 2-3

第 2 课 我设计的房车

探究目标

1.选择自己感兴趣的房车形成项目小组。

2.小组成员在交流中尝试整理、概括房车的组成部分，根据讨论结果绘制房车的设计图，体验合作探究、发现问题、解决问题的乐趣。

3.本课的预期科学成果为幼儿分组探讨后，共同绘制的房车设计方案。

⭐ **课时安排**

2 课时，50 分钟。

⭐ **科学探究**

活动 1：房车的秘密

1.师幼共同归纳总结，教师引导幼儿描述房车的外观及组成，确定房车的基本结构，如图 2-4 所示。

知识点：房车的车身结构通常由车架、车身板、车门、车窗、车顶、车尾等部件组成。

2.在科学探索室探索各种材料，了解不同材料的材质、特点及用途，找到适合做房车的材料。

图　2-4

活动 2：设计房车

1.幼儿分组，合作思考，提出难点，绘制房车的设计方案。

2.解决难点：如何设计出稳定坚固的房车？

活动 3：小小分享师

设计方案绘制完成后，小组成员上台介绍设计方案的内容，如图 2-5 所示。

1.介绍本组设计的房车类型、用途、结构、应用场合等。

2.介绍本组计划用什么材料制作房车，以及选择这些材料的原因。

图　2-5

第 3 课　制作房车

⭐ 探究目标

1. 根据设计图分享制作思路，合理利用资源，准备材料及工具。
2. 各小组交流、讨论，分工合作，通过亲身体验、动手操作，共同制作房车。
3. 本课的预期科学成果为幼儿通过分工合作制作的房车模型。

⭐ 课时安排

2 课时，50 分钟。

⭐ 材料选择

本次活动分三组，材料由三个小组自主选择。

第一组：小三轮车、泡沫板两张、大小纸箱三个、筐子一个、奶粉罐一个等，如图 2-6 所示。

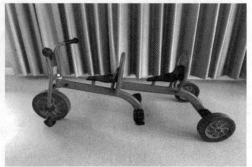

图　2-6

第二组：平板推车、纸板数张、木棍数根、带洞泡沫板一张、塑料框等，如图 2-7 所示。

图　2-7

第三组：餐车、KT 板两张、纸板、塑料框子、泡沫地垫等，如图 2-8 所示。

图   2-8

科学探究

活动1：房车制作师

回顾房车的基本组成部分，教师强调制作房车时需要注意的事项。

1. 小组分工合作，制作房车。

2. 使用工具时，教师提醒幼儿注意安全。

3. 按照设计图，幼儿进行分工，合作制作房车，如图 2-9 所示。教师巡回指导。

图   2-9

活动2：我发现，我解决

通过测试作品，小组合作发现作品存在的问题，寻找解决策略（教师引导并提供必要的支持），见表 2-2。

表   2-2

制作项目	发现的问题	解决策略
野炊房车	箱子太重，在使用中容易掉	可以使用材质较轻的箱子，将箱子粘得再牢固一些

（续）

制作项目	发现的问题	解决策略
星空房车 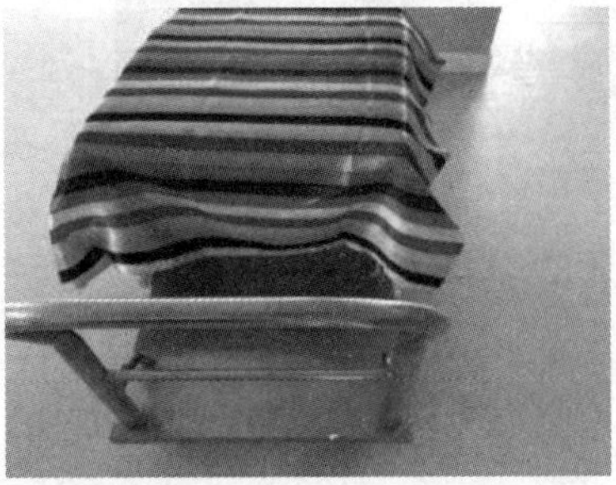 	房车比较容易倾斜	在星空顶下多加几根木棍来支撑，避免倾斜或倒塌
多层房车  	前面用来遮挡的木棍过细，行进抓握时容易脱落	更换木棍尺寸，使用胶枪多次固定

第 4 课　展示我的房车

探究目标

1. 积极参加房车测试活动，能主动、大胆地表达自己的想法，发现房车存在的问题并提出修改意见。

2. 在房车游戏中获得满足感和乐趣，愿意分享项目实施的心得和收获。

3. 本课的预期科学成果为幼儿根据展示总结的经验，分组制作的 2.0 版房车。

课时安排

1 课时，25 分钟

科学探究

活动 1：小小分享师

三个小组分别上台，展示汇报。

1. 各小组成员分别根据自己负责的部分进行介绍，见表 2-3，并请其他小组进行评价。

2. 教师对幼儿进行提问：在制作过程中遇到了哪些困难？是如何解决的？有什么新的发现？

表　2-3

小组	房车模型作品	材料和工具	功能及特点
第一组	野炊房车	纸箱、小三轮车、KT板、铁丝、老虎钳、安全剪刀、美工刀、颜料等	可以通过房车上的灶台制作美食，适合一家人出去游玩。在制作美食的过程中，促进幼儿精细动作的发展
第二组	星空房车	平板推车、布、颜料、铁丝、黏土、老虎钳等	上面的布可以打开，躺在房车中可以观看星星。作品具有创造性，增强了孩子们的合作能力
第三组	多层房车	餐车、热熔胶枪、纸板、黏土、丙烯颜料等	多功能房车，上层可以睡觉，下层可以驾驶，体现了房车的多种作用，发展幼儿的想象力与创造力

活动 2：房车试驾员

1. 各组尝试驾驶房车，检验房车的稳定性，如图 2-10 所示。

2. 数一数一辆房车能坐几个人。

3. 小组探讨，合作解决测试中发现的问题，进行更新迭代，生成 2.0 版房车。

图　2-10

科学成果

孩子们，本项目学习到此就接近尾声了，最后请把自己的科学收获贴在或写在这里吧！

我发现房车要具有一定的稳定性和承重能力，才能保证行驶过程中的安全。

在制作房车的过程中，我锻炼了自己的动手能力，还知道了很多科学知识，如机械原理、能量转换原理，科学真有趣！

学习评价

教师对幼儿在调查、设计、制作、测试、分享、玩耍等过程中的表现情况进行表现性评价，并引导幼儿进行自评、互评，见表2-4。

表　2-4

评价内容	评价等级 😊😊😊😊😊		
	教师评价	幼儿自评	幼儿互评
认识房车，知道房车的构成，对房车的探究充满兴趣。亲子调查房车的相关资料，主动在集体前进行分享			
知道房车的基本组成部分，大胆想象，进行房车的设计，愿意表达本组的设计思路，语言表述清楚			
运用分析、比较、测量等方法，确定房车的大小。掌握安全剪刀、热熔胶枪、卷尺等工具的使用，在实践过程中不断研究并改进方法技术			
对测试房车充满兴趣，积极参与活动，小组探讨测试中遇到的问题并寻找解决方法，进行反思与总结			
大胆介绍自己的房车，在与同伴分工合作探索中，解决发现的问题，对房车进行迭代更新			
总评			

注："优"为 5 个😊，"良好"为 4 个😊，"合格"为 3 个😊，"一般"为 1~2 个😊。

2.2　课例6：建设农场

情境导入

我国著名教育家陈鹤琴先生主张："大自然是我们最好的老师，大自然充满了活教材，大自然是我们的教科书。"《指南》中指出，经常带幼儿接触大自然，激发其好奇心与探究欲望。引导幼儿运用各种感官动手动脑，探究问题；爱护动植物，关心周围环境，亲近大自然，珍惜自然资源。

在幼儿园的南面有一大片空场地，这里的泥土中、石缝里生长着一些绿油油的、不同种类的小草和零星的白色小野花。天气不错的时候，我带孩子们出来散步消食，他们总喜欢在这片小花小草中驻足欣赏，一些细心的孩子还会观察这片植物中那些活动的小生命。

"老师，老师，我在和爸爸妈妈出去玩儿的地方也有这样一片草地，那里面还有一些小动物，还种植了好多菜。"丁一鸢说到。

"你说的那是农场吧。"卢梓夕小朋友突然凑上来说。

一听这话，有的小朋友说自己也去过农场，有的小朋友则上来好奇地问道："什么是农场？"

小朋友们由此展开了热烈的讨论，知道农场的小朋友们纷纷给询问的小朋友们答疑解惑。基于孩子们的热烈讨论，我们充分利用幼儿园得天独厚的场地优势，开始农场的探索之路。

学习要求

1.讨论、观察、了解农场的作用以及组成，对农场产生兴趣，运用信息技术等收集有关农场的资料。

2.小组合作设计农场规划图，能依据图纸动手操作实践，完成农场的建造。

3.在农场设计过程中对农场进行布局，解决测量砖块间的距离、田地的大小、围栏的长短、鹅卵石密度等问题，使用各种工具建设农场。

"建设农场"教学流程如图 2-11 所示。

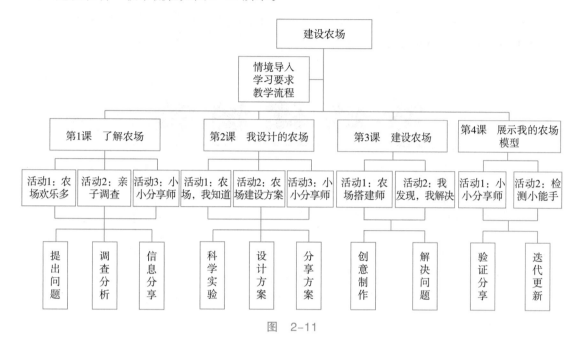

图　2-11

第 1 课　了解农场

探究目标

1. 通过观看视频和查阅资料，了解农场的基本构造。

2. 知道农场的特点和作用，关注和了解自然环境与人们生活的密切关系，知道尊重和珍惜生命，保护环境。

3. 本课的预期科学成果为幼儿通过调查完成的农场建造师调查表。

课时安排

2 课时，50 分钟。

科学探究

活动 1：农场欢乐多

1. 教师捕捉幼儿的好奇心与兴趣点，展示有关农场的图片、视频，引导幼儿看一看、说一说农场的样子。

2. 教师通过提问，引导幼儿进一步深入思考：你们去过的农场是什么样的？

3.讨论话题：农场里面有什么？都有什么作用？

活动 2：亲子调查

1.通过师幼讨论，确定调查表内容。教师发放"农场建造师"调查表，见表 2-5。

2.幼儿与家长在周末去农场游玩，共同查阅农场的相关资料。通过经验分享、图片视频资料以及亲子合作等方式完成调查表。

表　2-5

活动 3：小小分享师

幼儿分享调查表内容，介绍农场里面有什么，了解农场的作用。教师将幼儿分享的结果记录下来，方便幼儿经验的梳理，如图 2-12 所示。

图　2-12

第 2 课　我设计的农场

探究目标

1.关注和了解自然环境与人们生活的密切关系，尝试参与农场的建设与设计。

2.关注和思考动植物的外部特征、习性，发挥想象力，设计富有创意的农场，培养设计思维和工程思维。

3.本课的预期科学成果为幼儿分组探讨后，共同绘制的农场设计方案。

课时安排

2 课时，50 分钟。

科学探究

活动 1：农场，我知道

1.师幼共同梳理调查结果，了解农场的组成，讨论自己准备建造的农场的结构。

2.在科学室进行材料的收集，在阅览室进行资料收集，拓展关于丰富农场建设的新想法。

活动 2：农场建设方案

幼儿分组，合作思考，提出难点，分别绘制农场的设计方案，如图 2-13 所示。

图　2-13

活动 3：小小分享师

设计方案绘制完成后，小组成员介绍设计方案的内容，如图 2-14 所示。

1.介绍农场里划分的区域及各区域的用途。

2.介绍农场建造所需材料及选择这些材料的原因。

图　2-14

<h1 style="text-align:center">第 3 课　建设农场</h1>

探究目标

1. 愿意分工合作，享受建设农场的喜悦，感受大自然的乐趣。
2. 使用丰富的材料和适合的工具，体验合作完成农场建造的成就感。
3. 本课的预期科学成果为幼儿通过分工合作建造的农场。

课时安排

2 课时，50 分钟。

材料选择

木头栅栏、鹅卵石、卡通石板、记号笔、水、水管、水泥、锯子等，如图 2-15 所示。

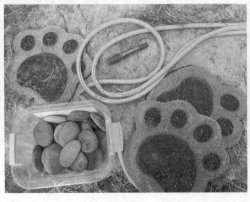 

图　2-15

科学探究

活动 1：农场搭建师

小组合作，完成项目制作。

1. 回顾农场的基本结构，确定建设农场的步骤。

2. 讨论问题：搭建农场要做哪些事情？根据每个成员的特点做好分工。

3. 各小组依据设计图纸，合作搭建农场。教师巡回指导，如图 2-16 所示。

图　2-16

活动 2：我发现，我解决

1. 通过测试作品，小组合作发现作品存在的问题，寻找解决策略（教师引导并提供必要的支持），见表 2-6。

表　2-6

制作项目	发现的问题	解决策略
田地规划	田地用栅栏围起来时，孩子们出入不方便	孩子们用记号笔在栅栏上标注出入口位置，使用锯子将栅栏进行切割，设置出口
小路规划	使用鹅卵石铺路时露出很多的水泥，图案不够好看。铺完水泥还没干时，有的鹅卵石容易脱落	在使用鹅卵石铺路时，石头与石头之间的间隙要小一些，多用鹅卵石对图案进行填充，在铺鹅卵石时每块石头都应按到底，防止脱落

（续）

制作项目	发现的问题	解决策略
路面设计	石板与石板之间的距离太远，不方便行走	在水泥未干时将石板撬起，清洗石板，重新测量石板间的距离

2.幼儿分工合作完成农场的建设，在合作中解决问题，如图 2-17 所示。

图　2-17

第4课　展示我的农场模型

⭐ **探究目标**

1. 能在集体面前大胆介绍自己小组的作品。

2. 小组进行作品汇报，分享项目实施的心得和收获。

3. 本课的预期科学成果为根据展示总结的经验，分组建造的 2.0 版农场模型。

⭐ **课时安排**

1 课时，25 分钟。

⭐ **科学探究**

活动1：小小分享师

三个小组分别上台，展示汇报。

1. 各小组成员分别根据自己负责的部分进行介绍，见表 2-7，并请其他小组进行评价。

2. 教师对幼儿进行提问：在制作过程中遇到了哪些困难？是如何解决的？有什么新的发现？

表　2-7

小组	农场模型的模块作品	材料和工具	功能及特点
第一组	田地规划	木头栅栏、记号笔、锯子等	栅栏可以规划田地，种植不同的蔬菜，设置方便人们进出植物种植区域的开口
第二组	小路规划	颜色不同的鹅卵石、水泥等	通过设置不同图案制作农场小路，装饰农场，让农场变得美观，方便人们行走
第三组	路面设计	卡通石板、水、水管、水泥等	卡通石板不仅可以装饰农场，还能规划农场的路线布局，引导人们进出农场

活动2：检测小能手

各组进入农场进行检测、实验、游戏，如图2-18所示。

1. 检测栅栏、道路是否牢固。

2. 检测木头栅栏的开口是否合适。

3. 针对发现的问题，研讨解决，进行迭代更新，生成2.0版农场。

图　2-18

科学成果

　　孩子们，本项目学习到此就接近尾声了，最后请把自己的科学收获贴在或写在这里吧！

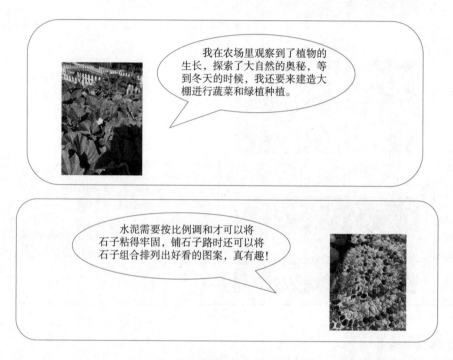

我在农场里观察到了植物的生长，探索了大自然的奥秘，等到冬天的时候，我还要来建造大棚进行蔬菜和绿植种植。

水泥需要按比例调和才可以将石子粘得牢固，铺石子路时还可以将石子组合排列出好看的图案，真有趣！

学习评价

　　教师对幼儿在调查、设计、制作、测试、分享、玩耍等过程中的表现情况进行表现性评价，并引导幼儿进行自评、互评，见表2-8。

表　2-8

评价内容	评价等级 ☺☺☺☺☺		
	教师评价	幼儿自评	幼儿互评
认识农场，了解农场的构造。亲子调查农场的相关资料，对建设农场的活动有探索欲望和好奇心			
能够分组进行合作设计，愿意分享本组的设计内容，通过设计图介绍农场的规划			
能按照计划实施建设农场的活动。根据需要分组讨论，收集建设农场的材料，掌握记号笔、锯子等工具的使用，在建设农场的过程中不断改进方式方法			
小组探讨测试中遇到问题时积极寻找解决方法，进行反思与总结			
分组完成建设农场活动，建设完成后能够积极地分享本组的成果。根据组员的表现，从各个角度进行客观评价			
总评			

注："优"为 5 个☺，"良好"为 4 个☺，"合格"为 3 个☺，"一般"为 1~2 个☺。

2.3　课例7：我们的城市

◆ 情 境 导 入

《纲要》中指出，能从生活和游戏中感受事物的数量关系并体验到数学的重要和有趣。幼儿的学习是以直接经验为基础。作为教师我们要善于发现和保护幼儿的好奇心，充分利用自然和生活中的机会，引导幼儿对身边常见事物和现象的特点、变化规律产生兴趣和探究的欲望，学会发现问题、分析问题和解决问题。

区域活动时，有幼儿向我反映："老师，建构区的积木都被其他小朋友用完了，我想搭个高楼，可是什么材料都没有了。"

另一个小朋友也趁机跑过来说："我们还想做马路和大树……"

就这样，孩子们你一言我一语地向我描述着缺少的材料。于是我问他们："要这些材料，是准备搭建什么呢？"

"我们想搭立交桥、停车场、公园……"

"搭一个城市出来。"

就这样，"我们的城市"搭建主题诞生了。

◆ 学 习 要 求

1.通过观察、交流、讨论、比较等方式，了解城市的构成。运用课件、视频等多媒体资源让幼儿了解城市的相关知识，对我们居住的城市产生兴趣。

2.在调查、设计等环节中，用图文的形式记录结果，进行讨论和改进；感知和理解事物"量"的特征；综合运用围合、垒高、平铺、插接等技能，使用各种材料搭建城市，在实践过程中不断研究改进方法技术。

3.大胆想象，绘制城市设计图并按照设计图进行搭建；积累有关空间方位的概念，增强对数量、图形的理解和认识。

"我们的城市"教学流程如图2-19所示。

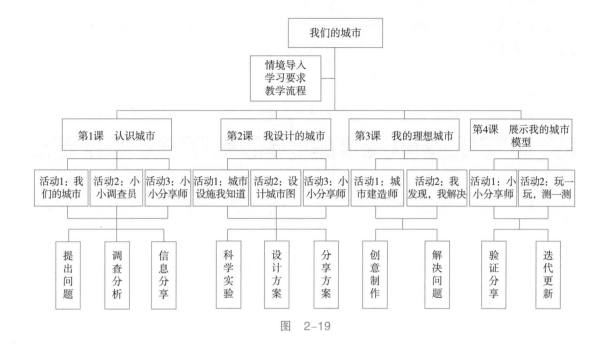

图 2-19

第 1 课 认识城市

探究目标

1. 通过观察图片或视频，了解城市的不同构成。

2. 对身边事物有好奇心和求知欲，知道城市中的各项设施及其用途。

3. 本课的预期科学成果为幼儿通过调查完成的"我们的城市"调查表。

课时安排

2 课时，50 分钟。

科学探究

活动 1：我们的城市

1. 教师带领幼儿观看我们所居住的城市的宣传视频，导入情境，激发兴趣，共同探讨。

我们居住在哪个城市？城市里有哪些设施？它们分别有哪些功能？

2. 幼儿进行圆桌交流，提出自己感兴趣的有关城市的话题。

在幼儿园里可以建造一个城市模型吗？

城市里可以建造哪些设施？应该怎样合理规划场地？

活动 2：小小调查员

1. 小组讨论，策划调查的形式。

2.教师发放"我们的城市"调查表，见表2-9，收集相关资料，调动家长资源，亲子共同完成调查表。

表　2-9

"我们的城市"调查表

班级：　　　　　姓名：

幼儿经验调查
我们居住在哪个城市
我们的城市里有什么

活动3：小小分享师

幼儿介绍调查的内容，分析城市里的设施。教师将幼儿分享的结果记录下来，方便幼儿经验的梳理，如图2-20所示。

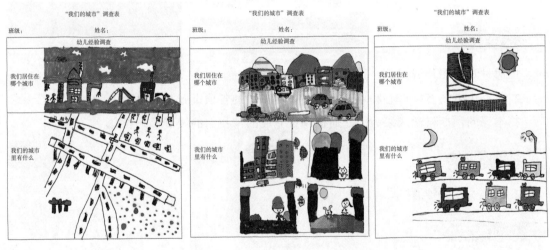

图　2-20

第2课　我设计的城市

探究目标

1.对调查到的城市进行梳理，选择自己感兴趣的城市形成项目小组。

2.小组讨论，感知常见事物的大小、多少、高矮、粗细等量的特征，绘制设计本组城市的设计图。

3.本课的预期科学成果为幼儿分组探讨后，共同绘制的城市设计方案。

课时安排

2 课时，50 分钟。

科学探究

活动 1：城市设施我知道

1. 通过观看视频，师幼共同归纳总结，确定城市的基本构造。

2. 幼儿根据城市结构图，讲解、分享城市应有哪些基本的组成部分。

知识点：住宅、超市、医院、植物、立交桥、环城河等。如城市一般会有一些标志性建筑物；城市里有架设在空中的马路，叫立交桥；有很多高高的楼房，也有矮一点的小房子，叫别墅；城市里有房子、马路、公园、大树、小花、小河等。

3. 各小组在科学室探索各种材料，选择适合搭建城市的材料和工具。

活动 2：设计城市图

1. 绘制城市设计图：幼儿分组讨论，如何才能让城市交通方便、美观、布局合理。

2. 小组合作对设计图进行讨论、修改，最终确定本组的设计图。

活动 3：小小分享师

设计图绘制完成后，小组成员介绍城市设计图，如图 2-21 所示。

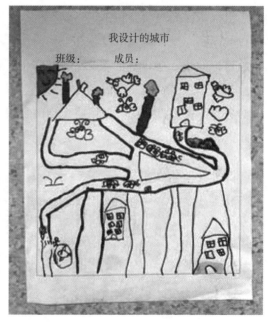

图　2-21

1. 介绍城市的整体规划、城市里的各类设施及其功能。

2. 介绍本组使用的材料、材料的特点及选择这些材料的原因。

第 3 课　我的理想城市

探究目标

1. 各组根据设计图，运用多种材料进行城市塔建，在建造过程中共同解决发现的问题。

2. 在搭建城市模型的过程中，运用空间方位经验解决问题，增强搭建技巧，培养想象力和动手能力。

3. 本节课的预期科学成果为幼儿通过分工合作制作的城市模型。

课时安排

2 课时，50 分钟。

材料选择

纸杯、KT 板、卡纸、即时贴、各色黏土、白乳胶、双面胶、安全剪刀等，如图 2-22 所示。

图　2-22

科学探究

活动 1：城市建造师

小组合作，完成项目制作。

1. 共同回顾城市的基本设施和结构。

2. 讨论问题：搭建城市需要做哪些事情？根据每个成员的特点做好分工。

3. 突破难点：探究、寻找立足点，搭建立体的城市。

4. 各小组依据设计图，利用收集到的材料，合作搭建立体的城市，如图 2-23 所示，教师巡回指导。

图　2-23

活动 2：我发现，我解决

1. 通过测试作品，小组合作发现作品存在的问题，寻找解决策略（教师引导并提供必要的支持），见表 2-10。

表　2-10

制作项目	发现的问题	解决策略
绿植制作 	纸张太软、没有花茎，小花立不起来。 制作的大树不立体	小花的花茎用两张纸条叠成弹簧状作为支撑，用双面胶把小花和花茎粘在一起，再固定到 KT 板上。 先剪出大树的轮廓，将树冠和树干剪开，两片卡在一起。或把画有大树的卡纸卷成筒状再固定到一次性纸杯上
房子制作 	画在卡纸上的楼房是平面的，怎样让楼房站立起来？ 怎样制造纸杯小房子的圆锥形房顶？ 小木屋与 KT 板底座粘得不牢固	改变卡纸的形状，把画好的楼房卷成纸筒就可以立起来。 幼儿自行探索在圆形屋顶上面找到中心点，沿半径剪开，折成圆锥的形状，再用双面胶黏合，圆锥房顶制作成功。 向教师请求帮助，使用木工胶将小木屋粘牢
交通指示牌制作 	交通指示牌画好之后没有支架支撑	幼儿在小区里观察到的指示牌是立在一根像电线杆的柱子上的，就地取材，把交通指示牌用固体胶粘在一次性纸杯上
马路制作 	马路上的白色线条如何画？ 马路上的车子按照什么规则向前行驶	通过网络查阅交通指示标线的样式，用双面胶和黑色卡纸在需要的地方贴出马路上的各种交通指示标线。 根据我国道路交通安全法规定，车辆靠马路右侧行驶

2.幼儿在制作城市模型的过程中，运用各种工具，发挥想象力，完成本组设计。

第 4 课　展示我的城市模型

⭐ **探究目标**

　　1.各小组成员进行作品汇报，介绍自己小组搭建的作品、遇到的问题以及解决办法，分享在项目实施中的贡献及心得体会。

　　2.本课的预期科学成果为幼儿根据展示总结的经验，分组制作的 2.0 版城市模型。

⭐ **课时安排**

　　1 课时，25 分钟。

⭐ **科学探究**

活动1：小小分享师

　　四个小组分别上台，展示汇报。

　　1.各小组成员分别根据自己负责的部分进行介绍，见表 2-11，并请其他小组进行评价。

　　2.教师对幼儿进行提问：在制作过程中遇到了哪些困难？是如何解决的？有什么新的发现？

表　2-11

小组	城市模型作品	材料和工具	功能及特点
第一组	绿植 	黏土、卡纸等	绿植用来美化城市，净化空气，倡导大家保护花草
第二组	房子	木块、纸杯等	将房子分为别墅、自建房、商品房等，富有创意，运用分析、比较的方法设计楼房，帮助幼儿认识大小、高矮的概念

（续）

小组	城市模型作品	材料和工具	功能及特点
第三组	交通指示牌	纸杯、卡纸、彩笔等	指示牌用来指挥交通，将生活情境迁移，使幼儿养成遵守交通规则的习惯
第四组	马路	KT 板、双面胶等	帮助幼儿知道各种交通指示标线的意义，用双面胶贴出马路上的各种线条，促进幼儿手眼协调能力的发展。通过制作马路，了解我国车辆靠马路右侧行驶的交通规则

活动 2：玩一玩，测一测

幼儿在搭建的城市中进行游戏，检测各类作品的质量及城市设计的合理性，如图 2-24 所示。

1. 测试纸杯大树是否稳固。

2. 测试马路宽窄是否合适。

3. 发现问题，及时进行迭代更新，生成 2.0 版 "我们的城市"。

图　2-24

科学成果

孩子们，本项目学习到此就接近尾声了，最后请把自己的科学收获贴在或写在这里吧！

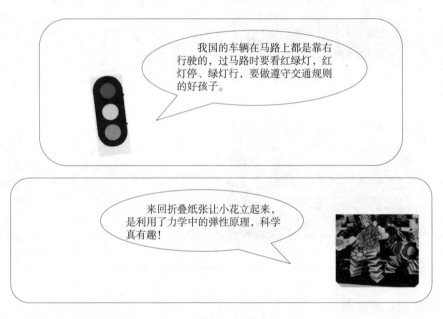

我国的车辆在马路上都是靠右行驶的，过马路时要看红绿灯，红灯停、绿灯行，要做遵守交通规则的好孩子。

来回折叠纸张让小花立起来，是利用了力学中的弹性原理，科学真有趣！

学习评价

教师对幼儿在调查、设计、制作、测试、分享、玩耍等过程中的表现情况进行表现性评价，并引导幼儿进行自评、互评，见表2-12。

表 2-12

评价内容	评价等级 ☺☺☺☺☺		
	教师评价	幼儿自评	幼儿互评
和家长一起调查自己生活的城市有哪些设施，采用图文并茂的形式记录调查结果，与同伴分享			

（续）

评价内容	评价等级 ☺☺☺☺☺		
	教师评价	幼儿自评	幼儿互评
能分组合作，对自己生活的城市充满探究的兴趣，积极参与设计活动。乐于分享，可以大胆表达本组的设计思路，语言表述清楚			
按计划执行活动方案，懂得运用"设计—制作—调试—改进"的工程思维进行制作活动			
测试环节中检测各类作品的质量并对城市设计的合理性进行优化			
相互协作完成作品展示汇报，并对本组及其他组的作品进行评价，针对城市搭建中的问题进行反思与总结			
总评			

　　注：'优'为 5 个☺，'良好'为 4 个☺，'合格'为 3 个☺，'一般'为 1~2 个☺。

2.4　课例8：收银台

情 境 导 入

《指南》中指出，能发现生活中许多问题都可以用数学的方法来解决，体验解决问题的乐趣。大班幼儿可以借助实际情境和操作理解"加"和"减"的实际意义。能通过实物操作或其他方法进行 10 以内的加减运算。

区角游戏中，孩子们在新开设的"串串香火锅店"里游戏，有的当顾客，有的当服务员，忙得不亦乐乎，这时收银员发现店铺里没有"收银台"，不方便游戏的开展，幼儿在游戏记录本里记录了这个问题。在游戏结束后的分享环节，孩子提出要求："可以给我们的角色区也提供一个收银台吗？"

"我们该用什么样的收银台呢？"

制作收银台的项目就此开始。

学 习 要 求

1. 在调查和制作中发现收银台的结构与功能之间的关系，对收银台产生兴趣。

2. 学习用挖空、打结等技术及用不同工具和材料对收银台各部位进行连接，在制作中感知收银台整体与部分的关系，能用简单的工具进行测量，制作收银台模型。

3. 通过实物操作理解数与数之间的关系，并用"加"或"减"的方法来解决问题。在游戏中进行收银，会进行 10 以内的加减运算，学习和实践数学技能、经济概念和社交技巧。

教 学 流 程

"收银台"教学流程如图 2-25 所示。

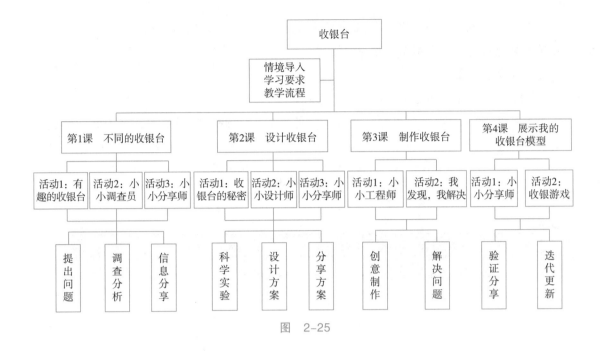

图　2-25

第 1 课　不同的收银台

⭐ 探究目标

1. 对收银台产生兴趣，愿意运用多种方法进行调查。
2. 区分收银台类型，知道不同类型的收银台功能不同。
3. 本课的预期科学成果为幼儿通过调查完成的"收银台大调查"调查表。

⭐ 课时安排

2 课时，50 分钟。

⭐ 科学探究

活动 1：有趣的收银台

教师带领幼儿观看不同的收银台图片，导入情境，共同探讨，激发幼儿兴趣，如图 2-26 所示。

1. 幼儿了解各类收银台，知道不同的收银台功能也不同。

2. 幼儿围绕不同角色区的收款特点，讨论如何根据游戏的需要匹配合适的收银台。

图　2-26

3. 教师引导幼儿考虑游戏区店铺的实际情况，可从游戏区的售卖物品、游戏情况、游戏场地等特点考虑，确定制作的收银台类型。

活动 2：小小调查员

1. 幼儿小组讨论，策划调查的地点与形式。

2. 教师发放"收银台大调查"调查表，见表 2-13，调动家长资源，亲子共同完成调查表。

表　2-13

"收银台大调查"调查表

班级：　　　　姓名：

幼儿经验调查了解		
我和收银台的合影	你在哪里看到的收银台	你设计的收银台（画一画）

活动 3：小小分享师

1. 幼儿介绍调查表内容，分析收银台的不同类型，对收银台有初步的认识，如图 2-27 所示。

2. 教师将幼儿分享的结果记录下来，方便幼儿经验的梳理。

图　2-27

第 2 课　设计收银台

探究目标

1. 通过对区角游戏里店铺所需的收银台进行分析，设计收银台的类型，选择自己感兴趣的收银台形成项目小组。

2. 小组讨论，绘制本组收银台设计图。

3. 本课的预期科学成果为幼儿分组探讨后，共同绘制的收银台设计方案。

2 课时，50 分钟。

活动 1：收银台的秘密

1. 师幼观察真实的收银台，共同归纳总结，确定收银台的基本结构。

2. 幼儿分组讨论：如何制作大小合适的收银台？生活中哪些材料可以用来做收银台？

活动 2：小小设计师

1. 根据不同小组成员的特长，开始分工，如材料收集师、设计师等。

2. 幼儿合作讨论，提出难点，进行收银台的设计，如图 2-28 所示。

图　2-28

活动 3：小小分享师

设计图绘制完成后，小组成员上台介绍设计图的内容，如图 2-29 所示。

1. 介绍收银台的外形、构成、功能等。

2. 介绍制作收银台所需的材料及选择这些材料的原因。

图　2-29

第 3 课 制作收银台

🌟 **探究目标**

1. 根据设计图，使用各种材料制作功能不同的收银台。
2. 小组合作制作收银台，培养动手能力和解决问题的能力。
3. 本课的预期科学成果为幼儿通过分工合作制作的收银台模型。

⭐ **课时安排**

2 课时，50 分钟。

⭐ **材料选择**

废旧纸箱、废旧泡沫板、记号笔、卡纸、玩具、毛球、双面胶、冰棒棍、积木等，如图 2-30 所示。

图 2-30

🌟 **科学探究**

活动 1：小小工程师

1. 讨论问题：制作收银台需要做哪些事情？根据小组内每个成员的特点做好分工。
2. 突破难点：怎样使收银台造型更加立体，功能更加多元？
3. 各小组依据设计图，利用收集到的材料，合作制作收银台，如图 2-31 所示，教师巡回指导。

图 2-31

活动 2：我发现，我解决

通过测试作品，小组合作发现作品存在的问题，寻找解决策略（教师引导并提供必要的支持），见表 2-14。

表　2-14

制作项目	发现的问题	解决策略
自助收银台  	积木搭建好后无法体现出自助收银台的样子	引导幼儿使用齿轮等材料制作手柄，通过摇动手柄使齿轮转动，变为自助收银台
可称重收银台  	纸盒花色已经固定，不够美观	可以在纸盒外面包裹白色餐巾纸或黏土，方便幼儿上色
智能收银台 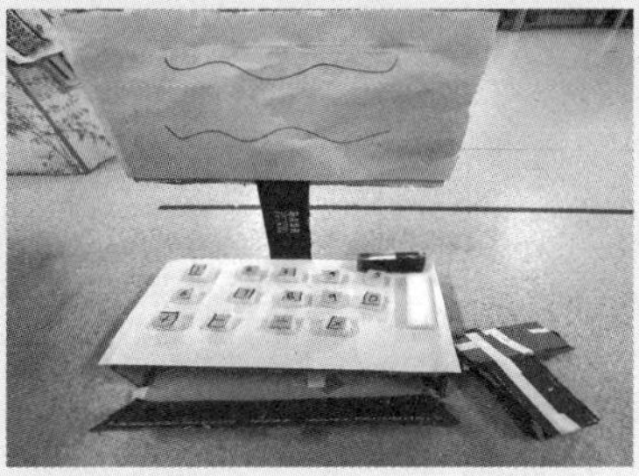 	纸壳比较软，计算机屏幕和键盘之间容易断开	在连接处粘贴能够起支撑作用的筷子、木块等，使连接处更牢固，不易断开

第 4 课　展示我的收银台模型

🌤 **探究目标**

1. 能在集体面前大胆介绍自己小组的作品及功能。

2. 小组进行作品汇报，相互分享制作经验，及时反思和总结。

3. 本课的预期科学成果为幼儿根据展示总结的经验，分组制作的 2.0 版收银台模型。

1 课时，25 分钟。

活动 1：小小分享师

三个小组分别上台，展示汇报。

1. 各小组成员分别根据自己负责的部分进行介绍，见表 2-15，并请其他小组进行评价。

2. 教师对幼儿进行提问：在制作过程中遇到了哪些困难？是如何解决的？有什么新的发现？

表　2-15

小组	收银台作品	材料和工具	功能及特点
第一组	自助收银台	各类积木	富有创意，通过积木的拼搭认识收银台的构成，知道利用齿轮打造自助收银台，发挥想象力与创造力
第二组	可称重收银台	纸壳、礼盒、热熔胶枪、冰棒棍等	收银台可称重，用于购买水果、蔬菜等物品。通过纸盒等材料，体现环保与废物利用。收银台上的数字可以帮助幼儿认识数字
第三组	智能收银台	热熔笔、热熔胶枪、报纸、黏土、海绵、双面胶等	功能强大，收银台扫描机可以打出小票。 富有创意，用色大胆，通过卷纸条来模拟小票，富有创新精神

活动 2：收银游戏

幼儿进行区角游戏，检测收银台的质量及实用性，如图 2-32 所示。

1. 检测收银台是否稳固。

2. 检测称重是否容易操作。

3. 在游戏中发现问题，进行迭代更新，生成 2.0 版收银台。

图　2-32

科学成果

孩子们，本项目学习到此就接近尾声了，最后请把自己的科学收获贴在或写在这里吧！

使用收银台计算商品价格，给顾客找零，我这个收银员算得可快啦！

原来店铺不一样，使用的收银台也不一样。蔬菜水果区的收银台还要具备称重的功能哦！

学习评价

　　教师对幼儿在调查、设计、制作、测试、分享、玩耍等过程中的表现情况进行表现性评价，并引导幼儿进行自评、互评，见表2-16。

表　2-16

评价内容	评价等级 ☺☺☺☺☺		
	教师评价	幼儿自评	幼儿互评
开展收银台亲子调查，对收银台产生浓厚兴趣并积极探索，用图文的形式记录收银台的相关资料，并清楚描述			
讨论收银台制作的初步想法，大胆发言，自由分组进行设计			
在制作中熟练运用各种工具，不断替换优化材料，在活动中懂得合作与分享			
小组内根据测试发表看法，提出意见，改良收银台			
能够面对同伴对本组作品进行详细介绍，也能对其他组的作品进行点评。愿意分享与反思，积极进行迭代更新			
总评			

　　注："优"为5个☺，"良好"为4个☺，"合格"为3个☺，"一般"为1~2个☺。

第 3 章

科学妙妙妙

3.1 课例9：神奇的影子

《纲要》中指出，科学教育应密切联系幼儿的实际生活进行，利用身边的事物与现象作为科学探索的对象。科学学习的核心是激发探究兴趣，体验探究过程，发展初步的探究能力。影子是人类形影不离的朋友，是生活中最常见的自然现象，通过实验探索影子的形成原因，激发幼儿的探索欲望，促进幼儿的创新思维。

户外活动时，我发现孩子们自发玩起了踩影子的游戏。有几个小朋友跑到我面前问："老师，影子是怎么形成的？"他们对影子的形成很感兴趣。影子还有哪些秘密呢？幼儿对此产生了疑问，于是，关于影子的探索之旅开始了……

学习要求

1. 通过调查、实验、观察、交流、讨论比较等方式，了解影子形成的科学原理，激发幼儿的好奇心和求知欲。

2. 掌握安全剪刀、热熔胶枪等工具的应用，寻求老师、家长的帮助，在实践过程中不断探索改进制作影子模型的方法与技术。

3. 在影子的调查、设计、制作等环节，用图文的形式记录结果，制作出美观、科学的影子模型。

教学流程

"神奇的影子"教学流程如图 3-1 所示。

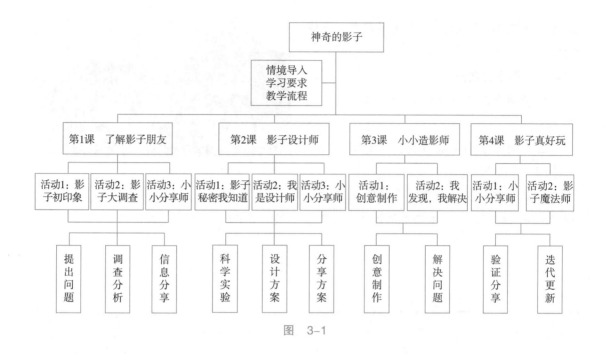

图　3-1

第 1 课　了解影子朋友

探究目标

1.通过实验积极探索不同情况下影子的变化，发现光源和影子形成的关系。

2.了解影子在生活中的运用，丰富对影子的认识。

3.本课的预期科学成果为幼儿通过调查完成的"神奇的影子"调查表。

课时安排

2 课时，50 分钟。

科学探究

活动1：影子初印象

1.通过阳光下的影子实验游戏，引发幼儿进一步思考：什么情况下会出现影子，什么情况下会没有影子？如图 3-2 所示。

2.通过观察后，幼儿提出自己感兴趣的话题：为什么会有影子？影子是从哪里来的？

3.通过集体讨论，幼儿再次进行猜影子

图　3-2

游戏，如图 3-3 所示，师幼共同观察，巩固
对影子的了解。

活动 2：影子大调查

1. 教师发放"神奇的影子"调查表，见
表 3-1。

2. 查阅关于影子的资料，了解影子的形
成原因，完成调查。

3. 幼儿与家长一起调查有关影子形成的
科学原理、影子在人们生活中的作用等，探索不同影子形成原理的相关经验。

图　3-3

表　3-1

"神奇的影子"调查表

班级：_____　　姓名：_____

调查时间及方式	调查场景及对象	影子			协同人员
		类别	影子的形成及变化	作用	

活动 3：小小分享师

幼儿介绍关于影子的调查表内容，加强幼儿对影子形成的认知，如图 3-4 所示。

图　3-4

第 2 课　影子设计师

🌟 **探究目标**

1. 对影子的调查结果进行梳理，选择自己感兴趣的项目小组。

2. 小组讨论，绘制本组影子模型的设计图。

3. 本课的预期科学成果为幼儿分组探讨后，共同绘制的影子模型设计方案。

🌟 **课时安排**

2 课时，50 分钟。

🌟 **科学探究**

活动 1：影子秘密我知道

1. 带领幼儿在阳光下进行影子游戏，用不同方向的光线照射物体，观察影子的不同。

2. 幼儿亲身体验，用手电筒作为光源，从不同的方向照射一个物体，观察物体影子的不同，懂得影子产生的原理，如图 3-5 所示。

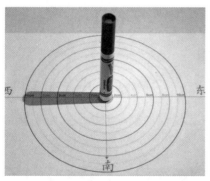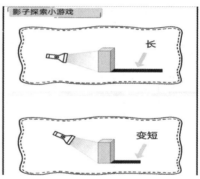

图　3-5

活动 2：我是设计师

幼儿分组合作，绘制本组影子模型的设计图，如图 3-6 所示。

图　3-6

活动 3：小小分享师

设计图绘制完成后，小组成员上台介绍影子模型设计图的内容，如图 3-7 所示。

1. 介绍小组设计的影子模型方案，预设所需材料。

2. 根据大家的建议再次优化设计图，进一步明确分工。

图　3-7

第 3 课　小小造影师

探究目标

1. 整合资源，根据小组计划收集本组所需材料。

2. 在探究中思考，进行简单的推理和分析，各小组分工合作制作影子模型。

3. 本课的预期科学成果为幼儿通过分工合作制作的影子模型。

课时安排

2 课时，50 分钟。

材料选择

一次性纸杯、硬纸板、塑封膜、丙烯马克笔、双面胶、大透明胶带、安全剪刀、手电筒、黑色卡纸等，如图 3-8 所示。

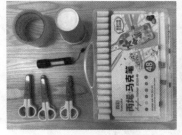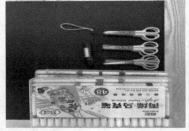

图　3-8

科学探究

活动 1：创意制作

小组合作，完成项目。

1. 根据每个小组成员的特点和优势，做好分工。

2. 突破难点：

纸杯影子组：探究如何展示影子。

纸板影子组：探究如何在阳光下呈现彩色影子。

圆筒影子组：探寻手电筒在圆筒中如何形成影子。

3. 各小组依据设计图，利用收集到的材料，合作制作影子模型。教师巡回指导。

活动 2：我发现，我解决

1. 影子模型制作完成后，幼儿测试作品，发现存在的问题，寻找解决策略（教师引导并提供必要的支持），见表 3-2。

表　3-2

制作项目	发现的问题	解决策略
纸杯影子 	影子被纸杯底部遮挡，无法投影	把纸杯的底部做成镂空，在大透明胶带上绘制不同颜色的影子，粘在纸杯底部
纸板影子 	在大透明胶带上绘制影子再粘到塑封膜上，投影时会呈现胶带的影子	幼儿经过讨论，直接在塑封膜上绘制彩色图形
圆筒影子 	手电筒从圆筒正下方垂直向上照射圆筒，无法呈现镂空图形的图案	把手电筒放在圆筒内部，侧对着镂空图形，光源才会聚集显示出图形

2. 幼儿学会使用各种工具，分享制作思路，学会解决问题，合作完成影子模型制作。

第4课　影子真好玩

⭐ 探究目标

1. 能在集体面前大胆介绍自己小组的作品。
2. 小组进行作品汇报，分享项目实施的心得和收获。
3. 本节课的预期活动成果为幼儿根据展示总结的经验，分组制作的 2.0 版影子模型。

⭐ 课时安排

1 课时，25 分钟。

⭐ 科学探究

活动1：小小分享师

三个小组分别上台，展示汇报。

1. 各小组成员分别根据自己负责的部分进行介绍，见表 3-3，并请其他小组进行评价。

2. 教师对幼儿进行提问：在制作过程中遇到了哪些困难？是如何解决的？有什么新的发现？

表　3-3

小组	影子作品	材料和工具	功能及特点
第一组	纸杯影子 	纸杯、大透明胶带、丙烯马克笔、安全剪刀、美工刀等	纸杯方便拿取，便于幼儿操作。纸杯投影借助光的直线传播原理，帮助幼儿了解科学的有趣
第二组	纸板影子 	纸板、塑封膜、丙烯马克笔、美工刀、热熔胶枪等	纸板材料随处可取，环保安全，使用纸板造影可以让幼儿了解影子的基本特点，感受影子变化的乐趣，通过操作感受阳光下彩色影子的形成

（续）

小组	影子作品	材料和工具	功能及特点
第三组	圆筒影子 	卡纸、镂空图形、安全剪刀、美工刀、手电筒等	体现废物利用，幼儿可以有创意地制作不同造型的图形，通过实践操作感受光影的变化，探索发现影子的变化和物体与光源之间相对位置的变化有关

活动 2：影子魔法师

各组进行影子游戏，如图 3-9 所示。

1. 检验不同造型的作品是否可以生成不同的影子。

2. 探索如何诞生彩色影子。

3. 针对游戏中发现的问题，进行迭代更新，做出 2.0 版影子模型。

图　3-9

科学成果

孩子们，本项目学习到此就接近尾声了，最后请把自己的科学收获贴在或写在这里吧！

我发现影子的形成与光的直线传播和物体的遮挡有关。

调整光源和物体的相对位置，可以改变影子的轮廓和大小哦，科学真有趣！

学习评价

教师对幼儿在调查、设计、制作、测试、分享、玩耍等过程中的表现情况进行表现性评价，并引导幼儿进行自评、互评，见表3-4。

表 3-4

评价内容	评价等级 ☺☺☺☺☺		
	教师评价	幼儿自评	幼儿互评
亲子调查影子的相关资料，对影子的探究充满兴趣，了解不同情况下影子的变化，发现光源和影子的关系，主动在集体前进行分享			
能分组合作，并根据需求进行人员分工。大胆进行设计，有参照设计图进行项目制作的意识			
整合资源，根据小组计划收集所需材料。掌握安全剪刀、热熔胶枪、手电筒等工具的使用，分工合作制作影子			
在测试环节中不断研究并改进方法，能对作品进行简单的优化			
相互协作完成作品展示汇报，小组探讨制作影子模型中遇到的问题并寻找解决方法，进行反思与总结			
总评			

注："优"为5个☺，"良好"为4个☺，"合格"为3个☺，"一般"为1~2个☺。

3.2　课例10：由"染"而生

情 境 导 入

　　《纲要》科学领域中指出，提供丰富的可操作的材料，为每个幼儿都能运用多种感官、多种方式进行探索提供活动的条件。扎染作为我国非物质文化遗产之一，是一种对纺织物局部进行扎、捆，防止局部被染色，从而形成预期花纹的印染方法，是中国传统的印染技术之一。经过扎染的花布，颜色绚丽多彩，图案深浅不一，为幼儿展现了一个充满探究性与艺术性的绚丽世界。

　　本学期幼儿园大厅环境布置中选用的主题为"只此青绿"，老师们在布料的染色上运用了大量的扎染元素，形成"青山绿水"的装饰。在带领幼儿参观时，一场热烈的讨论由此发生，如图3-10所示。

　　凡凡："这个布是颜料撒上去的吗？"

　　棒棒："可是布的花纹跟我们用画笔涂的不太一样啊！"

　　甜甜："我在服装店见过带有这种花纹的布！"

　　美丽的大厅布置让幼儿注意到了布料扎染这个话题，幼儿对如何扎染的话题展开了激烈的讨论，我们从中捕捉到幼儿的关注点和兴趣点，于是，传统扎染活动——由"染"而生就产生了。

图　3-10

 学习要求

1. 亲子展开调查，在网络上搜索有关扎染的图片、视频等资料，使用相机、图表等记录调查过程。

2. 设计扎染图案，选择适合的材料进行扎花、染色，根据实际情况制作、调整、改良与精进扎染作品。

3. 在捆扎、浸泡等过程中感受溶解、吸水性、氧化过程等科学概念，在制作过程中学习缠绕、打结、拆解等技术及探究工具的使用方法，探索扎染图案的形状与扎花方法的关系，记录浸泡、氧化的时间。

教学流程

"由'染'而生"教学流程如图 3-11 所示。

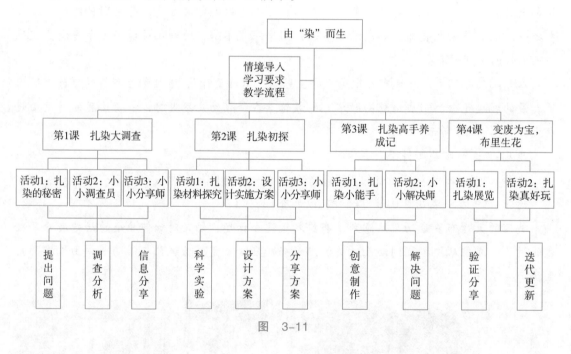

图 3-11

第 1 课 扎染大调查

探究目标

1. 欣赏扎染作品，发现用不同方法扎染的图案都不一样的特点。

2. 通过调查，了解扎染的历史演变及不同扎染作品的制作方法。

3. 本课的预期科学成果为幼儿通过调查完成的"我的扎染大调查"调查表。

⭐ **课时安排**

2 课时，50 分钟。

⭐ **科学探究**

活动 1：扎染的秘密

1. 教师引导幼儿仔细观察经过扎染的布料，引发进一步思考：扎染的奥秘是什么？

2. 提出问题：扎染作品如何制作？

活动 2：小小调查员

1. 师幼讨论并确定调查内容。

2. 鼓励亲子，运用多种方式共同完成调查表，见表 3-5。引导幼儿学会留存调查资料，照片、音视频均可。

表　3-5

我的扎染大调查

班级：　　　　姓名：

温馨提示：
请爸爸妈妈在家带领孩子一起查阅资料后让孩子独立完成噢！

扎染所需材料
我喜欢的花纹款式
生活中的扎染物品
我的问题 （此项询问孩子后由 　爸爸妈妈填写）

活动 3：小小分享师

1. 幼儿分别介绍、分享近期对扎染的调查结果，如图 3-12 所示。

2. 教师将幼儿分享的结果统计分类，方便幼儿经验的梳理与总结。

图 3-12

第 2 课　扎染初探

🌟 探究目标

1. 通过科学小实验，了解扎染的染色原理。

2. 用多种方式表现、交流、分享探索的过程和结果，学会合作设计扎染方案，并分享设计图，大胆表达。

3. 本课的预期科学成果为幼儿分组探讨后，共同绘制的扎染设计方案。

🌟 课时安排

2 课时，50 分钟。

🌟 科学探究

活动 1：扎染材料探究

1. 观看"天宫课堂"中的太空扎染，激发幼儿的好奇心与求知欲，如图 3-13 所示。

图 3-13

2.幼儿进行大胆实验，如图 3-14 所示。熟悉扎染的基本步骤，了解扎染染色的基本
原理。

图　3-14

3.发现难点：幼儿手部精细动作的发展
不足以满足扎皮筋的技术需要，如图 3-15
所示。

4.提出问题：可以替代皮筋进行捆扎的
材料有哪些？

5.幼儿以小组为单位进入班级各个区
域，寻找自己认为可行的替代材料，如捆扎
带、细绳等，做好组内分工。

活动 2：设计实施方案

小组根据之前的实验，选择感兴趣的
图案，开始设计扎染图案及捆扎方案，如
图 3-16 所示。设计完成后，初次尝试将设计图变成实物。

图　3-15

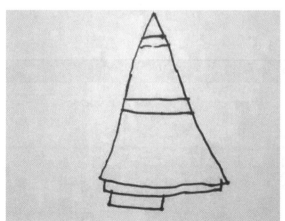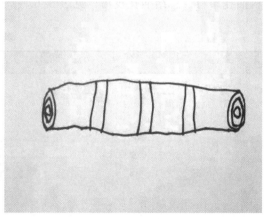

图　3-16

活动 3：小小分享师

小组成员介绍设计图的内容。

1. 介绍本组设计的扎染款式、花纹及特点等。

2. 介绍扎染所需的制作材料及选择这些材料的原因。

第 3 课　扎染高手养成记

⭐ 探究目标

1. 小组分工，合作制作，将设计图变成实物。

2. 共同讨论制作扎染的步骤和方法等，发挥想象，大胆创作出扎染作品。

3. 本课的预期科学成果为幼儿通过分工合作制作的扎染作品。

⭐ 课时安排

2 课时，50 分钟。

⭐ 材料选择

皮筋若干捆、扎染布料、各色染料、围裙、一次性手套、塑料小盆等，如图 3-17 所示。

⭐ 科学探究

活动 1：扎染小能手

1. 通过设计图做好规划，选择自己心仪的材料和喜欢的方式进行捆扎。

2. 幼儿学会了扎皮筋，学会了利用皮筋等材料捆扎布料，总结捆扎技巧，见表 3-6。

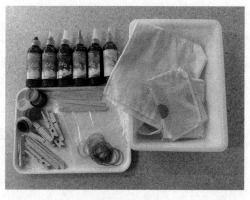

图　3-17

表　3-6

扎染绑法	扎染图片
小点点法	

（续）

扎染绑法	扎染图片
香肠法	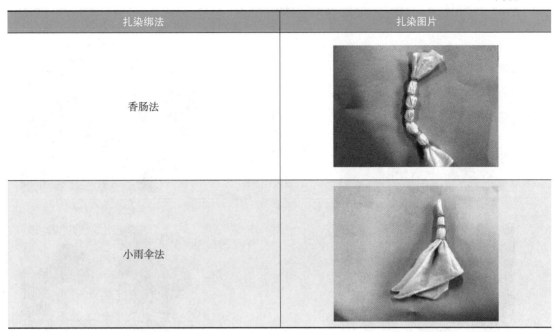
小雨伞法	

3. 以小组为单位，感受捆扎方式不同，扎染作品的花纹、样式也会不同。

4. 记录扎染结果，检验自己的扎染方案是否实现。

活动 2：小小解决师

1. 在制作完成后，有的幼儿对自己的扎染作品产生疑问：图案怎么都混在一起了？分析原因，见表 3-7。

（1）扎染时皮筋缠绕间隙过大。

（2）在边角的地方染料添加量不够充分。

（3）捆扎布的方式太简单。

于是，他们探索利用其他捆扎工具进行扎染。

表　3-7

代替材料	优点	缺点
双面胶胶带	易撕拉，便于操作	遇上湿润的布，双面胶胶带非常容易松

（续）

代替材料	优点	缺点
木夹		所占面积大，图案不好看
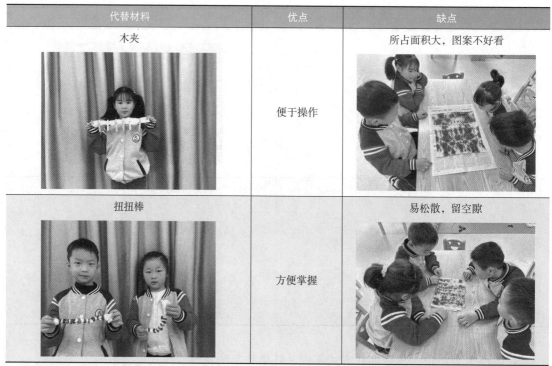	便于操作	
扭扭棒		易松散，留空隙
	方便掌握	

2. 幼儿大胆设计扎染图案，使用多种工具进行多种形式的扎染，图案越来越丰富，如图 3-18 所示。

图　3-18

第 4 课　变废为宝，布里生花

★ 探究目标

1. 使用皮筋、夹子、扭扭棒等工具，对织物进行扎、捆、夹、缠绕等多种形式的操作，进行染色。在制作过程中学习缠绕、打结、拆解等技术，探究工具的使用方法。

2. 分享扎染作品，发现问题及时迭代更新。

3. 本课的预期科学成果为幼儿根据展示总结的经验，分组制作的 2.0 版扎染作品。

课时安排

2 课时，50 分钟。

科学探究

活动 1：扎染展览

三个小组分别上台，展示汇报。

1. 各小组成员分别根据自己负责的部分进行介绍，见表 3-8，并请其他小组进行评价。

2. 教师对幼儿进行提问：在制作过程中遇到了哪些困难？是如何解决的？有什么新的发现？

表　3-8

小组	扎染作品	材料和工具	功能及特点
第一组	扎染衣服	白色废旧衣物、皮筋、冰棒棍、水桶、手套、扎染颜料等	衣服可以穿搭，设计的纹理图案非常独特，激发了孩子的好奇心和动手操作的欲望
第二组	扎染手绢	扎染布、安全剪刀、颜料、皮筋、纽扣、网纹布、滴管等	小小的手绢被扎染元素装饰出独特的美丽，可以用来擦手擦脸，方便携带
第三组	扎染绣绷	扎染布料、绣绷、安全剪刀、针线、纽扣、热熔胶枪、马克笔等	绣绷可以用来装饰环境，打造中国风特色，美化幼儿园

活动2：扎染真好玩

幼儿分组进行角色游戏。

1.使用扎染布料制作衣服、包包、挂件等生活用品，将扎染布变废为宝。

2.幼儿进行扎染作品的买卖。

3.针对测验中发现的问题，小组研讨解决，变废为宝，生成2.0版扎染作品——美丽的包包，如图3-19所示。

图　3-19

科学成果

孩子们，本项目学习到此就接近尾声了，最后请把自己的科学收获贴在或写在这里吧！

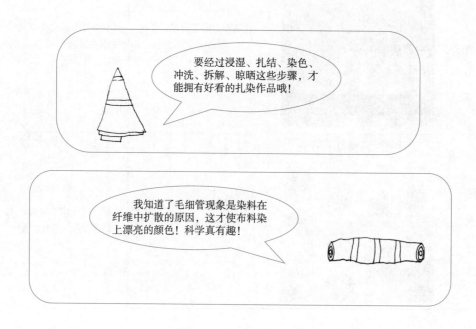

要经过浸湿、扎结、染色、冲洗、拆解、晾晒这些步骤，才能拥有好看的扎染作品哦！

我知道了毛细管现象是染料在纤维中扩散的原因，这才使布料染上漂亮的颜色！科学真有趣！

学习评价

教师对幼儿在调查、设计、制作、测试、分享、玩耍等过程中的表现情况进行表现性评价，并引导幼儿进行自评、互评，见表 3-9。

表 3-9

评价内容	评价等级 ☺☺☺☺☺		
	教师评价	幼儿自评	幼儿互评
认真完成亲子调查任务，资料收集全面且丰富。对身边事物有好奇心和求知欲，对扎染探究充满兴趣			
以小组为单位进行捆扎方案的设计，并有参照设计图进行项目制作的意识			
对照设计图，选择适合的材料与工具进行扎花、染色，各小组分工合作制作扎染作品			
在测验时发现问题，解决问题，根据实际情况进行作品优化			
以小组为单位进行分享汇报，在游戏中感知扎染的有用和有趣			
总评			

注："优"为 5 个 ☺，"良好"为 4 个 ☺，"合格"为 3 个 ☺，"一般"为 1~2 个 ☺。

3.3 课例11：探秘斜坡

《指南》中指出，支持、引导幼儿学习用适宜的方法探究和解决问题，或为自己的想法收集证据。幼儿的科学学习是在探究具体事物和解决实际问题中，尝试发现事物间的异同和联系的过程。教师应该支持和鼓励幼儿在探究的过程中积极动手动脑寻找答案或解决问题。

在日常集体活动中，幼儿都非常喜欢《看谁接得多》这个游戏，如图3-20所示，此游戏是将桌面倾斜，教师在斜面上方放置一些桌面玩具，幼儿用小筐子在斜面下方接玩具，看谁接得多。

某次在玩游戏时费鑫喆说："老师，为什么要把桌子垫起来才可以玩这个游戏呢？"

"因为有斜坡，就像滑滑梯把小朋友送下去一样，玩具才可以滑下去呀！"我解释道。

幼儿开始讨论斜坡，对斜坡产生了很大的兴趣。于是，关于斜坡的探索开始了……

图 3-20

1.通过各种方式查阅资料，知道什么是斜坡，了解斜坡的构成、作用及其在生活中的应用。

2.在观察和探索的基础上，进行简单的分类、概括。了解不同材料的性质和特点，学习轮轴等简单机械的使用。

3.认识和理解空间结构，对积木等材料的形状、大小等进行量的比较，学会搭建斜坡，提高搭建技能。

教学流程

"探秘斜坡"教学流程如图3-21所示。

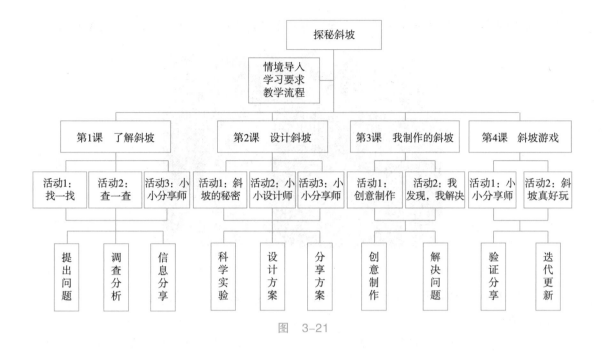

图　3-21

第 1 课　了解斜坡

探究目标

1. 通过观察各种斜坡，了解生活中常见的斜坡结构及其简单的用处。

2. 开展亲子调查任务，能够思路清晰地汇报自己收集到的斜坡的相关资料。

3. 本课的预期科学成果为幼儿通过调查完成的"斜坡大调查"调查表。

课时安排

2 课时，50 分钟。

科学探究

活动 1：找一找

1. 提出问题、兴趣驱动。

教师在"弯弯的路，直直的路"的活动延伸中，引导幼儿在周末与家长一起找一找生活中的斜坡，并观察斜坡的特征，如图 3-22 所示。

2. 通过观察斜坡，幼儿了解到斜坡一边高，一边低；有的斜坡坡度大，有的坡度小；斜坡有不同的形状（直线形、螺旋形、"之"字形）；

图　3-22

坡道上的减速带可以减缓车子下坡的速度，提升车子行驶的安全性等，如图 3-23 所示。

图　3-23

3. 幼儿在观察中发现并提出关键性问题：斜坡为什么要这么设计呢？

活动 2：查一查

1. 教师发放"斜坡大调查"调查表，见表 3-10，丰富幼儿对斜坡的认知经验。

2. 亲子共同查阅斜坡的相关资料，感知斜坡的基本结构特点，并鼓励亲子运用多种方式完成调查。

3. 教师引导幼儿留存调查资料，照片、音视频均可。

表　3-10

"斜坡大调查"调查表

班级：　　　　　　　　　　　　　　　　　　　　　　　　　　　姓名：

	你玩过的斜坡有哪些 （用绘画或者简单的文字描述）	你还见过哪些不同的斜坡 （用绘画或者简单的文字描述）
结构		
形状		
材料		

活动 3：小小分享师

1. 幼儿介绍调查表内容，分享对斜坡的认识。

2.教师将幼儿分享的结果记录下来，方便幼儿经验的梳理，如图3-24所示。

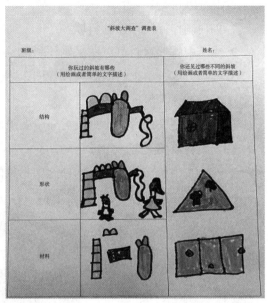

图　3-24

第 2 课　设计斜坡

🔹 探究目标

1.与同伴合作探究与分享交流，对调查到的斜坡资料进行梳理，选择自己感兴趣的斜坡形成项目小组。

2.小组讨论，绘制本组斜坡的设计图。

3.本课的预期科学成果为幼儿分组探讨后，共同绘制的斜坡设计方案。

🔹 课时安排

2 课时，50 分钟。

🔹 科学探究

活动 1：斜坡的秘密

1.教师引导幼儿用不同斜坡造型做实验，同样高度的斜坡滑同一样物品，发现用时不一样——螺旋形斜坡用时会更长。

2.教师提出问题：为什么生活中不能只有直直的斜坡呢？

3.师幼共同归纳总结，确定斜坡的基本结构。

活动 2：小小设计师

幼儿分组讨论：

1. 如何制作不同用途的斜坡？

2. 生活中哪些材料可以拿来制作斜坡？

3. 根据分工，小组绘制斜坡设计图，并讨论确定斜坡放置的地点。

活动 3：小小分享师

设计图绘制完成后，小组成员介绍图纸内容，如图 3-25 所示。

1. 介绍斜坡的类型、组成与功能。

2. 介绍本组所需的材料及选择这些材料的原因。

图 3-25

第 3 课   我制作的斜坡

探究目标

1. 对照小组的设计图搭建斜坡，解决制作中发现的问题。

2. 根据小组计划收集所需材料，学习轮轴等简单机械的使用，了解斜坡的构成，学会搭建斜坡，提高搭建技能。

3. 本课的预期科学成果为幼儿通过分工合作制作的斜坡。

课时安排

2 课时，50 分钟。

材料选择

积木、奶粉桶、易拉罐、塑料圆球、木板、攀爬架等材料，如图 3-26 所示。

图　3-26

🌟 科学探究

活动 1：创意制作

小组合作，完成项目制作。

1. 共同回顾前期准备工作以及有关斜坡基本结构的知识。

2. 讨论问题：制作斜坡需要做哪些事情？根据小组内每个成员的特点做好分工。

3. 突破难点：

户外滑梯斜坡：探究支撑点和木块衔接的紧密性。

绕城高速斜坡：探究斜坡侧面的防护性。

小球传送带斜坡：探究不同坡度的衔接性。

4. 各小组依据设计图，利用收集到的材料，合作制作不同的斜坡，如图 3-27 所示。教师巡回指导。

图　3-27

活动 2：我发现，我解决

通过测试作品，小组合作发现作品存在的问题，寻找解决策略（教师引导并提供必要的支持），见表 3-11。

表　3-11

制作项目	发现的问题	解决策略
户外滑梯斜坡	立柱和斜坡的衔接不稳定	使用绳子等进行捆绑
绕城高速斜坡	积木的表面很窄很滑，所以小汽车行驶过程中容易从两侧掉下去	经过调查发现绕城高速路面两侧都有防护栏，所以决定在积木两边加上挡板，防止小车掉下去
小球传送带斜坡	小球在衔接处行驶速度变慢，没有办法继续滑落	调整坡度，让轨道从高到低，这样小球就能顺利传送

第 4 课　斜坡游戏

探究目标

1. 能在集体面前大胆介绍自己小组的作品，并进行评价。

2. 小组进行作品汇报，分享项目实施的心得和收获。

3. 本课的预期科学成果为幼儿根据展示总结的经验，分组制作的 2.0 版斜坡。

课时安排

1 课时，25 分钟。

科学探究

活动 1：小小分享师

三个小组分别上台，展示汇报。

1. 各小组成员分别根据自己负责的部分进行介绍，见表 3-12，并请其他小组进行评价。

2. 教师对幼儿进行提问：在制作过程中遇到了哪些困难？是如何解决的？有什么新的发现？

表　3-12

小组	斜坡作品	材料和工具	功能及特点
第一组	户外滑梯斜坡 	木板、木梯、攀爬架等	可以让幼儿在户外玩耍，通过搭建和玩游戏等锻炼幼儿大动作的发展
第二组	绕城高速斜坡 	奶粉罐、积木、一次性纸杯、易拉罐等	使用废旧材料，变废为宝，填充区角，富有创意。运用对比、实践的方法认识绕城高速的斜坡的结构
第三组	小球传送带斜坡 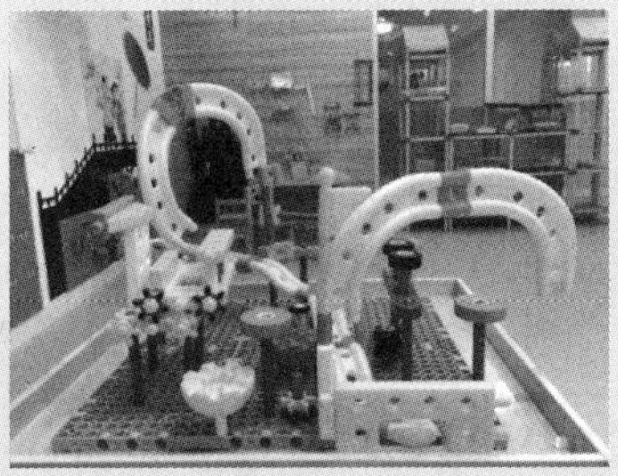	塑料积木、大颗粒积木等	小球传送带斜坡充满趣味，轮轴等的使用让孩子对科学产生兴趣，乐于大胆探究和实验

活动 2：斜坡真好玩

各组进行斜坡游戏，如图 3-28 所示。

1.检验斜坡搭建是否稳固。

2.检验斜坡是否方便传送物品。

3.在游戏中解决问题，小组讨论，对斜坡实现迭代更新。

图　3-28

科学成果

孩子们，本项目学习到此就接近尾声了，最后请把自己的科学收获贴在或写在这里吧！

我发现物体在斜坡上下滑很快，是因为物体受到了重力的作用，科学真有趣！

我发现斜坡的坡度越大越不稳定，搭建斜坡时不能一味地追求更大的坡度。

学习评价

　　教师对幼儿在调查、设计、制作、测试、分享、玩耍等过程中的表现情况进行表现性评价，并引导幼儿进行自评、互评，见表 3-13。

表　3-13

评价内容	评价等级 ☺☺☺☺☺		
	教师评价	幼儿自评	幼儿互评
亲子调查斜坡的相关资料，用图文的形式记录结果，主动在集体前进行分享			
能根据需求进行人员分工，进行斜坡的设计，大胆表达本组的设计思路			
幼儿根据分工，运用观察、比较、测量等方法，制作斜坡，按计划实施活动方案			
测试过程中不断研究、改进方法技术，有发现问题、解决问题的能力，能进行作品的简单优化			
大胆介绍本组作品，合作完成作品并进行展示汇报，小组探讨制作中遇到的问题及解决方法，进行总结与反思			
总评			

　　注："优"为 5 个☺，"良好"为 4 个☺，"合格"为 3 个☺，"一般"为 1~2 个☺。

3.4　课例12：梦幻冰花

情境导入

　　《指南》中指出，引导幼儿在探究中思考，尝试进行简单的推理和分析，发现事物之间明显的关联。结合幼儿的生活需要，引导他们体会人与自然、动植物的依赖关系。作为成人，我们要善于发现和保护幼儿的好奇心，充分利用自然和实际生活机会，引导幼儿关注和了解自然与人们生活的密切关系，逐渐懂得热爱、尊重、保护自然。

　　中午散步活动时，我与孩子们一同散步到池塘边，池塘中结了厚厚的冰。

　　"是冰。"

　　"冰里面有东西，好漂亮啊。"

　　"我见过特别好看的冰花。"

　　孩子们都想拥有自己的冰花，可是问题随之而来：如何制作冰花？需要什么样的温度？需要用什么样的材料制作？带着一连串的问题，孩子们展开了激烈的讨论，到底要先解决什么问题呢？此时，作为老师要及时地介入，帮助幼儿分析，确定需要解决的首要问题。

　　于是，"冰花"的旅程就这样开始了……

学习要求

　　1. 运用课件、视频等多媒体资源了解有关冰的自然原理；能感知和发现简单的物理现象；了解自然现象中的凝固和融化。

　　2. 在冰花的调查、设计、制作等环节中，用图文的形式记录结果，进行讨论和改进；制作出美观、科学的冰花。

　　3. 按计划实施活动方案，懂得运用"设计—制作—调试—改进"的工程思维实施活动，使用各种材料制作冰花。

"梦幻冰花"教学流程如图 3-29 所示。

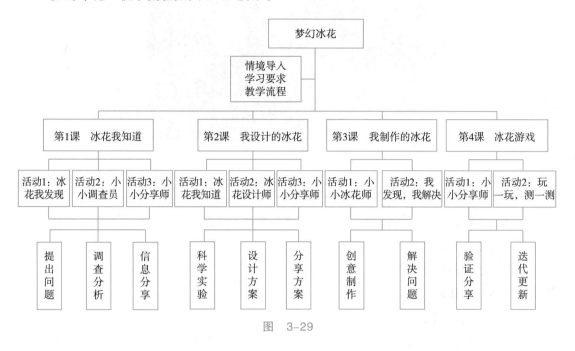

图　3-29

第 1 课　冰花我知道

探究目标

1.通过观察、触摸感知冰的特征，了解水能变成冰，冰又能变成水，激发幼儿对冰的探究兴趣。

2.制订冰花调查表，用绘画、照相等方式记录观察和探究的过程与结果，亲子完成冰花调查。

3.本课的预期科学成果为幼儿通过调查完成冰花调查表。

课时安排

2 课时，50 分钟。

科学探究

活动 1：冰花我发现

冬天到了，幼儿园小池塘里结满冰花，教师带领幼儿观察冰花，触摸冰花，如图 3-30 所示，激发兴趣，共同探讨。

图　3-30

1. 水是怎么变成冰的？只有冬天才有冰吗？

2. 通过观察，幼儿分组讨论，提出自己感兴趣的有关冰的话题：

漂亮的冰花是怎么形成的？

怎么样把东西放进冰里？

活动 2：小小调查员

1. 小组讨论，确定调查的形式。

2. 教师发放冰花调查表，见表 3-14。家园合作共同完成。收集材料，为后期活动的开展提供想法和建议。

表　3-14

冰花调查表

班级：　　　　姓名：

幼儿经验调查		
你在哪里见过冰花	你见到的冰花是什么样子的	冰花如何制作

活动 3：小小分享师

1. 幼儿上台介绍调查表内容，分析冰的自然现象和对冰花的认识，如图 3-31 所示。

2. 教师将幼儿分享的结果记录下来，方便幼儿经验的梳理与总结。

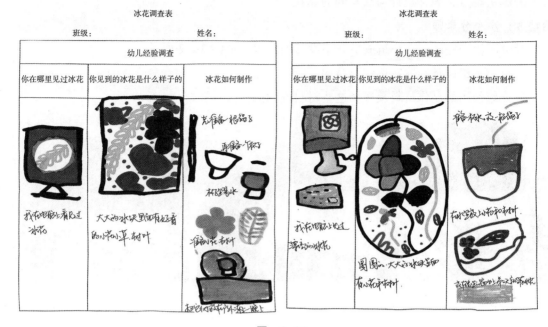

图　3-31

<h2 style="text-align:center">第 2 课　我设计的冰花</h2>

探究目标

1. 根据调查问卷进行讨论，并自由分组。
2. 小组根据讨论结果绘制本组冰花的设计图。
3. 本课的预期科学成果为幼儿分组探讨后，共同绘制的冰花设计方案。

课时安排

2 课时，50 分钟。

科学探究

活动 1：冰花我知道

1. 组织幼儿用冰箱做实验，制作冰花。观察产生冰花的温度与湿度。

2. 通过集体讨论，教师引导幼儿了解冰花的构成，以及水变成冰的科学理论。师幼共同观察，巩固对冰花的了解。得出结论：冰晶是由水在低温下结晶而成，六角形冰晶是水分子间氢键作用的结果。温度、湿度、风力和尘埃等环境因素都影响冰花的形成。

活动 2：冰花设计师

1. 幼儿分组，合作思考，进行冰花的设计。

2. 解决难点：怎样设计与众不同的冰花？

活动 3：小小分享师

设计图绘制完成后，小组成员介绍设计图内容，如图 3-32 所示。

1. 介绍本组设计的冰花形状、结构、特点等。

2. 介绍使用的制作材料及选择这些材料的原因。

图　3-32

第 3 课　我制作的冰花

探究目标

1. 探索并发现冰花产生的条件和影响因素，小组分工合作制作冰花。

2. 根据冰花的设计图讨论冰花的制作步骤，积极参加冰花的制作，对制作冰花时出现的问题提出解决意见。

3. 本课的预期科学成果为幼儿通过分工合作制作的冰花。

课时安排

2 课时，50 分钟。

材料选择

纸盘、塑料盒子（大小不一）、纸张、绳子、毛根、水桶、干花等，如图 3-33 所示。

图　3-33

科学探究

活动1：小小冰花师

小组合作，完成项目制作。

1. 共同回顾前期准备工作以及有关冰花基本结构的知识。

2. 讨论问题：制作冰花需要做哪些事情？根据小组内每个成员的特点做好分工。

3. 突破难点：什么样的温度条件可以更好地制作冰花？

4. 各小组依据设计图，利用收集到的材料，合作制作冰花作品。把做好的冰花作品放置在幼儿园的冰箱、室外水池里等温度合适的位置过夜，如图 3-34 所示。

图　3-34

活动2：我发现，我解决

1. 通过测试作品，小组合作发现作品存在的问题，寻找解决策略（教师引导并提供必要的支持），见表 3-15。

表　3-15

制作项目	发现的问题	解决策略
剪纸冰花	在脱模过程中纸盘和冰花粘贴在一起	选择塑料盘子来代替纸盘
小鱼冰花	小鱼会漂浮在冰上面，反而容易融化并脱落	在旁边加一些绿色毛根做的海草，来压住小鱼，使小鱼不再漂浮在冰上

（续）

制作项目	发现的问题	解决策略
干花 	盛干花的纸盒过小，导致干花不容易放入	更换大点的塑料盒，使干花更容易放入

2. 通过发现问题、解决问题，合作完成冰花的制作，如图 3-35 所示。

图　3-35

第 4 课　冰花游戏

探究目标

1. 积极、主动、大胆地表达自己对冰花的创造性设计。

2. 体验冰花制作过程中的乐趣，并分享项目实施的心得和收获。

3. 本课的预期科学成果为幼儿根据展示总结的经验，分组制作的 2.0 版冰花。

课时安排

1 课时，25 分钟。

科学探究

活动 1：小小分享师

三个小组分别上台，展示汇报。

1. 各小组成员分别根据自己负责的部分进行介绍，见表 3-16，并请其他小组进行评价。

2.教师对幼儿进行提问：在制作过程中遇到了哪些困难？是如何解决的？有什么新的发现？

表　3-16

小组	冰花作品	材料和工具	功能及特点
第一组	剪纸冰花	彩纸、纸盘、水	剪纸冰花晶莹剔透，美丽生动。将剪纸与冰花融合，体现了幼儿的创新思维
第二组	小鱼冰花	纸、马克笔、盒子、水等	小鱼冰花具有趣味性与观赏性，让幼儿了解冰花的基本特点，感受科学的有趣
第三组	干花冰花	干花、安全剪刀、美工刀、盒子、水等	干花冰花非常美丽浪漫，适合送给妈妈，干花在冰花中绽放不一样的鲜艳与光彩，让幼儿感受到冰花独特的美

活动 2：玩一玩，测一测

幼儿悬挂冰花，并进行实验检测，如图 3-36 所示。

1.悬挂冰花，验证冰花的装饰性和创新性。

2.检验冰花的持久度。

3.在验证中发现问题，小组研讨解决，促进作品的不断完善，更新迭代。

图　3-36

科学成果

孩子们，本项目学习到此就接近尾声了，最后请把自己的科学收获贴在或写在这里吧！

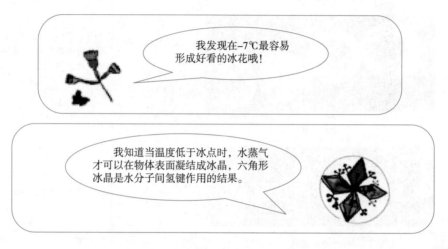

我发现在-7℃最容易形成好看的冰花哦！

我知道当温度低于冰点时，水蒸气才可以在物体表面凝结成冰晶，六角形冰晶是水分子间氢键作用的结果。

学习评价

教师对幼儿在调查、设计、制作、测试、分享、玩耍等过程中的表现情况进行表现性评价，并引导幼儿进行自评、互评，见表3-17。

表　3-17

评价内容	评价等级 ☺☺☺☺☺		
	教师评价	幼儿自评	幼儿互评
通过观察冰花，幼儿积极思考，对冰花产生兴趣。进行冰花亲子调查，增强亲子互动			
在设计冰花的过程中，思考所需要的材料，组员之间合理分工，绘制冰花设计图			
在分工制作冰花的过程中，能够自主探索自然科学，加深对于自然的感受与发现			
在测试过程中，能够将发现的问题，通过合适的方式及时地解决			
小组进行作品展示汇报，对本组及其他组进行评价，探讨制作中遇到的问题并寻找解决方法，进行反思与总结			
总评			

注："优"为5个☺，"良好"为4个☺，"合格"为3个☺，"一般"为1~2个☺。